Tirol lebendig erinnert

Zeitzeugen im Gespräch

Herausgegeben von Tiroler Tageszeitung,
ORF Tirol und Casinos Austria

Gedruckt mit freundlicher Unterstützung
durch die Kulturabteilung des Landes Tirol.

Tiroler Tageszeitung

Auflage:
4   3   2   1
2016 2015 2014 2013

© 2013
HAYMON verlag
Innsbruck-Wien
www.haymonverlag.at

Alle Rechte vorbehalten. Kein Teil des Werkes darf in
irgendeiner Form (Druck, Fotokopie, Mikrofilm oder in einem
anderen Verfahren) ohne schriftliche Genehmigung des Verlages
reproduziert oder unter Verwendung elektronischer Systeme
verarbeitet, vervielfältigt oder verbreitet werden.

ISBN 978-3-7099-7095-9

Umschlag- und Buchgestaltung, Satz:
hœretzeder grafische gestaltung, Scheffau/Tirol
Coverfotos: Thomas Böhm

Gedruckt auf umweltfreundlichem,
chlor- und säurefrei gebleichtem Papier.

Inhalt

Karl Stoss: Dokumente von unschätzbarem Wert   7
Hermann Petz: Unverzichtbares Nachschlagewerk   9
Helmut Krieghofer: Faszinierende Persönlichkeiten   11
Fred Steinacher: Eine Frage der Gene   14

Irene Rapp über Peter Habeler:
    Der Berg als Ort der Selbsterfahrung   19
Mario Zenhäusern über Peter Schröcksnadel:
    Peter Schröcksnadel – vom Studienabbrecher zum Paradeunternehmer   57
Gabriele Starck über Raimund Margreiter:
    Die Freiheit zu etwas, nicht von etwas   85
Wolfgang Sablatnig über Monika Lindner:
    Die Flugrichtung des Heiligen Geistes   119
Claudia Paganini und Manfred Mitterwachauer über Midi Seyrling: „… wie ein Wunder"   145
Katharina Zierl über Klaus Reisch:
    „Der Reisch" – die stille Macht in Kitzbühel   185
Nina Werlberger über Hans Peter Haselsteiner:
    „Danke vielmals, ich hab's gut erwischt."   219

Dokumente von unschätzbarem Wert

Dr. Karl Stoss, Generaldirektor der Casinos Austria AG.

Nach dem großen Erfolg der ersten Runden haben wir uns entschieden, die Zeitzeugen-Gespräche fortzusetzen. Und ich bin wirklich froh und glücklich darüber: Einmal mehr haben große Persönlichkeiten durch ihre Auftritte und Beiträge den unzähligen Gästen im Casino Innsbruck einen beeindruckenden Abend beschert. Dank dieses Buches haben sie aber auch Ihnen, Ihren Kindern und Kindeskindern einmalige und wertvolle Informationen und Botschaften hinterlassen. Persönliche Sichtweisen von Menschen, die besonders herausfordernde Zeiten miterlebt und -gestaltet haben. Dokumente von unschätzbarem Wert, die nun für die Nachwelt erhalten bleiben. Betrachten wir dies als ein einmaliges Privileg, für welches ich den ZeitzeugInnen nochmals aufrichtig danke.

Ich möchte die Gelegenheit aber auch nützen, um all jenen herzlich zu danken, die zu dieser großartigen Veranstaltungsreihe beigetragen haben.

Allen voran Elmar Oberhauser, einem der profiliertesten und besten Journalisten unserer Zeit. Er hat aufgrund seiner großen journalistischen Erfahrung verstanden, den ZeitzeugInnen Antworten und Statements zu entlocken, die für uns alle von so großer Bedeutung sind.

Dann natürlich unseren Kooperationspartnern, der Moser Holding und dem ORF-Landesstudio Tirol. Sie haben durch die begleitende, umfangreiche Berichterstattung zum erfolgreichen Gelingen dieser Veranstaltungen beigetragen.

Ein Dankeschön gebührt auch den zahlreich erschienenen ZuhörerInnen, die nicht nur durch ihre Teilnahme, sondern auch durch eine Reihe von Fragestellungen einen wichtigen Beitrag geleistet haben.

Ein weiteres Dankeschön an die Mitarbeiterinnen und Mitarbeiter und die Verantwortlichen des Innsbrucker Casinos. Sie haben durch ihre großartige Unterstützung einmal mehr gezeigt, dass unsere Casinos deutlich mehr sind als Orte der gehobenen Unterhaltung und des Vergnügens. Casinos sind mit Veranstaltungsreihen wie den Zeitzeugen-Gesprächen besondere Orte der Begegnung und des gesellschaftlichen Lebens.

Dr. Karl Stoss
Generaldirektor
Casinos Austria AG

Unverzichtbares Nachschlagewerk

Hermann Petz, Vorstandsvorsitzender der Moser Holding.

Die Kombination von historischen Fakten und persönlichen Erinnerungen unserer prominenten Gäste ist für mich ein ganz besonderer Aspekt dieses Folgebandes, mit dem wir sozusagen den zweiten Band unserer „Zeitzeugen"-Serie präsentieren. Ein Werk, in dem sieben Persönlichkeiten unseres Landes Tirol ihre Vergangenheit, ihre Geschichte – getreu dem Buchtitel – lebendig werden ließen. Dafür ein herzliches Dankeschön!

Ein geradezu perfekter Beweis für die Behauptung, dass Geschichte erst richtig durch Geschichten lebt, sind die Zahlen, die uns der Verlag präsentierte. Weit über 2.000 Stück des Buches *Tirol hautnah erlebt* wurden verkauft. Die von Elmar Oberhauser meisterhaft moderierte Serie „Tiroler Zeitzeugen im Gespräch" ist damit eine Erfolgsstory, die vor allem bestätigt, dass kaum etwas den Menschen von heute neugieriger stimmt als das Ergebnis aus Gesprächen mit Menschen, die historische Ereignisse und Zeiten selbst erlebt haben und damit ihre ganz persönlichen Erinnerungen mitteilen können.

Zeitzeugen beleben den Blick zurück, Schicksale werden greifbar, teilweise konträre Sachverhalte werden personalisiert, wenngleich schon auch festgehalten werden muss, dass persönliche Geschichten natürlich nicht die Geschichte an sich widerspiegeln.

Dieses Buch ist in der Tat – nicht zuletzt dank der publizistischen Aufarbeitung durch RedakteurInnen der Tiroler Tageszeitung – ein wichtiger Meilenstein in den vielseitigen Bemühungen, Interessantes über unser Tirol zu erfahren. Es gilt darüber hinaus für mich jetzt schon als unverzichtbares Nachschlagewerk, das sowohl als Bereicherung der Geschichtsschreibung dient als auch eine wichtige Anregung bietet, wenn es um die Erinnerung an Zeiten geht, in denen Selbstverständlichkeiten von heute noch als Pionierleistungen gewürdigt wurden.

Mein Dank gebührt unseren Partnern, Dr. Karl Stoss von den Casinos Austria, Direktor Helmut Krieghofer vom ORF Tirol, Elmar Oberhauser und allen, die mitgeholfen haben, dass dieses Buch für Sie, verehrte LeserInnen, eine Zeitreise in die Vergangenheit ermöglicht.

Viel Spaß bei der Lektüre von *Tirol lebendig erinnert!*

Hermann Petz
Vorstandsvorsitzender
der Moser Holding

Faszinierende Persönlichkeiten

Helmut Krieghofer, Landesdirektor des ORF Tirol.

Auch in der zweiten Staffel der Gesprächsreihe „Zeitzeugen" in Zusammenarbeit von Casinos Austria, Tiroler Tageszeitung und ORF-Landesstudio Tirol ist die jüngere Zeitgeschichte Tirols lebendig geworden. An sieben spannenden Abenden haben wieder Hunderte interessierte Tirolerinnen und Tiroler faszinierende Persönlichkeiten als Zeitzeugen kennengelernt. Diese haben im Gespräch mit Elmar Oberhauser Einblicke in ihre Lebensgeschichten zugelassen.

Weltbekannt für seine alpinistischen Leistungen ist der Zillertaler Extrembergsteiger Peter Habeler. Er bezwang 1978 gemeinsam mit Reinhold Messner den legendären Mount Everest erstmals ohne künstlichen Sauerstoff. Die Berge hat Habeler immer als seine Freunde betrachtet. Er hat aber auch auf dramatische Weise erlebt, wie sprichwörtlich schmal der Grat zwischen alpinen Triumphen und drohender Todesgefahr auf dem Berg sein kann.

Ein medizinischer Pionier, der beruflich, aber auch sportlich Außergewöhnliches geleistet hat, ist Raimund Margreiter. Auch er stammt aus dem Zillertal. Mit der ersten Herzverpflanzung Österreichs 1983 wurde der Transplantationschirurg zu einem weit über Tirol hinaus bekannten Arzt. Beteiligt war er später auch an der medizinischen Meisterleistung, durch die Bombenopfer Theo Kelz neue Hände verpflanzt bekam. Sportlich hat Margreiter als Alpinist höchste Berge bezwungen, als Kajakfahrer den Amazonas.

Weltweit bekannt ist der mächtige Chef des Österreichischen Skiverbandes, Peter Schröcksnadel. Als Unternehmer ist er international erfolgreich. Schröcksnadel vermarktete als persönlicher Manager Ski-Superstar Hermann Maier. Er kam auch auf die Idee, Wetterbilder live im Fernsehen zu übertragen und eröffnete damit dem Tourismus völlig neue Wege.

Gäste in der Reihe „Zeitzeugen" waren weiters zwei bemerkenswerte Frauen. Monika Lindner, die in Innsbruck aufgewachsen ist, stand zwischen 2002 und 2006 als bisher erste Frau an der Spitze des ORF, des größten österreichischen Medienkonzerns. Sie gab Einblicke in die bis dahin seltenen Karrieren von Frauen, die es in großen heimischen Unternehmen bis ganz an die Spitze schaffen. Und Midi Seyrling, Klosterbräu-Seniorchefin und Grande Dame des Tiroler Tourismus, erzählte über den ehrgeizigen Aufbau des Tiroler Tourismus und des heutigen Parade-Fünf-Sterne-Hotels in Seefeld. Dort waren über Jahrzehnte bekannte Persönlichkeiten, vom deutschen Kanzler Willy Brandt bis zu König Gustav von Schweden, zu Gast.

Als „Herr des Hahnenkamms" wird der Kitzbüheler Jurist und Unternehmer Klaus Reisch bezeichnet. Seiner Familie gehören wesentliche Teile jener Grundstücke, auf denen das legendäre Hahnenkammrennen ausgetragen wird. Die besondere Atmosphäre dieses weltberühmten Rennens hat er mitgestaltet, begeistern kann sich Hobby-Historiker Reisch insbesondere aber auch für die Weite des Meeres und die Geschichte der Seefahrt.

Einer der reichsten Österreicher war illustrer letzter Gast in der zweiten Staffel der Zeitzeugen-Gespräche: Hans Peter Haselsteiner. Der gebürtige Wörgler hat aus einer mittelständischen Baufirma die STRABAG, eines der größten Bauunternehmen Europas, geformt. Der Industrielle lebt in Südtirol und ist auch bekannt als Kunstmäzen bei den Tiroler Festspielen in Erl sowie als großzügiger Förderer sozialer Projekte.

In den Zeitzeugen-Gesprächen haben uns all diese außergewöhnlichen Persönlichkeiten an ihren Erinnerungen teilhaben lassen. Damit haben sie auch wesentliche Veränderungen der letzten Jahrzehnte auf spannende und häufig auch humorvolle Weise unmittelbar erlebbar gemacht.

Im „Trommelfell" von ORF-Radio Tirol waren die Höhepunkte aus den einzelnen Interviews bereits zu hören. Ich wünsche Ihnen eine gleichermaßen informative wie unterhaltsame Lektüre mit den ausführlichen Geschichten, die das Leben ganz besonderer Tiroler Frauen und Männer geschrieben hat.

Helmut Krieghofer
Landesdirektor
ORF Tirol

Eine Frage der Gene

Wenn wir uns nunmehr, ein Jahr nach der Erstauflage, über fast 2.300 verkaufte Exemplare von *Tirol hautnah erlebt* freuen dürfen, dann ist es höchste Zeit, danke zu sagen.

Das erste Dankeschön gilt unseren ZeitzeugInnen, jenen sieben Tiroler Persönlichkeiten – Monika Lindner, Midi Seyerling, Raimund Margreiter, Klaus Reisch, Hans Peter Haselsteiner, Peter Schröcksnadel und Peter Habeler – deren Geschichten und persönliche Eindrücke von wichtigen Ereignissen dieses Buch zu einem echten Lesevergnügen machten.

Ein herzliches Danke gebührt auch den KollegInnen aus der TT-Redaktion, die diese Geschichten aufgeschrieben und damit einzigartige Einblicke in das Innenleben Tirols vermittelt haben.

Und ein spezieller Dank geht natürlich an die Adresse jenes Mannes, der es geradezu meisterhaft verstanden hat, seinen GesprächspartnerInnen all die kleinen Geschichten und Erinnerungen zu entlocken, die im Publikum Atemlosigkeit erzeugten – Elmar Oberhauser!

Faszinierend, wie sich Elmo, der Vorarlberger, in die Welt der TirolerInnen hineinversetzt, um in den Interviews das letzte Geheimnis herauszuholen. Eine Kunst, die ihm schon zu seiner Fernsehzeit als Moderator der ZiB 2, zahlreicher Polit-Talkshows wie „Im Zentrum", „Zur Sache" oder in den „Sommergesprächen" Kultstatus bescherte. Es gab schon damals einfach kein „Entkommen" wenn Elmar mit seinem mittlerweile legendären „Das war nicht meine

Projektkoordinator Fred Steinacher.

Zeitzeugen-Moderator Elmar Oberhauser.

Frage ..." das Gespräch genau in jene Richtung lenkte, die er wollte. Daran hat sich nichts geändert.

Mit Recht wird unser Zeitzeugen-Moderator als Erfinder der heutzutage üblichen beinharten Interviewtechnik im TV bezeichnet, und es macht unglaublichen Spaß, an der Seite dieses Mannes zu sitzen, wenn er sich mit seinem GesprächspartnerInnen auf ein Interview vorbereitet. Erstens, um nur ja alles Wissenswerte aufzubereiten, zweitens, um Grenzen abzustecken. Und um damit jenes Vertrauen aufzubauen, das für so eine Talkrunde unabdingbar ist. Keine von Oberhausers Fragen blieb bisher unbeantwortet, wie auch in diesem Buch, dem zweiten Teil der Serie nachzulesen ist.

Es wäre wohl eine interessante und – zugegeben – auch reizvolle Aufgabe, in einigen Jahren den Elmar höchstpersönlich als Zeitzeugen zum Gespräch zu bitten. Themen gäbe es mehr als genug. Michl Kuhn, ein gemeinsamer Freund, zeichnet ein klares Bild unseres Moderators und geht vor allem in einem Punkt mit ORF-Legende Gerd Bacher konform: „Mutig bis zur Selbstverleugnung!" In einem Interview zum Disput mit der ORF-Spitze präsisierte Bacher: „Ich halte die Unabhängigkeit Oberhausers nicht nur für eine Frage der Tugend, sondern für eine Frage der Gene – er ist Vorarlberger, und einem Vorarlberger darf man nichts dreinreden." Eine Beschreibung, die Elmar O. punktgenau trifft. Tatsächlich gibt es für den Genussmenschen Oberhauser in vielen Bereichen nur Schwarz oder Weiß, sprich treuer Freund oder unerbittlicher Feind. Es spricht für ihn, dass der Kreis der Freunde stets größer wird.

Dank seiner Fähigkeit, blitzschnell auf neue Situationen zu reagieren, hat Elmar so manches Problem locker gelöst; dass er den Kontakt zu den Mächtigen liebt (genauso wie seinen Do&Co-Stammplatz hoch über den Dächern Wiens), ist unbestreitbar, und dennoch hat er – siehe Bacher-Zitat – seine Eigenständigkeit nie aufs Spiel gesetzt. Gespielt wird höchstens mit Karten, im Freundeskreis und meist dort, wo die geliebten Zigarren nicht verboten sind. Was wiederum nicht viel besagt, denn seine „Havanna" hat Elmar eigentlich überall gezündet; nach einem Herzinfarkt von der Stückzahl zwar reduziert, aber nicht weniger genussvoll. Das wirkt sich natürlich auf seine Gemütslage aus, hat den Interviewer Elmar O. bei seinen Fragen jedoch nicht milder gestimmt. Und das soll auch zukünftig – das haben sich ZuhörerInnen im Casino und LeserInnen des Buches verdient – so bleiben.

Herzlichen Dank, Elmar, und den verehrten LeserInnen viel Spaß mit *Tirol lebendig erinnert!*

Fred Steinacher
Projektkoordinator
Moser Holding

Der Berg als Ort der Selbsterfahrung

Peter Habeler über die vielen Gipfel der Gefühle

Von Irene Rapp

Jänner 2013: Im Innsbrucker Casino unterhielten sich
Elmar Oberhauser und „Berg-Professor" Peter Habeler über
die Faszination Berge.

Vorwort
Das Internet ist in Zeiten wie diesen das Nonplusultra der Bereitstellung von Information jeglicher Art. Gibt man etwa das Stichwort „Peter Habeler" ein, werden innerhalb von 0,13 Sekunden 180.000 Ergebnisse angezeigt. Und sucht man auf Wikipedia nach dem Zillertaler, finden sich folgende – überraschend wenige – Fakten:

Peter Habeler (* 22. Juli 1942 in Mayrhofen, Zillertal) ist ein österreichischer Extrembergsteiger, der durch die Erstbesteigung des Mount Everest ohne künstlichen Sauerstoff 1978 berühmt wurde. Dem Zillertaler gelangen spektakuläre Erstbegehungen in den amerikanischen Rocky Mountains, er war der erste Europäer an den Big Walls im Yosemite-Nationalpark in Kalifornien (USA) und kletterte in kürzester Zeit durch die El-Capitan-Südwestwand, die damals als die schwierigste bekannte Klettertour der Welt gab. Im Jahr 1969 schloss er sich mit Reinhold Messner zu einer erfolgreichen Seilschaft zusammen.

Laufbahn: Habeler gelangen u. a. die Begehung der Yerupaja-Ostwand in den peruanischen Anden und die Durchsteigung der Eiger-Nordwand in knapp neun Stunden. Die Nordwand des Matterhorns bezwang er in vier Stunden. In einer Zweierseilschaft mit Reinhold Messner gelang ihm 1975 die Besteigung des Hidden Peak (8.080 m) ohne künstlichen Sauerstoff. Das war die erste Besteigung eines Achttausenders im Alpinstil. Sein größter Erfolg war 1978 die Erstbesteigung des Mount Everest, des höchsten Berges der Welt, ohne künstlichen Sauerstoff, ebenfalls wieder zusammen mit Reinhold Messner. Außerdem bestieg er weitere Achttausender, wie den Cho Oyu (8.188 m), den Nanga Parbat (8.125 m) und den Kangchendzönga (8.598 m).

Gesellschaftliche Aktivitäten: Peter Habeler ist Ehrenmitglied im Kuratorium des Arbeitskreises Christlicher Publizisten.

Auszeichnungen: 1999 Berufstitel Professor.

Soweit zum Wikipedia-Eintrag: Doch wie nüchtern ist diese Information, wie wenig sagt sie eigentlich über den Menschen Peter Habeler aus! Wer einmal das Glück hatte, den Zillertaler kennenzulernen – sei es als Vortragenden, als Bergführer oder überraschend auf einer Hütte – der erlebt anderes.

Wie humorvoll etwa der Mensch hinter den Fakten ist. Welch unvorstellbare Geschichten er erzählen kann, in einer Dramatik, die die Geschehnisse von einst wieder lebendig werden lassen und mit welch leuchtenden Augen er Gäste in seine geliebten Berge führt.

Wie wohl er sich auf den Hütten fühlt, wie sehr er sich mit den Menschen dort identifiziert. Und wie lange er dort mit alten und neuen Bergkameraden zusammensitzen, Witze erzählen und ein Schnapsl oder Glasl Rotwein trinken kann – doch am nächsten Morgen wieder taufrisch zu neuen Bergabenteuern aufbricht – so, als hätte er zwölf Stunden Schlaf und kein einziges Stamperl Schnaps oder Glas Rotwein genossen.

Die Infos aus dem Internet können nur die Suppe sein. Das Salz darin ist der direkte, unmittelbare Kontakt mit dem Menschen – wie es etwa beim Zeitzeugen-Gespräch im Jänner 2013 im Innsbrucker Casino möglich war.

Peter, der Glückliche

Peter Habeler. Mit welchen Beinamen könnte man den Finkenberger versehen? Mit Peter, der Himmelsstürmer, wie er in den einleitenden Begrüßungsworten zum Zeitzeugen-Gespräch am 15. Jänner 2013 im Innsbrucker Casino bezeichnet worden ist?

Mit Peter, der Jungbrunnen, weil man ihm die über 70 Jahre in keinster Art und Weise ansieht?

Oder mit Peter, der Glückliche? Denn dass er im Großen und Ganzen glücklich sein muss, das zeigt vor allem sein Gesicht, in welchem weder Verbitterung noch Kummer, noch Schmerz ihre Spuren hinterlassen haben.

Und so kann auch der bekannte ORF-Mann Elmar Oberhauser zu Beginn des Zeitzeugen-Gesprächs als Moderator seine Überraschung nicht verbergen. „Wie bei der Vorbereitung zum Gespräch mit dem inzwischen verstorbenen Innsbrucker Alt-Bischof Reinhold Stecher bin ich zu der Erkenntnis gekommen, dass es kaum Menschen gibt – oder eigentlich habe ich gar keinen gefunden – der negativ oder schlecht über Sie spricht. Sie sind sehr beliebt, haben ein hohes Ansehen, wie schafft man das?", fragt er seinen Gesprächspartner.

Nur einen kurzen Moment lang ist Peter Habeler sprachlos. „Ja, das ist eine gute Frage", wagt er dann den Versuch einer Erklärung. „Vielleicht, weil ich positiv denke. Weil ich tolle Wegbegleiter hatte. Und weil ich in meinem ganzen Leben von jedem immer gut behandelt worden bin. Die Bitterkeit hat es nie gegeben", sagt der Bergsteiger und blickt ins Publikum. Dort sitzen unter den zahlreichen interessierten Gästen auch viele seiner Wegbegleiter aus früheren Tagen. Von Horst Fankhauser, Jugendfreund und Kletterpartner sowie langjährigem Pächter der Franz-Senn-Hütte in den Stubaier Alpen, über den weltbekannten Chirurgen Raimund Margreiter bis hin zu Wolfgang Nairz, der 1978 als erster Österreicher auf dem Gipfel des Mount Everest stand.

„Und was gibt es Schöneres, als Freunde zu haben?", schließt Peter, der „Glückliche".

Der Gipfel der Gefühle
Raimund Margreiter, weltbekannter Innsbrucker Chirurg. Oswald Oelz, gebürtiger Vorarlberger und ebenfalls Mediziner. Robert Schauer, steirischer Bergsteiger und Filmemacher. Horst Bergmann, Autospenglermeister in Innsbruck mit Bergleidenschaft.

Nicht zu vergessen den Innsbrucker Wolfgang Nairz. Letzterer war Leiter einer Expedition des Oesterreichischen Alpenvereins – u.a. mit den zuvor genannten Alpinisten als Teilnehmer –, die sich 1978 vorgenommen hatte, den Mount Everest zu besteigen.

Zuvor waren noch keine Österreicher auf dem Gipfel des höchsten Berges der Welt gestanden, 35 Jahre später hatten dies 39 österreichische Staatsangehörige geschafft (Anm.: Stand inklusive Sommer 2012; Angaben aus dem Buch „Austria 8000" von Jochen Hemmleb, erschienen im Tyrolia-Verlag).

„Das waren alles super Leute. Alle haben sich gekannt. Und mit Raimund Margreiter und Oswald Oelz war eine medizinisch höchstklassige Betreuung geboten. Wir fügten uns zu einem starken Team zusammen", erzählt Peter Habeler.

Wir – das waren er und der Südtiroler Reinhold Messner, die sich der österreichischen Expedition angeschlossen hatten. Doch die beiden hatten vor, einen eigenen Weg zu gehen – einen bis dato unbekannten, unsicheren und gefährlichen.

Vor dem 8. Mai 1978 waren sämtliche erfolgreiche Besteigungen des höchsten Berges der Welt mit einer Höhe von 8.850 Metern nur mit Zuhilfenahme von künstlichem Sauerstoff geglückt. Eine scheinbare Notwendigkeit, waren sich die Experten damals angesichts der Fakten einig: In der sogenannten Todeszone von über 8.000 Metern Höhe beträgt der Sauerstoffgehalt der Luft nur etwa ein Drittel der Menge auf Seehöhe. Je „dünner" die Luft, desto weniger wird der menschliche Körper mit dem notwendigen Sauerstoff versorgt – jede Bewegung wird erschwert, Höhenkrankheiten wie Höhenlungenödeme oder Höhenhirnödeme – drohen.

Unterwegs zum Rastkogel: Peter Habeler ist begeisterter Skitourengeher, auf diesem Bild ist er auf dem Weg zum Rastkogel in den Tuxer Alpen zu sehen.

Die Liebe zum Fels. Klettern ist nach wie vor eine Leidenschaft von Peter Habeler. Die Nordostwand des Olperers in den Tuxer Alpen bietet sich dafür an, liegt der Berg doch nahezu vor seiner Haustür.

Und trotzdem wollten Habeler und Messner ohne künstlichen Sauerstoff auf den Gipfel gelangen. „Wir wussten, dass viele Sherpas schon sehr weit oben waren. In den 1950er-Jahren gab es eine Schweizer Expedition, die hatte es ohne Sauerstoff ebenfalls weit hinauf geschafft. Und auch Hermann Buhl stand 1953 als erster Mensch auf dem 8.125 Meter hohen Nanga Parbat – ohne künstlichen Sauerstoff", erzählt Habeler.

Davon abgesehen war es nicht der erste Achttausender des Teams Habeler/Messner und auch nicht der erste Achttausender, den die zwei ohne künstlichen Sauerstoff begehen wollten. 1975 standen die beiden auf dem Gipfel des Hidden Peak (8.080 m). „Da haben wir uns als Zweierseilschaft ohne großen Expeditions-Aufwand und mit wenig Ausrüstung bereits getraut, diesen niedrigen Achttausender ohne künstlichen Sauerstoff zu machen. Das war etwa Neues – dieser sogenannte Westalpenstil. Der Wastl Mariner (bekannter Alpinist aus Inzing, Anm.) hat damals gemeint, dass sich die Buben einen rostigen Nagel eintreten würden. Doch das hat uns nur noch mehr angespornt. Und wenn ich heutzutage in den Vereinigten Staaten oder etwa Tschechien bin, dann zählt diese Leistung am Hidden Peak viel mehr als jene am Everest", erzählt Habeler von seinem ersten Achttausender.

Das Vorhaben am Mount Everest zu realisieren sei möglich, waren sich die zwei daher sicher, vor allem Messner, der sich im Vorfeld eingehend mit diesem Thema beschäftigt hatte. Unter einer Voraussetzung: „Wir wussten, dass wir schnell sein mussten." Auch die Route war klar: Khumbu-Eisbruch, Tal des Schweigens, Lhotseflanke, Südsattel, Südgipfel, Hauptgipfel.

35 Jahre ist das große Abenteuer jetzt her, doch viele Bilder von damals sind noch sehr präsent: die Strapazen des Spurens im tiefen Schnee in der Todeszone, die umher-

ziehenden Nebelfetzen und das Geräusch des Windes. „Wir befanden uns im Basislager des Everest, als auf einmal ein dermaßen lautes Geräusch aufkam, dass ich geglaubt habe, ein Zug rauscht heran. Aber es war der Wind, der von der tibetischen Seite gekommen ist. Dieses Geräusch hat mir furchtbare Angst gemacht", erinnert sich Habeler.

Dazu kamen andere, existenziellere Ängste: nicht hundertprozentig genau zu wissen, ob der niedrigere Sauerstoffdruck in derartigen Höhen nicht doch Auswirkungen auf den Körper haben würde. Immer noch die Aussagen jener Wissenschafter im Kopf, die gewarnt hatten, dass dieses Abenteuer unweigerlich zu Hirnschäden führen werde. Belastend auch die Ungewissheit, ob man es wirklich auf den angestrebten Gipfel und wieder gesund zurück schaffen würde. Im Zillertal warteten ja auf Habeler u. a. Ehefrau Regina und Christian Peter, der sieben Monate alte Sohn des Ehepaares.

Im Nachhinein betrachtet, so sagt der Zillertaler, sei der Everest jener von insgesamt fünf bestiegenen Achttausendern gewesen, der ihm am meisten Angst bereitet hätte. Doch zum Glück gab es die Mitglieder der österreichischen Expedition: Wolfgang Nairz, Robert Schauer und Horst Bergmann standen am 3. Mai 1978 selbst auf dem Everest – als erste Österreicher. „Sie waren sicher, dass wir es schaffen konnten und sprachen uns immer wieder Mut zu", so Habeler. Auch Bergkamerad Messner war vom Erfolg des ungewissen Vorhabens überzeugt. „Er hat mir immer wieder gut zugeredet. Denn so viel ist sicher, ich war nicht im Vollbesitz meiner geistigen Kräfte. Ich wollte einfach nur heim", sagt Habeler. Und dann werden die Bilder der Besteigung von damals wieder lebendig: Als er und Messner um halb sechs Uhr an besagtem 8. Mai 1978 aus dem Zelt krochen und sich auf den Weg machten. Sich Stück für Stück, Meter um Meter auf den von den Nepalesen Sagarmatha und von den Tibetern Chomolungma bezeichneten Berg hinaufquälten. Denn alle paar Minuten erforderte es die dünner werdende Luft, stehenzubleiben, bis man wieder genügend Sauerstoff in den Muskeln hatte und somit Kraft, um die nächsten Schritte zu setzen. Dazu kam, dass man immer wieder in den Schnee einbrach, was zur Folge hatte, dass Habeler und Messner zum Teil auf beiden Knien und Unterschenkeln dahinrobbten, um nicht zu versinken und so ihre Kraft zu sparen.

Qualen, die man – sagt Habeler – im Nachhinein zum Glück nicht mehr so in Erinnerung hat, auch wenn man sie nicht vergisst. Filmaufnahmen – aufgenommen von Messner und vom Briten Eric Jones, der die zwei bis zum Südsattel begleitete – würden allerdings heute noch daran erinnern, wie langsam man wirklich unterwegs gewesen sei, da man immer wieder das Gefühl hatte, aufgrund der knappen Luft am Ersticken zu sein. „Da kommt mir heut noch das Grausen, vor allem, wenn man sich vor Augen führt, wie stereotyp unsere Bewegungen waren. Real denken tut man in so einer Situation nämlich nicht mehr", sagt Habeler.

Und da gab es noch jene scharfkantige Wechte, an deren Rand sich Habeler und Messner nach oben bewegten. „Wäre da ein Wechtenbruch gewesen, wären wir 3.000 Meter hinuntergestürzt in die Ostwand des Everest, die Kangshung-Wand. An das denke ich immer noch."

Trotzdem ließ man erfolgreich Meter um Meter hinter sich, und das in einer unvorstellbaren Zeit. In fünf Stunden schafften es die zwei vom Südsattel auf den Gipfel, für die rund 850 Höhenmeter benötigte man laut Habeler weniger Zeit als jene Bergsteiger, die zuvor mit künstlichem Sauerstoff unterwegs gewesen waren.

Ein möglicher Grund? Die zu dieser Zeit gebräuchlichen Sauerstoffgeräte waren kein Leichtgewicht, wogen rund zehn Kilogramm – ein nicht zu unterschätzender

Faktor, wenn man in solchen Höhen mit so viel Gewicht belastet ist. Habeler hingegen trug zunächst einen 1,5 Kilogramm „leichten" Rucksack, „weil ich ein schlechter Rucksackträger bin. Am liebsten wäre mir Bergsteigen ohne irgendetwas am Rücken", merkt er lachend an. Und selbst diesen kleinen Rucksack ließ er irgendwann einmal auf dem Weg zum 8.850-Meter-Gipfel zurück.

Kein Sauerstoffgerät also mit dabei – zum Glück, wie Habeler heute angesichts der damaligen Angst, der damaligen Strapazen gesteht. „Ich bin mir zu 100 Prozent sicher, wir hätten ein Sauerstoffgerät in Anspruch genommen, hätten wir eines dabei gehabt."

Doch die historischen Filmaufnahmen und Fotos beweisen: Messner und Habeler konnten nicht in Versuchung geführt werden. Und trotzdem gab es nach der erfolgreichen Unternehmung Vorwürfe, man hätte Sauerstoffgeräte mitgehabt und diese auch verwendet. „Da gab es u. a. den Deutschen Karl Maria Herrligkoffer. Der war mit Reinhold 1970 auf dem Nanga Parbat, wo Reinholds Bruder Günther verstarb. Die ganzen Geschehnisse auf dem Nanga Parbat führten zu Zerwürfnissen zwischen Herrligkoffer und Messner. Dazu kam, dass Herrligkoffer im Herbst 1978 als Expeditionsleiter mit einem Team zum Everest aufbrach und den Gipfel ebenfalls ohne Zuhilfenahme von künstlichem Sauerstoff besteigen wollte."

Alte, offene Rechnungen und neue, gewagte Vorhaben: Letztendlich waren jedoch Messner und Habeler bei dem spektakulären Vorhaben, als Erste ohne Sauerstoffgerät den höchsten Punkt der Welt zu besteigen, schneller gewesen.

Und Herrligkoffers Vorwürfe blieben zwar nicht ungehört, erwiesen sich aber als Schall und Rauch.

Damit schrieben Habeler, damals 35 Jahre alt, und Messner, damals 33 Jahre, am 8. Mai 1978 um 13.15 Uhr

Alpingeschichte: „Ein unglaublich bewegender Moment. Man fängt zu weinen und zu schreien an", erzählt Habeler. Als Beweis, wirklich auf dem Gipfel gewesen zu sein, schnitt er einen Meter von seinem Seil ab und befestigte dieses an jenem Aluminiumgestänge, das die Chinesen 1975 als Vermessungszeichen auf dem Gipfel errichtet hatten. Auch Kamerabatterien wurden zurückgelassen. Drei Tage später brachte übrigens eine andere Expedition den Österreichern die Gegenstände wieder mit zurück.

Doch lange hielt es den Zillertaler nicht auf dem Gipfel. Immer noch spukte in seinem Kopf die Unsicherheit ob der Auswirkungen der „dünnen" Luft auf den menschlichen Organismus herum. „Ich bin zwar nicht damisch geworden, habe mich aber dort oben nicht sehr wohl gefühlt", erzählt er lachend. Dazu kam die eisige Kälte, die trotz der für damalige Zeiten hervorragenden Ausrüstung zu schaffen machte. So trugen die beiden am Everest etwa die leichtesten Schuhe, die damals erhältlich waren. Im Zeitzeugen-Gespräch erzählt Habeler lachend davon, bei früheren alpinen Unternehmungen oft gestrickte Unterhosen getragen zu haben. „Am Everest war es aber eine richtige", verrät er.

Doch auch diese konnte die niedrigen Temperaturen nicht abwehren. Zwanzig oder dreißig Minuten später verabschiedete sich der Nordtiroler daher von dem Südtiroler und machte sich auf den Rückweg. „Ich habe gewusst, dass Reinhold stark ist, dass er alleine hinunterkommt. Und dass wir uns aufeinander verlassen können. Denn es ist ja so, wenn der Partner gut ist, dann ist man selbst noch besser."

Zunächst ging es mit dem Gesicht zur Wand über den Hillary Step hinunter – eine ca. zwölf Meter hohe und sehr steile Felsstufe. Dann kroch er den Südgipfel auf Ellbogen und Knien hinauf. „Da gibt es einen Gegenanstieg. Der macht sicher nur an die fünf Meter aus. Aber ich war furchtbar müde und ausgepowert, dass es nicht mehr anders ging. Und in dieser Höhe ist so ein Gegenanstieg ein Graus." Nebelfetzen zogen hin und her, immer wieder konnte Habeler hinab auf den Südsattel sehen, wo er zwei Punkte ausmachte. „Ich habe gewusst, ich muss da möglichst schnell runter zu den zwei Zelten." Und dann wählte der Zillertaler eine Art der Fortbewegung, die in ihrer Selbstverständlichkeit immer noch ein Schmunzeln hervorruft – auch wenn man sie auf dem höchsten Berg der Welt niemals vermuten würde. „Ich habe mich wie als Kind auf den Hosenboden gesetzt, die Beine gespreizt und bin dann hinuntergerutscht. Schon kontrolliert, weil ich genau gewusst habe, dass sich Schnee zwischen den Beinen aufstaut, der die Geschwindigkeit bremst."

Äußerst achtsam sei er bei dieser Art des „Abstiegs" gewesen und vorsichtig, nicht zu weit auf die Ostseite zu geraten und Gefahr zu laufen, tausende Meter abzustürzen.

Doch alles ging gut, fast alles zumindest. In rund einer Stunde schaffte es Habeler zum Südsattel, wo Eric Jones auf ihn wartete. Und Letzterem wird wohl in den letzten Sekunden noch der Atem gestockt sein. „Denn dann bin ich mit einem kleinen Schneebrett abgefahren, habe dabei Pickel und Sonnenbrille verloren und mir das Außenband am Knöchel gezerrt, was mir beim späteren Abstieg noch enorme Probleme bereitete".

In diesem Moment allerdings waren andere Sachen von größerer Bedeutung: Eine Stunde später erreichte auch Messner den Südsattel, „der wird sich beim Abstieg gedacht haben, der Peter hat einen Klopfer, weil er ja meinen Hosenbodenrutscher gesehen hat." Aber auch Messner kam nicht unbeschadet an. Weil er immer wieder die Brille zum Filmen abgenommen hatte, quälten ihn starke

Augenschmerzen. Im Lager bekam er daher vom Expeditionsarzt Oswald Oelz eine Salbe ins Auge geschmiert, auch Habeler wurde medizinisch versorgt.

Wie ein Lauffeuer verbreitete sich dann die Nachricht von der erfolgreichen Besteigung. „Das ging durch die ganze Welt. Schon nach wenigen Stunden reisten zahlreiche Journalisten von überall her an", erzählt Habeler.

Angereist war auch eine berühmte Persönlichkeit. Der Neuseeländer Edmund Hillary, der am 29. Mai 1953 den Everest mit dem Nepalesen Tenzing Norgay erstbestiegen hatte, wartete auf die beiden Tiroler. „Der Hillary hat immer schon die Meinung vertreten, dass eine Besteigung des Everest ohne die Zuhilfenahme von künstlichem Sauerstoff möglich ist. Ich habe sein ‚It's possible' noch in den Ohren. Und er hat sich dann natürlich gefreut, dass uns das gelungen ist."

In Hillarys kleiner Wohnung musste der ungewöhnliche Gipfelsieg darum entsprechend gefeiert werden. „Er hat fleißig Tee mit Rum serviert. Das war schön. Der nächste Tag aber nicht mehr, weil das Ganze mit einem ordentlichen Rausch geendet hat." Doch zum Glück waren auch hier die benebelten Sinne – so wie Tage zuvor am Gipfel des Everest – nur von kurzer Dauer.

Fünfunddreißig Jahre später, im Jahr 2013. Habeler ist immer noch „von der tollen Nachhaltigkeit der damaligen Besteigung" fasziniert. Denn es hätte auch andere gegeben, die dieses Vorhaben hätten umsetzen können.

„Wir waren einfach zum richtigen Zeitpunkt am richtigen Ort und haben das Richtige gemacht. Daher gab es keinen Grund, stolz zu sein", erzählt er im Zeitzeugen-Gespräch Elmar Oberhauser. Nur dass man trotz aller Skepsis zu Beginn der Unternehmung gesund geblieben sei, keine bleibenden Gehirnschäden davongetragen hätte, sei eine gewisse Genugtuung gewesen. „Nein, damisch sind wir nicht geworden. Ich bin sogar der Meinung, dass man – wenn es einen noch höheren Berg als den Everest geben würde – auch den ohne künstlichen Sauerstoff machen könnte. Doch der Everest wächst ja ohnehin noch laufend", lacht Habeler.

Und die Angst? Die war bald kein bestimmendes Thema mehr. So sehr hatte sie allerdings den Zillertaler auf der Everest-Expedition beeinflusst, dass er unvergessene Worte für das Erlebnis fand und diese auf seiner Homepage festgehalten hat. „Der Everest ist nicht besiegt, nicht bezwungen worden. Er hat mich lediglich geduldet. Und wenn sich überhaupt von einem Sieg sprechen lässt, dann höchstens von einem Sieg über den eigenen Körper, über die Angst."

Bei seiner Rückkehr nach Mayrhofen gab es übrigens einen großen Empfang für Habeler. Tausende Menschen erlebten noch einmal das Mount-Everest-Erlebnis mit. „Ein Straßenzug – benannt als Peter-Habeler-Straße – wird der dauernde Zeuge der alpinistischen Großtat sein", hieß es dazu am 26. Mai in der Tiroler Tageszeitung. Im gleichen Artikel erzählte Habeler von seinem spektakulären Abstieg, verständlich sein Kommentar dazu – „ich hatte das Gefühl, dass der Schutzengel mit mir geht."

Schutzengel hatte er auch auf seinen weiteren Achttausendern: Nach dem Hidden Peak und dem Mount Everest sollte Habeler noch den Kangchendzönga (1988), den Nanga Parbat (1985) und den Cho Oyu (1986) besteigen. Anders als Reinhold Messner zog es ihn jedoch nicht auf alle 14 Achttausender.

„Nein, Gipfel gesammelt habe ich nie. Aber ich verstehe den Reinhold sehr gut, das war damals ein hehres Ziel – alle Achttausender zu besteigen, und das ohne die Verwendung von künstlichem Sauerstoff."

Der Gipfel der Begierde

2013: Das Jahr der Jubiläen, was den 8.850 Meter hohen Mount Everest betrifft. Vor 60 Jahren, am 29. Mai 1953 standen mit Sir Edmund Hillary und dem nepalesischen Sherpa Tenzing Norgay die ersten Menschen auf dem höchsten Berg der Welt. Und vor 35 Jahren gelang am 8. Mai 1978 Peter Habeler und Reinhold Messner die erste Besteigung des Everest ohne die Zuhilfenahme von künstlichem Sauerstoff.

2013 ist aber nicht nur das Jahr der Jubiläen, sondern auch das Jahr mit einem traurigen Novum, was den höchsten Berg der Welt betrifft. Ende April kommt es auf 7.200 Metern zu gewalttätigen Auseinandersetzungen zwischen Sherpas und drei Bergsteigern aus Europa – und zwar den bekannten Alpinisten Simone Moro aus Italien und dem Schweizer Ueli Steck sowie dem Briten Jonathan Griffith, der für die fotografische Dokumentation der Unternehmung sorgen sollte. Die Europäer hatten eine Besteigung des Everest abseits der Normalroute geplant, sollen jedoch die Sherpas bei der Anlegung von Fixseilen behindert haben. Über den weiteren Hergang der Geschehnisse gibt es unterschiedliche Aussagen. Tatsache ist jedoch, dass Schimpfworte gefallen sind, zum Schluss sogar Steine geworfen wurden. „Die Sherpas drohten, dass in der Nacht einer von uns sterben würde", hat der Schweizer Steck später in einer Aussendung mitgeteilt. Am Ende flüchteten die drei von jenem Berg, den sie eigentlich vorhatten zu besteigen. Ueli Steck wird bei dem Zwischenfall von einem Stein am Kopf getroffen und verletzt und muss mit dem Hubschrauber nach Kathmandu gebracht werden.

„Eine traurige Entwicklung", kommentiert Habeler diese Ereignisse, doch sie hätte sich abgezeichnet. Denn schon lange vorbei sind die Zeiten, als Messner und Habeler am 8. Mai 1978 allein auf dem Gipfel des Everest standen. 35 Jahre später wird „der Everest überrannt, doch derartige Menschenmassen erträgt er nicht", kritisiert der Zillertaler.

Zur Hauptsaison im April und Mai seien hunderte Menschen auf dem höchsten Berg der Welt unterwegs – einem Berg, „der vom Basislager bis zum Gipfel ohnehin nur noch einem mit Fixseilen versehenen Klettersteig ähnelt."

Um die Welt gingen vor einigen Jahren etwa die Bilder des bekannten Deutschen Ralf Dujmovits, Ehemann der österreichischen Spitzenbergsteigerin Gerlinde Kaltenbrunner: Seine Fotos zeigen die Heerscharen von Bergsteigern, die sich ameisengleich in der Lhotse-Flanke Richtung Everest-Gipfel bewegen. Für weltweites Aufsehen sorgte zuletzt auch der Plan, neben den Fixseilen, in die man sich einhängt und weiter schiebt, noch zusätzlich eine Leiter am Hillary Step anzubringen, um den Weg zum und vom Gipfel zu erleichtern. „Doch das bringt nicht viel, es wird aufgrund des unvorstellbaren Andrangs weiter Wartezeiten geben, und damit sind unglaubliche Gefahrenmomente vorprogrammiert." Unter anderen aus dem Grund, weil viele der euphorischen Gipfelstürmer mit Bergen nicht viel am Hut hätten, „die gehören nicht auf einen Achttausender", sagt der Zillertaler. In der Folge komme es immer wieder zu nervtötenden Wartezeiten, vor allem am Hillary Step, jener berühmt-berüchtigten Felsstufe. „Mich wundert es schon lange, dass dort noch keiner mit dem Pickel auf den anderen losgegangen ist. Denn man befindet sich in solchen Höhen in einer unglaublichen Stresssituation. Es ist eisig kalt, da kommt es vor, dass über Schwache und Sterbende einfach darübergestiegen wird."

Ein anderes unheimliches Szenario hat Reinhold Messner vor einigen Jahren skizziert. „Er hat gemeint, dass es über kurz oder lang einmal zur großen Katastrophe kommen könnte. Und zwar sollte einmal in der Hauptsaison ein Serac (Turm aus Gletschereis, Anm.) an der Lhotse-Flanke brechen. Dann sind nämlich 300 Leute auf einmal tot."

Doch wahrscheinlich muss erst etwas passieren, bevor reagiert wird, ist sich der Zillertaler sicher. Denn noch spiele das Geld die entscheidende Rolle, an den momentanen Verhältnissen nichts zu ändern. So profitiere die nepalesische Regierung von dem Ansturm auf den höchsten Berg der Welt, aber auch die kommerziellen Anbieter und Sherpas. „Eine Tour mit einem Anbieter kann bis zu 65.000 Euro kosten. Die sind alle geldgeil", kann sich Habeler seinen Unmut nicht verkneifen.

Insofern hätten er und Reinhold Messner damals, am 8. Mai 1978, von der Gnade der frühen Geburt profitiert. Da hätte man auf dem Everest noch außergewöhnliche Schritte setzen können. „Heute ist es doch uninteressant, ob einer auf dem höchsten Berg der Welt gewesen ist oder nicht. Die Medien berichten ohnehin nur darüber, wenn es ein Beinamputierter oder ein Blinder geschafft hat", sagt Habeler.

Und so sind sich er und viele seiner bekannten Bergkameraden vor allem in einem Punkt sicher: dass der höchste Berg der Welt als für Alpinisten anzustrebendes Ziel in den nächsten Jahren zusehends an Interesse und Bedeutung verlieren werde. Nicht zuletzt deshalb, weil es „noch viele Plätze auf der Welt gibt, wo man nicht niedergetreten wird."

Habeler selbst will jedenfalls nicht mehr auf den Mount Everest. Anders im Jahr 2000: Damals hatte er mit der Amerikanerin Christine Boskoff noch einmal auf dem Gipfel, auf 8.850 Metern, stehen wollen. „Doch wurde ich krank. Und jetzt noch einmal ohne Sauerstoff? Ich weiß es nicht, ich würde mich wahrscheinlich nicht mehr so plagen wollen".

Der Ursprung der Bergleidenschaft

Man kann ihn sich gut vorstellen, den Erwachsenen Peter Habeler als Peter Habeler, das Kind. Wie er mit einem Lachen im Gesicht und einer kleinen Portion Frechheit und Abenteuer im Blut seine Umgebung erkundete. „Ich war ja früher ein netter, kleiner Bub – ein blonder", erzählt er im Zeitzeugen-Gespräch – und man hat das entsprechende Bild vor dem geistigen Auge. Dabei hatte es das Schicksal zunächst nicht so gut gemeint mit ihm. Der Vater starb, als er acht Jahre alt war. „Ich kann mich kaum noch erinnern an ihn. Nur an eine Ohrfeige, aber aus welchem Grund ich die bekommen habe, weiß ich nicht mehr."

Wohlgefühlt hätte sich Roman Habeler – der gebürtige Niederösterreicher – im Zillertal jedoch nie. Ehefrau Ella Habeler wiederum war unter anderem aufgrund ihrer Krankheit oft nicht daheim. „Ich bin sehr viel allein gewesen und war früh gezwungen, auf eigenen Beinen zu stehen. Oft habe ich mir selbst etwas gekocht, obwohl ich nie ein guter Koch war. Aber ich glaube, dieses Auf-sich-selbst-Angewiesensein hat mir nicht geschadet", sagt Habeler, der bei seiner Großmutter, der „Pfister-Fanne" im Haus Waldheim in Mayrhofen aufwuchs. „Da lagen wir dann zu dritt im Bett. Rechts die Oma, links ihre Tochter Marianne und in der Mitte ich." Aber es gab auch „Ersatzmütter", eine Hermine Lottersberger, sowie „Ersatzfamilien", wie die Familie Fankhauser, mit deren Sohn Horst sich Peter gut verstand.

Das Haus Waldheim – genauer gesagt seine Position – wirkte sich jedoch auf den kleinen Peter nachhaltig aus: Denn auf dem Weg davor gingen oft Bergführer vorbei: der Toni Volgger etwa oder der Otto Geisler. Und die beeindruckten den kleinen Peter sehr. Vor allem wegen des großen Bergführerabzeichens – die „ja jeden Pullover ruiniert haben" – und wegen des um die Brust geschlungenen Seiles. „Das hat mich alles sehr beeindruckt. Und da habe ich mir gedacht, ich will auch Bergführer werden."

Zum Glück ließ sich der Toni Volgger von dem kleinen, aufgeweckten Buben nicht nur bewundern. Ihn faszinierte dessen Freude und Wissbegierde, was die Berge betraf. Habeler war acht oder neun Jahre alt, als ihm Volgger beibrachte, wie man Haken schlägt, mit dem Seil umgeht und dass man in den Bergen aufgrund der Sicherheit immer die Zeit im Auge behalten muss, nicht trödeln darf. Aber auch andere Bergführer nahmen ihn mit, führten ihn in die Welt des Alpinismus ein. Und mit der Zeit war der kleine, blonde Bub auf den Hütten im hinteren Zillertal ebenfalls kein Unbekannter mehr. „Ich hab dort nie Geld gebraucht. Denn die Wirte haben mich mögen und da habe ich immer eine Suppe bekommen." Diese Kameradschaft hätte ihn nachhaltig geprägt, ebenso wie das Leben auf den Hütten, die laut Habeler untrennbar mit der alpinen Kultur verbunden seien.

Mit ein Grund, warum der Zillertaler eine im Sommer 2013 gestartete Unterschriftenaktion des Oesterreichischen Alpenvereins unterstützt: Darin ruft der größte Verein Österreichs die öffentliche Hand auf, mehr Gelder in den Erhalt der Berghütten und zum Erhalt der Wege bereitzustellen.

Doch zurück in das Zillertal der 1950er-Jahre: Da unterstützte der kleine blonde Bub einige Jahre später, als Jugendlicher, die „alten" Bergführer sogar und war als Hilfsbergführer mit Toni Volgger oder Otto Geisler samt Gästen unterwegs.

Aber, auch den Kinderschuhen entwachsen, blieb Habeler den Bergen verbunden. In Feldkirch besuchte er zunächst die Handelsschule. „Die Mutter hatte dort eine gute Freundin, bei der sie oft zu Besuch war. Und so hat es sich angeboten, dort die Schule zu machen." Danach meinte Ella Habeler, dass es in Kramsach eine Glasfachschule gebe und der Bub doch eine ordentliche Ausbildung brauche. „Das ist eine wunderschöne Arbeit. Aber so glücklich war ich dort nicht, ich habe nämlich keine große künstlerische Begabung", erinnert sich Habeler.

Allerdings war das Rofangebirge nur einen Steinwurf entfernt, der Jugendliche daher zumindest am Wochenende glücklich. Denn da ging es zum Klettern hinauf an den Achensee. Gemeinsam mit Schulfreunden verbrachte man das Wochenende auf der Bayreuther Hütte oberhalb von Kramsach in den Felsen. Schwierigere Touren unternahm er mit vielen anderen Kletterpartnern, u. a. seinem Kinder- und Jugendfreund Horst Fankhauser. Die Berglust wurde zur bestimmenden Kraft, der Kindheitstraum blieb ein Thema. Und weil für den „Buben" immer klar gewesen war, dass er Bergführer werden wollte, hängte er noch eine weitere Ausbildung an – bekam sozusagen den letzten Schliff in Sachen Alpinismus – und bestand schließlich im Jahr 1965 die Bergführerprüfung, mit 21 Jahren.

Noch gut kann sich Habeler an die Ausbilder erinnern, an „einen Kuno Rainer, einen Rudl Steinlechner – die Burschen sind nie schlafen gegangen. Aber die haben uns eingebläut, was im Gebirge wichtig ist – nämlich Vorsicht, Rücksicht und Respekt. Sie haben uns gezeigt, dass der Berg ohne Menschen leer ist." Das Wichtigste nicht zu vergessen: Mit der abgeschlossenen Ausbildung konnte auch er nun jenes Abzeichen auf seinem Pullover tragen, das er in der Kindheit so bewundert hatte.

Einer der Ausbildungsleiter des Berg- und Skiführerverbandes, Kuno Rainer, fand besonderen Gefallen an dem jungen Zillertaler. Unter ihm durfte Habeler bald, nämlich schon ein Jahr darauf, selbst als Ausbilder arbeiten. Später stellte Rainer sogar die Weichen, dass Habeler jüngster Chef der Österreichischen Berg- und Skiführerausbildung wurde. Und mit ihm erlebte der Zillertaler Unvergessliches: Einmal kam Kuno Rainer zu einem der Bergführerkurse auf die Steinseehütte oberhalb von Landeck, am Abend saß man länger bei einem Glas Wein. Am nächsten Tag wollte er mit Habeler klettern gehen, auf den Spiehlerturm. „Ich hab noch zwei Bier und Essen in den Rucksack eingepackt, beim Zustieg zur Kletterroute jedoch gemerkt, dass ich das Seil vergessen habe. Da wollte ich zu Kuno natürlich nichts sagen, habe nur gemeint: ‚Ich muss noch einmal schnell auf die Hütte zurück, geh du weiter', und dann das Seil geholt", erzählt er lachend.

Bis 1978 war Habeler in der Folge für die Ausbildung künftiger Berg- und Skiführer verantwortlich. „Es war eine schöne Zeit, weil man den vielen jungen Leuten, die zu uns gekommen sind, etwas vermitteln konnte." Dann gab er sein Amt an Klaus Hoi aus der Steiermark ab, zu sehr schränkte ihn nämlich diese verantwortungsvolle Aufgabe in seiner extremen Bergsteigertätigkeit ein. „Der Klaus, der hat das, glaube ich, besser gemacht als ich", sagt Habeler heute.

In den darauffolgenden Jahren gründete der Zillertaler seine eigene Bergschule, die „Alpinschule Zillertal". Er war Skilehrer in den Vereinigten Staaten, Chefskilehrer in der Skischule Mayrhofen und erweiterte sein Unternehmen zur heutigen „Ski- und Alpinschule Mount Everest". Die einst kindliche Leidenschaft für die Berge war zu etwas Großem, den „großen" Peter Erfüllendem gewachsen.

Die Wegbegleiter

Was bewirken die Menschen, denen wir begegnen? Die uns ein kurzes oder längeres Stück begleiten, uns in leichten oder weniger leichten Phasen beistehen? Einiges, wie man weiß. Alles, wenn man Peter Habeler erzählen hört. „Ich bin zahlreichen tollen Menschen in meinem Leben begegnet, von denen ich lernen konnte, die mich geprägt haben. Und die mich immer hinaufgehoben haben", erzählt der Zillertaler im Zeitzeugen-Gespräch.

In der Kindheit waren das etwa die Zillertaler Bergführer, die im kleinen Buben mit den blonden Haaren die Liebe zu den Bergen erkannten und ihn auf die Anforderungen in Gebirge vorbereiteten. So wie Toni Volgger, der „immer mit der Zigarette im Mund über den Gletscher spazierte", und der im Frühjahr 2013 zu Grabe getragen werden musste.

Später konnte er mit seinen unzähligen Bergkameraden aus der Heimat und der ganzen Welt unvergessliche Abenteuer erfahren, „ich war mit den Besten unterwegs – mit einem Reinhold Messner, einem Doug Scott, einem Michael Dacher, einem Marcel Rüedi, einem Tom Frost – und das will etwas heißen."

Geschichten darüber gibt es da natürlich genug zu erzählen, wie sich beim Zeitzeugen-Gespräch immer wieder zeigte. 1967 etwa hatte Habeler die Möglichkeit, mit Michael Meirer nach Chamonix zu fahren und den Freney-Pfeiler am Mont Blanc zu durchsteigen.

Dabei handelt es sich um den schwierigsten Weg auf den 4.810 Meter hohen Gipfel, der damals zudem mit aktuellen traurigen Schlagzeilen behaftet war. Im Juli 1961 war es nämlich am Pfeiler zu einer schlimmen Tragödie gekommen: Sieben Bergsteiger aus Italien und Frankreich – darunter der bekannte Italiener Walter Bonatti – wurden von einem dramatischen Wettersturz überrascht, den am Ende nur drei der Alpinisten überlebten. Im August 1961 gelang zwar die Erstbegehung des Pfeilers, seither hatte sich jedoch nur eine Handvoll Seilschaften in diese Tour gewagt.

Gemeinsame Leidenschaft. Mit Karl Stoss, dem Generaldirektor der Casinos Austria AG, ist Peter Habeler oft in den Bergen unterwegs.

Die Wagemutigen. Als „terrible twins" – die fürchterlichen Zwillinge – wurden sie einst bezeichnet. Mit Reinhold Messner gelangen Peter Habeler viele alpinistische Meisterleistungen.

Fünf Jahre später: Auf Einladung der ENSA (École Nationale de Ski et d'Alpinisme) – einer elitären französischen Einrichtung, die Berg- und Skiführer ausbildete – konnte der Oesterreichische Alpenverein zwei Bergsteiger nach Chamonix schicken. Die Wahl fiel auf Habeler und Meirer. „Der Meirer Michael hat gut zu mir gepasst, der war fast zweimal so groß wie ich – fast zwei Meter. Aber er hat von meinem Vorhaben keine Ahnung gehabt", erzählt Habeler lachend. Mit dem VW-Käfer des Zillertalers sei man in die bekannte französische Alpenstadt gefahren, und als sie zu Mittag in Chamonix ankamen, berichtete man ihnen, dass Fritz Zintl und Günther Sturm – zwei Deutsche – gerade ihre Steigeisen gefeilt und mit Zeitungspapier überprüft hätten, wie scharf die Eisen sind. „Da hab ich mir gedacht: ‚Um Gottes Willen!' Denn ich habe mich geschämt mit meinen alten Eisen, die ich mir ausgeborgt hatte. Die waren verheerend."

Als die ENSA-Leute vom Vorhaben Habelers hörten, den Freney-Pfeiler zu besteigen, rieten sie den beiden Tirolern jedoch davon ab. Man traute den Unbekannten die Begehung nicht zu. Doch Habeler wollte unbedingt auf den Freney-Pfeiler, zu sehr hatte ihn die Geschichte der tragischen Expedition von 1961 in den Bann gezogen.

Von ihrem Aufbruch informierten die zwei daher nur einen Vertrauten, einen der Ausbilder – „den Pierre Julien".

Am Tag der geplanten Tour war phantastisches Wetter, ideale Bedingungen also für den Freney-Pfeiler, der 500 Meter hoch und im fünften sowie sechsten Schwierigkeitsgrad zu durchsteigen ist. Beim Einstieg, den man nach stundenlangem Zustieg erreichte, wollte Meirer biwakieren, weil er müde war. „‚Nichts da', hab ich gesagt, und dann bin ich immer vorausgegangen. Einmal wurde biwakiert, dann sind wir durchgestiegen, auf den Gipfel gekommen und abgestiegen, aber im Tal hat man uns das zuerst nicht so recht glauben wollen", erzählt Habeler.

Die Besteigung dieses Pfeilers mit Michael Meirer sei jedoch der „Beginn einer neuen Ära" gewesen. „Wir wussten, jetzt können wir auf der ganzen Welt klettern. Das war der Ausgangspunkt für viele weitere freche Touren, die gestützt waren durch gute Vorbereitung und die richtigen Partner."

Am Abend wurde zur Feier des Tages dementsprechend viel Wein getrunken. Habeler bekam neue Schuhe, neue Steigeisen, und ein Eisbeil, das er am Berg gefunden hatte, durfte er auch behalten. Und quasi als Draufgabe durchstiegen die zwei dann noch die 900-Meter-Nordostwand des Grand Pilier d'Angle – stolz in der neuen Ausrüstung.

Bei der Heimfahrt sei man am schweizerischen Grindelwald vorbeigekommen. „Da hab ich zu Michel gesagt: ‚Komm, jetzt reißen wir noch die Eiger-Nordwand nieder.' Aber da hat der Michl gemeint, dass ich ihm jetzt den Buckel hinunterrutschen könne. Dann sind wir doch heimgefahren." Im Rucksack mit dabei nicht nur die neue Ausrüstung, über die man sich tierisch freute, sondern auch die alte: Michael Meirer hatte nämlich bei der Durchsteigung des Freney-Pfeilers eine Unterhose aus Hirschleder angehabt – „eine dünne, helle – da kann ich mich noch gut daran erinnern." Habeler selbst hingegen eine „waxe" – „die hat die Hermi Lottersberger, eine Ziehmama von mir gestrickt. Das kann man sich heut gar nicht mehr vorstellen", erzählt er beim Zeitzeugen-Gespräch unter lautem Gelächter.

Aber natürlich war die Eiger-Nordwand nur aufgeschoben, nicht aufgehoben. 1974 sei man wieder Richtung Westen gefahren, diesmal mit einem kleinen gelben

Toyota. „Da haben wir Strafe gezahlt, weil wir zu schnell gefahren sind, und dabei hatten wir ohnehin kein Geld", erzählt Habeler.

Wir – das waren er und Reinhold Messner, ein Bergsteiger, den er 1966 bei einer Winterbegehung des Pilastro am zweiten Südwandpfeiler in der Tofana di Rozes in Italien kennengelernt hatte.

Habeler war dort mit seinem Jugendfreund Horst Fankhauser klettern. Vor Ort war auch der Osttiroler Sepp Mayerl, mit dem Habeler ebenfalls schon viele Touren gemacht hatte. Dieser war mit zwei Freunden unterwegs – einer davon stellte sich als Reinhold Messner vor. „Der hat damals noch schneidig ausgesehen, kurze Haare hat er gehabt", erinnert sich Habeler. Doch dann hätte man gesehen, „dass der etwas kann. Obwohl der Horst und ich damals schneller waren und wegen aufziehenden schlechten Wetters nicht biwakieren mussten. Die anderen drei mussten biwakieren, das hat uns dann ein wenig gefreut", erzählt er vom Beginn einer „langjährigen Freundschaft". Einer Freundschaft, die auch jene Krise überstand, die nach der Everest-Besteigung einige Jahre das Verhältnis trübte, wegen einiger Missverständnisse, die glücklicherweise geklärt werden konnten.

In diesen letzten Augusttagen des Jahres 1974 wollten Habeler und Messner die Eiger-Nordwand durchsteigen – in einem Tag, was zuvor noch keinem anderen Alpinisten gelungen war. Auf der Kleinen Scheidegg im Hotel Bellevue trafen sie auf eine englische Filmcrew, die einen Streifen namens „Im Auftrag des Drachen" drehten. Einer der Hauptdarsteller war der weltbekannte US-Schauspieler Clint Eastwood, an seiner Seite trat die Deutsche Heidi Brühl auf. Habeler und Messner kamen in euphorischer Stimmung an, im bekannten Hotel Bellevue – von wo aus die Touristen die Geschehnisse in der Nordwand per Fernrohr verfolgten – herrschte jedoch gedrückte Stimmung. „Genau an dem Tag, an dem wir angekommen sind, ist ein Komparse in der Westwand durch Steinschlag ums Leben gekommen."

Und dennoch, am nächsten Tag war der Himmel über dem bekannten Schweizer Dreigestirn Jungfrau, Eiger, Mönch strahlend blau und „so wieselten wir los." Mit dabei hatten die beiden erstmals ein englisches Eisklettergerät, was die Durchsteigung der Wand erleichtern sollte. „Um 10 Uhr waren wir schon am Todesbiwak, einer bekannten Stelle in der Wand. Dort trafen wir vier Kufsteiner, der Franz Kröll hat die geführt, die waren schon den zweiten Tag unterwegs", erzählt Habeler. Die Gruppe aus dem Tiroler Unterland war gerade beim Jausnen, es gab Käse und Wurst, die Stimmung war ausgelassen. „Doch als ich dann gesagt habe: ‚Franz, lass uns vorbei, wir müssen auf den Zug', war die gute Stimmung wie weggeblasen. Der Franz hat ein ganzes Jahr lang nicht mehr mit mir gesprochen."

Doch weiter ging es, um 12 Uhr befanden sich Habeler und Messner schon am sogenannten Götterquergang, zum Schluss allerdings verstiegen sich die zwei – laut eigenen Angaben war dieser Fauxpas Habelers Schuld. Dennoch standen sie um drei Uhr auf dem Gipfel, nur knapp über neun Stunden hatten sie für ihr Vorhaben gebraucht.

Ein Rekord, den Habeler und Messner viele Jahre hielten – seit 2011 liegt die Rekordzeit bei unvorstellbaren zwei Stunden und 28 Minuten (aufgestellt vom Schweizer Daniel Arnold, Anm.). „Heute gibt es ja viele Passagen, die versichert sind, wo Seile gespannt und Bohrhaken angebracht sind. Das hat es ja bei uns alles noch nicht gegeben", nennt Habeler einen Grund. Ein anderer: Die Speedkletterer von heute würden moderne Eisklettergeräte verwenden, mit denen man auch am Fels klettern könne. Den Fels müsse man daher gar nicht mehr mit den Händen angreifen. „Und die sind in einer viel besseren Konstitution, als wir damals waren".

Beim Abstieg vom Eiger kam ihnen dann ein Kletterer mit einer Flasche Whiskey entgegen. „Man kann sich vorstellen, was wir getrunken haben", lacht Habeler. Höhepunkt war jedoch um 17 Uhr auf der Kleinen Scheidegg. Da trafen die zwei Helden des Tages mit Clint Eastwood und Heidi Brühl zusammen, die Fotos gingen um die Welt. Hauptdarsteller Clint Eastwood soll übrigens beim ersten Tiefblick in die Eiger-Nordwand folgenden Spruch von sich gegeben haben: „O shit, let's get the hell out of here!"

Mit Reinhold Messner sollten Habeler in der Folge noch viele weitere bis dahin unvorstellbare Be- und Durchsteigungen gelingen, 1978 auf dem Everest womöglich sogar der spektakulärste Gipfelsieg der Alpingeschichte – „vor allem, weil wir beide am Berg gut harmonierten, auch außergewöhnlich schnell waren".

Die erste größere Expedition führte das Duo in die südamerikanischen Anden, zur Ostwand des Yerupaja Grande. Hidden Peak, Mount Everest waren weitere Ziele. Alle Unternehmungen im Westalpenstil – „by fair means": als Zweimannunternehmen – was natürlich Top-Alpinisten voraussetzt –, mit einem Minimum an Ausrüstung, ohne künstlichen Sauerstoff etc.

Als „terrible twins" – „fürchterliche Zwillinge" – wurden die zwei in der Folge bezeichnet. „Der Mastermind in vielen Sachen war auf jeden Fall der Reinhold. Der war noch frecher als ich. Aber in einer Zweierseilschaft wechselt man sich immer wieder ab. Das ist wie in der Ehe: Hie und da gibt der Mann den Ton an, dann die Frau. Da befruchtet man sich gegenseitig", so Habeler.

„Was unterscheidet einen Reinhold Messner von einem Peter Habeler?", will Zeitzeugen-Moderator Elmar Oberhauser vom Zillertaler wissen. „Der Reinhold war ein exzellenter Bergsteiger, aber das Bergsteigen war ihm vielleicht irgendwann einmal nicht mehr genug. Er hat ja in neuen Abenteuern die Wüsten, die Pole angepeilt, das wäre mir nie eingefallen. Ich bin als Bergsteiger groß geworden und werde vielleicht auch als einer sterben."

Mit der Eiger-Nordwand untrennbar verbunden ist aber auch der Name Hias Rebitsch, einer der führenden Bergsteiger in den 1940er-Jahren. 1937 versuchte sich der gebürtige Brixlegger in der 1.650 Meter hohen Wand, die bis zur Erstdurchsteigung schon zahlreiche Menschenleben gefordert hatte. „Er hat die Vorarbeit geleistet, dass es schließlich 1938 der Viererseilschaft um Anderl Heckmair, Heinrich Harrer, Ludwig Vörg und Fritz Kasparek gelungen ist, die Wand machen zu können. Der Hias hat mir einmal erzählt, dass er 1937 bei gutem Wetter in die Eiger-Nordwand einsteigen wollte, dann jedoch auf einen toten Bergsteiger stieß – den Andreas Hinterstoißer, der 1936 in der Wand ums Leben kam. Als elendigliches Häufchen haben er und sein Begleiter ihn geborgen und ins Tal gebracht."

Mit Rebitsch verband Habeler eine tiefe Freundschaft. Den gebürtigen Brixlegger traf er das erste Mal zufällig im Rofan. Rebitsch fragte ihn dort aus heiterem Himmel, ob er mit ihm die Ostwand der Rofanspitze durchsteigen wolle. Weil der Ältere keine Kletterausrüstung mit dabei hatte, wurde improvisiert: Das Seil band sich Rebitsch um den Bauch, und in der Wand war er mit weißen, halb kaputten Tennisschuhen unterwegs. „Der Hias war für mich das Maß aller Dinge, einer der besten österreichischen Kletterer. Er war eines meiner ganz großen Vorbilder. Und er hatte Hirn und Humor. Er hat mir sehr viel zugetraut und dann gibt man auch sein Bestes".

Einen „prächtigen Menschen" lernte Habeler auch mit Michl Dacher kennen. Gemeinsam mit dem Deutschen war er 1985 zum Nanga Parbat aufgebrochen, dem neunthöchsten Gipfel der Welt. Der geplanten Durchsteigung der Diamirwand machte allerdings das schlechte Wetter einen Strich durch die Rechnung. Wochenlang Stürme und Schneefall, das zehrte an den Nerven der Bergsteiger, immer wieder hieß es auf- und absteigen, weil wieder einmal nichts mehr ging.

Und dann wurde erneut der Aufstieg versucht, doch das Zelt im Lager vier auf ungefähr 7.000 Metern Höhe, das man dort aufgeschlagen hatte, gab es nicht mehr. Eine Lawine hatte es unter sich begraben, „wir haben nur ein dünnes Stangl gesehen". Doch in jenem Moment, wo in Habeler kurz der Gedanke aufblitzte, „den Hut draufzuhauen", machte Dacher noch Witze. „Ich bin vorausgegangen und war nicht gut drauf. Dann habe ich zu schimpfen begonnen, weil ich immer tief im Schnee eingebrochen bin. Und ich habe zum Michl gesagt: ‚Geh doch du einmal vor.' Doch dann hat er gemeint: ‚Habeler, du fetter Hund, wennst nicht so viel fressen tätest, würdest nicht so tief einbrechen.'" Die Situation war gerettet, die Zuversicht wieder da.

Der Berg als Inspirationsquelle

1975, Mauk-Westwand im Wilden Kaiser, kurz bevor Reinhold Messner und Peter Habeler sich auf den Weg zum Hidden Peak machten. Mit einer „wunderschönen, jungen Italienerin" war Peter Habeler dort zum Klettern unterwegs – mit Tiziana Weiss, der besten Kletterin ihres Landes zur damaligen Zeit. Hinter ihnen stiegen zwei Bayern in die Route ein, die immer schneller wurden und die Zweierseilschaft vor ihnen einzuholen schienen. „Gib Gas!", forderte Habeler Weiss auf, voller Ungeduld ging er schließlich los, ohne dass sie ihre Sicherung fixiert hatte. Und dann gab es einen jener Momente, wo plötzlich „kein Lichtlein mehr brennt, wo man glaubt, es geht nicht mehr weiter", erinnert sich der Zillertaler im Zeitzeugen-Gespräch.

Denn er stürzte, weil ein Griff ausbrach, 50 Meter über den Überhang ins Seil, wie beim Bungee-Jumping habe er sich gefühlt, dann blieb er in der Luft hängen. Doch Habeler hatte anscheinend einen Schutzengel, denn schwere Verletzungen zog er sich dabei nicht zu. Nur der Schock war verständlicherweise groß. „Ich habe mich dann mit irgendwelchen Bewegungen zum Fels hingependelt und bin wieder ein Stück hinaufgeklettert." Groß war der Schrecken auch bei Tiziana Weiss und den zwei Bayern. Denn alle glaubten, dass Habeler diesen Sturz nicht überlebt haben könne. „Doch als ich dann geschrien habe, haben sie mich von oben herab angesehen wie einen Geist. Das war sensationell", lacht der Überlebende. Weiss, die sich bei dem Versuch, Habeler zu halten, ebenfalls verletzt hatte, war sehr enttäuscht, dass ihr Partner ins Seil gestürzt war. „Noch am selben Abend fuhr sie heim nach Triest." Nur kurz darauf starb die Italienerin bei einem Abseilmanöver.

„Wirklich ans Eingemachte" ging es auch 1986 auf dem Cho Oyu (8.201 m). Habeler war mit dem Schweizer Bergsteiger Marcel Rüedi aufgebrochen, „einen Prachtburschen mit unglaublicher Kraft", geplant war der Anstieg auf den Gipfel über den Südwestgrat. Der war ein paar Tage zuvor von Polen erstbegangen worden, weswegen er auch Polengrat genannt wurde. Zweimal mussten der Tiroler und der Schweizer bei diesem Versuch jedoch wetterbedingt auf rund 7.600 Metern Höhe biwakieren.

Zwei Nächte, die Habeler sehr zusetzten, körperlich und mental. So hatte er im Unterbewusstsein immer das Gefühl, dass sich eine dritte Person im Zelt aufhalten würde. Eine Vorstellung, die er auch auf anderen Achttausendern schon in ähnlicher Art und Weise gehabt hatte.

„Eigentlich wollte ich runter", erzählt Habeler, der an den Cho Oyu – im Unterschied zu anderen Achttausendern – nicht mehr viele Erinnerungen hat. Ein „White Out" sei der Fall gewesen, „da weiß man nicht mehr, wo man ist und wo man umgeht". Doch wider Erwarten schaffte man es doch auf den Gipfel, rasch wurde der Abstieg wieder angegangen. Das Wetter machte den beiden allerdings erneut einen Strich durch die Rechnung, die Sicht wurde schlecht. Man grub ein Schneeloch, kauerte sich – in leichte Biwaksäcke gehüllt – hinein. „Ich habe gespürt, das wird eng. Diese eisig kalte Nacht werden wir nicht überleben. Der Marcel hat auch nicht mehr viel gesagt."

Doch auf einmal riss der Himmel auf, die beiden nützten sofort die Gunst der Stunde und brachen zum Abstieg auf. Sie kamen heil im Basislager an. „Das war Gottes Fügung. Wenn wir oben geblieben wären, hätten wir die Nacht nicht überlebt. Und man weiß ja, dass das Sterben im Gebirge dann relativ rasch geht", sagt Habeler heute.

„Viele Wege führen zu Gott. Einer davon führt über die Berge": Diesen Spruch hat man den Innsbrucker Altbischof Reinhold Stecher häufig sagen hören, ebenso wie „Berge sind die Altäre Gottes". „Jeder, der hier in diesem Saal sitzt, kann dem wohl etwas abgewinnen", sagt Peter Habeler beim Zeitzeugen-Gespräch im Innsbrucker Casino. In vielen großen Religionen seien Berge verankert, nicht umsonst sei etwa der Mount Everest – der höchste Berg der Welt – der heiligste Berg der Sherpas.

Für viele seien die Berge untrennbar mit Religion verbunden, für viele Inspirationsquelle der anderen Art. Viktor Frankl etwa – österreichischer Arzt und Wissenschafter, der u.a. durch die von ihm entwickelte Logotherapie bekannt wurde – empfand die Berge als „Lehrmeister des Lebens". Habeler kannte den 1997 Verstorbenen, der bis ins hohe Alter noch klettern ging, persönlich. „Wenn ich in Wien Vorträge gehalten habe, ist er immer gekommen. Ich war auch bei ihm in seiner Wohnung, wir haben dann stundenlang über die Berge reden können. Er hat meine diesbezügliche Leidenschaft verstanden, das waren sehr bereichernde Gespräche. Die Begegnung mit ihm war eine Gnade, man konnte sich an seinen Gedanken aufrichten." Denn eine der Thesen des bekannten Wissenschafters war eine, die er möglicherweise selbst erlebt hat: dass nämlich das Ankommen auf dem Gipfel mit unvorstellbaren Glücksgefühlen verbunden sei, die einen nachhaltig verändern würden.

Etwas, das Habeler nachvollziehen kann. „Beim Berggehen geht es ums Gehen, Schauen, Sich-Spüren, aber auch Sich-Überwinden", sagt er. Nicht immer sei das Ziel leicht zu erreichen, mal würden die Kräfte auszugehen drohen, manchmal könne man es mit der Angst zu tun bekommen. „Doch schon Frankl hat gesagt: ‚Wer ist stärker, ich oder der Schweinehund in mir? Ich kann ihm ja auch trotzen.' Und so macht es mitunter die größte Freude, nicht nur den Gipfel erklommen, sondern auch sich selbst überwunden, den inneren Schweinehund besiegt zu haben", sagt Habeler. Gerade beim Bergsteigen sei die Freude daher letztendlich die größte Triebfeder. „Das war bei mir so und ist auch bei vielen anderen so."

Habeler weiß, wovon er spricht. Als Bergführer ist er schon seit Jahrzehnten mit seinen Gästen unterwegs – sommers wie winters, in der Heimat wie in der Ferne. Darunter finden sich auch viele Prominente. Mit Ex-Bundeskanzler Wolfgang Schüssel, mit Altbischof Reinhold Stecher, mit Alt-Landeshauptmann Wendelin Weingartner, mit Casino-Direktor Karl Stoss, mit Managern von T-Mobile und Almdudler hat der Zillertaler bereits die Bergwelt erleben dürfen. Wobei er eines klarstellen will: „Ich bin nie an diese Leute herangetreten, sondern sie an mich. Aber es freut mich, wenn ich Menschen, die viel erreicht haben, aber auch Leuten aus dem normalen Leben, Freude an den Bergen vermitteln konnte."

Mit Wolfgang Schüssel etwa nahm man sich den Stüdlgrat auf dem Großglockner vor, bei „einem fürchterlichen Sauwetter, sodass alle anderen Seilschaften umkehrten." Auch Habeler wäre lieber umgedreht, nicht so der Politiker. „Jetzt schauen wir einmal da hinauf", lautete die Devise Schüssels und dann standen die zwei plötzlich auf dem Gipfel des höchsten Berges Österreichs.

Freude an der Bewegung, Freude an der Landschaft. Freude darüber, den eigenen Schweinehund besiegt zu haben. Kein Wunder, dass Bergsteigen bei so manchem Suchtpotenzial bekommen könne. Ganz zu schweigen von den positiven Auswirkungen auf die physische Gesundheit. „Wie wichtig wäre es in einer bewegungsarmen Zeit wie dieser, wenn noch mehr Leute in die Berge gehen würden", sagt Habeler. Hinaus in die Natur, weg von Computer und anderen High-Tech-Geräten, weg vom Stress und drohendem Burn-out. „Wenn man Berggehen sinnvoll betreibt, dann ist es entschleunigend. Vor allem das Alleingehen ist schön. Da ist man auf sich reduziert, wird durch nichts und niemanden abgelenkt. Berggehen – ja, das kann einen nachhaltig verändern. Denn wenn man dann auf dem Gipfel steht und hinunterschaut, dann ist man losgelöst von seinen Problemen – wenn auch nur für kurze Zeit, aber immerhin", gibt Habeler Tipps, die zumindest in seinem Fall jung zu halten scheinen. „Ich war nie ein großer Esser, weil ich auch nie viel gebraucht habe. Ich ernähre mich einfach, trinke ab und zu ein Glaserl Wein oder Bier, das passt mir. Aber mein Lebenselixier dürften wohl die Berge sein, die Freude an der Bewegung. Und die Tatsache, dass ich viel mit jungen Leuten unterwegs bin. Das hält jung", verrät er in einem Interview mit der Tiroler Tageszeitung anlässlich seines 70. Geburtstages im Jahr 2012. Und so wehrt sich der Zillertaler auch entschieden dagegen, dass Extrembergsteiger das Risiko suchen würden, ja Todessehnsucht hätten. „Man weiß um die Gefahren in den Bergen und checkt diese ab. Es ist ein Ausloten der Möglichkeiten. Aber es gehört auch Einsicht dazu, dass man sich sagt, der Berg steht morgen und übermorgen auch noch, dass man umdreht, wenn es nicht sein soll. Das Gebirge braucht Disziplin, Respekt – denn der Berg ist immer stärker als wir – auch bei schönem Wetter. Und natürlich ist immer Glück im Spiel."

So wie damals in der Mauk-Westwand oder am Cho Oyu. Oder wie damals, als er auf dem Möseler in den Zillertaler Alpen von einer Lawine erfasst und mit einer Seilschaft 400 Meter abstürzte, jedoch wie durch ein Wunder alle überlebten. Am K2 und am Dhaulagiri musste Habeler auch umkehren, das Wetter machte die Pläne von der geplanten Durchsteigung zunichte. „Wir wollen leben. Wir wollen intensiv leben", bringt es Habeler beim Zeitzeugen-Gespräch auf den Punkt.

Intensiv leben will er in den nächsten Jahren vor allem in Südamerika. Sein großes Vorbild, Hias Rebitsch, hätte ihm viel von den Bergen dort erzählt. Dort hätte er neue Ziele gefunden, die ihn noch reizen würden. In Argentinien, in Peru, wo die Leute sehr freundlich seien, die Berge 6.000 bis 7.000 Meter hoch. „Da geht es nicht so ans Eingemachte wie auf den Achttausendern", lacht Habeler. Und heute gefallen ihm auch die Wüsten, etwas, das er früher nicht hat verstehen können. „Wenn einer gesagt hat, er ist in die Sahara verliebt, war mir das nicht ganz nachvollziehbar. Doch das ist jetzt anders: Die Atacama-Wüste zum Beispiel, die ist wunderschön. Da ist man allein, das gefällt mir unglaublich."

Die Peter-Habeler-Runde
2012 feierte Peter Habeler seinen 70. Geburtstag. Über *ein* Geschenk wird er sich wohl besonders gefreut haben. Denn ein neuer Höhenweg im Zillertal trägt nun seinen Namen – die Peter-Habeler-Runde. Die Rundwanderung über insgesamt sechs Hütten umfasst 60 Kilometer, der Weg vom Friesenberghaus bis zur Geraer Hütte ist für den Namensträger eine der schönsten Durchquerungen der Ostalpen. Und wer weiß, vielleicht begegnet man ja auf dieser Strecke einmal Peter Habeler persönlich. Denn nach wie vor ist der Finkenberger viel in seinen Heimatbergen unterwegs. Und so legen wir dem bekannten Zillertaler doch einfach folgende Worte in den Mund: „Überwinde den inneren Schweinehund. Geh in die Berge. Denn du wirst als anderer Mensch zurückkommen. Berg Heil."

Mehr Infos zur Peter-Habeler-Runde u.a. unter www.mayrhofen.at.

Peter Schröcksnadel – vom Studienabbrecher zum Paradeunternehmer

Von Mario Zenhäusern

Peter Schröcksnadel. Auf seinem Schreibtisch steht eine Tafel: „I am a very responsible person. Every time something goes wrong, i am responsible."

Die Jugend

Wer sich heute im Internet über Peter Schröcksnadel informiert, ihn also auf gut Neudeutsch googelt, erfährt Folgendes: **Peter Schröcksnadel** (* 30. Juli 1941 in Innsbruck) ist ein österreichischer Unternehmer und seit 1990 Präsident des Österreichischen Skiverbandes (ÖSV), von 2009 bis 2012 Präsident der European Ski Federation (ESF) und Vizepräsident des ÖOC. Das ist nur die halbe Wahrheit: Der umtriebige 72-Jährige steckt stellt weit mehr dar, als sich hinter diesen wenigen Zeilen verbirgt. Im Zuge der Gesprächsreihe „Zeitzeugen", veranstaltet von Casinos Austria, der Tiroler Tageszeitung und dem ORF Tirol, ließ der mächtige ÖSV-Chef im Interview mit Elmar Oberhauser erstmals hinter die Kulissen blicken.

Geboren in Innsbruck, wuchs Schröcksnadel in gutbürgerlichem Hause auf. Seine Eltern betrieben eine Schneiderei, die recht gut ging. Der junge Peter besuchte die Volksschule in Innsbruck – aber nicht lange: „Ich hatte da einen Schulkollegen aus Saggen, der war Halbwaise und konnte damals nicht in Innsbruck bleiben. Seine Mutter meinte deshalb, er solle nach Lienz ins Internat gehen."[1] Schröcksnadel überlegte nicht lang und überredete seine Eltern, auch ihn nach Lienz zu schicken. „Ich wusste ja nicht, was ich da tue, wenn ich mitgehe ins Internat. Es war furchtbar, ich könnte heute noch zur Klasnic-Kommission gehen und mich beschweren." Schon im ersten Jahr beschloss er deshalb, sich aus dem Staub zu machen. Gemeinsam mit einem zweiten Innsbrucker schlich er sich in den Zug nach Innsbruck, kam aber nicht weit: „Bereits um 4:15 Uhr wurden wir von der Polizei schon wieder aus dem Zug gefischt und danach – als 11-Jährige – zwei Tage lang eingesperrt."

Die jungen Ausbrecher merkten, dass auf diese Weise kein Erfolg zu erzielen sei. Sich mit dem Schicksal abfinden wollte der junge Schröcksnadel aber auch nicht. „Hier bleibe ich nicht!", beschloss er trotzig. Jahre später verlegte er sich aufs Streiken: „Ich gab einfach keine Schularbeiten mehr ab. Da ist den Eltern nichts anderes mehr übrig geblieben, als mich rauszunehmen." Der junge Mann hatte also sein Ziel erreicht: Er kam zurück nach Innsbruck. Das Gymnasium in seiner Heimatstadt durfte er aber nicht besuchen, „denn da ist mein Bruder gegangen, der war auch nicht der Bravste". Also führte ihn sein Weg nach Reutte, wieder in ein Internat. Weil es ihm auch da nicht behagte, suchte er sich im Nachbarort Höfen bei einer netten Familie ein Zimmer und erklärte seinen Eltern kompromisslos: „Ihr könnts mich abholen oder dalassen, aber ins Internat gehe ich nicht mehr zurück."

Nun, die Eltern hatten ein Einsehen und beließen den angehenden Maturanten in Höfen. Der bedankte sich, indem er selber für seinen Unterhalt aufkam: Er half auf dem Hof fleißig mit und verdiente sich so Geld für Verpflegung und Unterkunft. Und, angenehmer Nebeneffekt, auch die Noten in der Schule besserten sich. „Obwohl mir das damals niemand zugetraut hätte, konnte ich mir sogar mit Nachhilfeunterricht ein bisschen Geld dazuverdienen."

In seiner Schulzeit entwickelte Peter Schröcksnadel auch eine Eigenschaft, die ihm später nicht nur Vorteile brachte: „Ich habe seit dieser Zeit Subordinationsprobleme, also Probleme, mich so mir nichts, dir nichts unterzuordnen, ohne überzeugt zu sein." Als Grund nennt er die Tatsache, dass er zu oft ungerechtfertigter Weise bestraft worden sei. „Wenn man bestraft wird und man weiß, wofür, ist das in Ordnung. Wenn man aber den Grund für die Strafe nicht kennt, wenn sie nur ausgesprochen wird, um jemanden zu sekkieren, dann bleibt das hängen."

Diesen ausgeprägten Sinn für Gerechtigkeit hat sich Peter Schröcksnadel bis in die heutige Zeit bewahrt: „Das ist eine Grundeinstellung vom Internat her. Heute bin ich in der Situation, wo ich betroffenen Leuten helfen kann – und ich mache das gerne, wenn ich sehe, welche Gemeinheiten anderen widerfahren." Den diesbezüglichen Kampfgeist stellte er später noch oft unter Beweis. Zuletzt – für die ganze Welt mitzuverfolgen – anlässlich der olympischen Spiele in Turin, wo er sich vor seine des Dopings verdächtigten Sportler stellte und zum Schluss Recht bekam. Doch davon später.

Nach der Matura setzte sich der damals schon begeisterte Sportler in den Kopf, Jurist zu werden. Er begann ein Studium an der Universität Innsbruck – kam aber nicht weit, wie er im Zeitzeugen-Gespräch mit Elmar Oberhauser schildert: „Mein Werdegang ist vielleicht gar nicht so lustig. Ich habe studiert und musste dann aber aufhören, weil meine Eltern in Konkurs gegangen sind. Außerdem hatte ich damals eine Freundin, die heute (immer noch) noch meine Frau ist, und die bekam ein Kind von mir. Das war keine besonders angenehme Ausgangslage: Ich hatte eine Freundin, die schwanger war, keinen Knopf Geld in der Tasche und die Eltern waren in Konkurs. Einfach war das nicht!" Aber weil Aufgeben damals wie heute nicht in Frage kommt für einen wie Peter Schröcksnadel, nahm er die Herausforderung an, bewarb sich bei mehreren Firmen als Vertreter, erhielt aber nur Absagen: „Die sagten alle zu mir, ich sei kein Verkäufer." Also legte er mit 22 Jahren noch schnell die HAK-Matura ab, um sich dann selbstständig zu machen.

Erste unternehmerische Gehversuche

Seine ersten unternehmerischen Gehversuche absolvierte Peter Schröcksnadel mit der sogenannten Förster-Sonde. „Ich dachte mir: Eigentlich gibt es nichts für Lawinen. Ich war ja immer ein Erfinder und hatte immer solche Ideen. Auf dieses System mit den Magnet-Suchgeräten hat mich aber mein Schwager gebracht." Schröcksnadel nützte eine Technik, die der deutsche Physiker Friedrich Förster (1908–1999) entwickelt hatte, und perfektionierte sie. Schon bald war er in der Lage, Lawinenopfer aufgrund der mitgeführten ferromagnetischen Teile (Ski, Rucksack, Schlüssel) auch unter meterdicken Schneedecken zu orten. So toll die Idee war, Geschäft ließ sich mit den

Vorgängern der heutigen Lawinensuchsysteme Recco oder Lawinen-Pieps keines machen. Er sei „mit diesen Geräten zwar immer wieder auf die Suche gegangen, aber man wollte mich damals nicht. Die Bergrettung hatte die Hunde, die sind erstens lieb und zweitens gut. Da wollte man keine Technik. Ich machte dann auch noch den Riesenfehler, dass ich denen gesagt habe, mein System sei etwas Besseres. Das hätte ich nicht tun sollen, ich hätte besser anerkannt, was es damals gab, weil Anerkennung ist ein ganz wichtiger Teil im Leben."

Nach mehr als 50 Vorführungen galt er international als Experte: „Keiner kannte sich so gut aus. Nur Geld habe ich halt keines verdient damit." Auch mit Gegenwind hatte er zu kämpfen. Zu der Zeit wurde in den internationalen Skiverbänden heftig über die Idee diskutiert, SkiläuferInnen mit Dauermagneten auszurüsten, um die Effektivität der Ortungsinstrumente zu erhöhen. Der Grundtenor war ablehnend, weil es SkifahrerInnen angeblich „nicht zugemutet die Behauptung, dass es SkifahrerInnen nicht zugemutet werden könnte, ein ständiges Merkmal zur Ortung mit sich zu führen" (siehe Jahrbuch 1975 „Für die Sicherheit im Bergland" des Österr. Kuratoriums für Sicherung vor Berggefahren). Bei einer Tagung der Internationalen Kommission für alpines Rettungswesen (IKAR) im Jahre 1966 hieß es darüber hinaus: „Durch den Verkauf von Magneten reizen wir den unwissenden Skifahrer förmlich dazu, Gefahren zu suchen, zumindest sie nicht zu verhindern und anstatt Schach dem Lawinentod erreichen wir damit, dass wir Mörder werden."

Schröcksnadel ließ sich von alledem nicht entmutigen – und verdiente Ende der 1960er-Jahre erstmals Geld mit seiner Suchsonde. „Weil ich ja inzwischen wirklich ein Experte war mit diesem Ding, kam eines Tages die Illustrierte *Quick* auf mich zu. Die suchten damals den berühmten Schatz vom Ribbentrop, drei Lkw-Ladungen Nazigold, die im Hintersee im Salzkammergut versteckt sein sollten." Um 35 D-Mark pro Stunde suchte der Lawinenexperte nun also einen See ab. „Egal ob ich arbeitete, schlief oder aß, ich verdiente einen Haufen Geld damit, das half mir beim Überleben." Die deutsche Illustrierte ließ sich die Suche einiges kosten, besorgte ein eigenes U-Boot und zwei Weltklassetaucher. Der Kapitän musste, so Schröcksnadel, allerdings „zuerst die Gebrauchsanweisung von dem Boot lesen", und beim ersten Tauchgang „mussten sie uns dann auch prompt aus dem Schlamm ziehen, weil wir stecken geblieben waren", und auch sonst war die Aktion eher ein Schlag ins Wasser: „Ich suchte mit der Sonde nach Gold, konnte aber leider keines finden, auch wenn das manche heute immer noch behaupten. Zwei Monate später wollte ich es noch einmal versuchen und staunte nicht schlecht: Der See war plötzlich leer! Das war nämlich nur ein Stausee, den hätte man ablassen können. Das dürften die Quick-Redakteure offensichtlich nicht recherchiert haben." Schröcksnadel suchte dann auch noch an anderen Orten. „Im Königssee zum Beispiel fanden wir einen Toten. Als wir bei der Polizei anriefen, dass der Taucher eine Leiche gefunden habe im Königssee, fragte der Beamte doch tatsächlich: ‚Ist die tot?' ‚Ja, die ist tot', haben wir geantwortet. In der Zeit habe ich einige solche Geschichten erlebt."

1975 durfte Schröcksnadel endlich beweisen, was er mit der Förster-Sonde draufhatte. In Sulden am Ortler hatte am Sonntag, den 6. April eine riesige Lawine die Straße verschüttet. „Die Straße wurde zirka einen Kilometer breit verschüttet – viele Gäste waren mit den Autos losgefahren, in Richtung Heimat!", schildert das Buch „Ortler. Der höchste Spitz im ganzen Tyrol", herausgegeben vom Südtiroler Kulturinstitut im Athesia Verlag.

Weiter heißt es da: „Wir brauchten sofort ein Spezialsuchgerät (Förster-Sonde) aus Innsbruck. Am Abend traf (...) Peter Schröcksnadel mit dem Gerät an der Unglücksstelle ein. (...) Bis Mittag des nächsten Tages wurden, mit besonderer Hilfe der Förster-Sonde, alle verschütteten Autos geortet und ausgegraben."

Pfarrer Dr. Josef Hurton, der damalige Leiter der Bergrettung Sulden, schrieb über den damaligen Einsatz im Jahrbuch 1975 des Kuratoriums für Sicherung vor Berggefahren: „An diesem zweiten Tag konnten wir erfahren, dass Peter Schröcksnadel mit einer Förster-Sonde kommen wird. Am dritten Tag in der Früh war er auf der Lawine. Die Sonde funktionierte einwandfrei. (...) Im Laufe des Vormittags hat er die Motorhaube eines Wagens etwa vier Meter tief unter den Schneemassen gefunden. Etwa 30 Meter talauswärts lag ein weißes Auto mit drei Toten. (...) Schröcksnadel war am Abend des 8. April ganz erschöpft; vielleicht hat zu seinem schlechten Befinden auch das Frostschutzmittel beigetragen, das in einer Mineralwasserflasche aus einem der verschütteten Wagen hervorgeholt wurde und von dem Schröcksnadel ausgiebig getrunken hatte. Er wollte natürlich Mineralwasser trinken. (...) Am 9. April in der Früh hat Schröcksnadel mit der Sonde den letzten Wagen gefunden." In der Folge schaffte sich die Bergrettung Sulden übrigens eine eigene Förster-Sonde an. Die Einschulung übernahm der inzwischen berühmte Experte aus Innsbruck.

Nach dem Erfolg in Südtirol hatte Schröcksnadel auch in Nordtirol plötzlich einen klingenden Namen. Hier suchten die Hilfsmannschaften ebenfalls seit dem Ostersonntag, 6. April 1975, eine riesige Lawine am Brennerpass nach Vermissten ab. Ohne Erfolg. Also verständigten sie den Innsbrucker Lawinensuch-Profi, der binnen kürzester Zeit zwei Autos ortete, die zehn Meter tief im Schnee regelrecht einbetoniert waren. Insgesamt hatte die Lawine am Brenner fünf Autos verschüttet und 14 Menschen getötet, in Sulden starben acht Menschen unter den weißen Massen. Schröcksnadel hatte bewiesen, dass sein Lawinensuchsystem etwas taugte, geschäftlich interessierte es ihn nicht mehr. Inzwischen hatte er sich nämlich als Unternehmer seine ersten Sporen verdient, das Kuratorium für alpine Sicherheit mitbegründet und – ab 1978 – beim ÖSV Fuß gefasst.

Der Unternehmer: Sitour und Feratel

Seinen unternehmerischen Erfolg verdankt Peter Schröcksnadel in erster Linie seinem Mut und seiner Fähigkeit, sich auf Unkonventionelles einzulassen, neue Wege zu beschreiten sowie ab und zu Sachen zu erfinden. Begonnen hat die Erfolgsgeschichte allerdings mit der Erfindung eines Werbewissenschafters aus Lausanne. Der hatte sich die Idee, Skipisten je nach Schwierigkeitsgrad mit blauen, roten und schwarzen Tafeln zu markieren, patentieren lassen und bot sie dem Tiroler Jungunternehmer um 10.000 Franken an. Der willigte in den Handel erst ein, als ihm der Professor aus der Schweiz auch noch erklärte, dass er auf den Tafeln Werbung platzieren könnte, was das Ganze dann zum Geschäft machte. Mit dem ersten verdienten Geld zahlte Schröcksnadel den Kredit von 10.000 Franken zurück, dann führte er das System unter dem Markennamen Sitour Austria auf der ganzen Welt ein. „Bis heute gibt es nichts anderes. Über diese Tafeln kam ich mit den Liften ins Geschäft und konnte dann auch andere Sachen machen, wie Panoramatafeln, Pistenmarkierungstafeln, sprachungebundene Kennzeichen etc. Und zum Schluss holte ich mir die Werberechte. Mittlerweile betreuen wir etwa 1.000 Seilbahnen und Lifte weltweit."

Das zweite wirtschaftliche Standbein des Peter Schröcksnadel ist Feratel Media Technologies. Gegründet 1978, startete das Unternehmen Anfang der 1990er-Jahre mit dem Wetterpanorama-TV durch. „Ich war in Saalbach bei einem Freund. Der erzählte, er kenne jemanden, der baut Kameras und weiß aber nicht, was er damit tun soll", schildert der Tiroler im Zeitzeugen-Gespräch mit Elmar Oberhauser die Anfänge. Weil am Kitzsteinhorn immer schönes Wetter sei, im Becken von Zell am See hingegen oft Nebel, habe der Kamera-Bastler das Wetter vom Horn an den See übertragen, was die Gäste als tolles Service empfanden. „Eine gute Geschichte", dachte sich Schröcksnadel, „aber das alles nützt auf rein lokaler Basis wenig. So etwas müsste man ins Fernsehen bringen." Was dann wenig später tatsächlich gelang, wenn auch mit ein wenig Bauchweh: „Wir hatten am ersten Tag der Übertragung Angst, dass wegen schlechten Wetters nur Nebel zu sehen sei. Aber es hat funktioniert." Inzwischen bedienen sich zahlreiche europäische TV-Stationen der Feratel-Wetter- und Panoramakameras.

Der dritte Coup des innovativen Innsbruckers ist das Hotelinformationssystem. Getreu seinem Motto, dass jeder Mensch im Leben Probleme brauche, die er angehen und lösen kann, um weiterzukommen, hat er sich Gedanken über eine zentrale Informationsstelle für freie Hotelzimmer gemacht. „Anlass war, dass ich in den 1970er-Jahren im Kleinwalsertal ein Zimmer gesucht habe und alles ausgebucht war." Nun, Schröcksnadel erfand das Hotelinformationssystem, das mittlerweile fast in jedem Ort steht. Geschäft machte er damit anfangs keines: Niemand zahlte für das System, weil die Hotels eh ständig voll waren. „Das fing erst alles an zu funktionieren, als die Zahl der Zimmer die Nachfrage überstieg." Außerdem hatte das System Kinderkrankheiten: Jeder Hotelier zeigte freie Betten

Peter Schröcksnadel, wie ihn die wenigsten kennen:
Gemeinsam mit Schwester Doris, als Schatztaucher im Hintersee, ...

... mit der Förster-Sonde bei der Arbeit auf einem Lawinenkegel
und bei einer Skitour (Schröcksnadel geht als Zweiter hinter
Prof. Hannes Gasser, dem Gründer der Alpinschule Innsbruck).

an, stellte aber nicht auf „besetzt" um, wenn seine Kapazität erreicht war. Der Erfinder griff zu einem Trick: „Ich stellte alle Anzeigen automatisch auf Rot. Jetzt müssen die Vermieter selbst umstellen auf Grün. So funktionierte das Ganze. Man darf halt nicht aufgeben."

Mittlerweile ist Peter Schröcksnadel ein Multiunternehmer. Beim Blick auf sein Firmenportfolio hilft wieder das Internet. Mit Sitour und Feratel ist er weiterhin mit großem Erfolg weltweit aktiv, laut Wikipedia ist seine Familie darüber hinaus Eigentümer der Vereinigten Bergbahnen GmbH, die gemeinsam mit der Sitour Management GmbH etliche Skigebiete und Tourismusunternehmen halten, darunter 80 Prozent an der Großglockner Bergbahnen Touristik GmbH, 50 Prozent an der Großglockner Hotel- und Infrastruktur GmbH, 100 Prozent an der Patscherkofelbahnen GmbH, 100 Prozent an der Ötscherlift-Gesellschaft mbH& Co KG, 99 Prozent an der Unterberghornbahnen Kössen GmbH& Co KG, 53 Prozent an der Hinterstoder-Wurzeralm Bergbahnen AG, 50 Prozent an der Hochficht Bergbahnen GmbH, 51 Prozent der Hochkar Bergbahnen GmbH, und jüngst 60 Prozent an der Kasberg-Bahnen HWB-Betriebs GmbH.

Nicht unerwähnt bleiben darf in diesem Zusammenhang Schröcksnadels unentgeltliches Engagement im Österreichischen Skiverband (ÖSV). Neben seiner Tätigkeit als dessen Präsident ist er nämlich auch Geschäftsführer der vier Tochtergesellschaften Austria Skiteam Handels- und Beteiligungs GmbH, Austria Ski Nordic Veranstaltungs GmbH, Austria Ski WM und Großveranstaltungs GmbH und Austria Ski Veranstaltungs GmbH. Die Firmen gehören zu den wichtigsten Veranstaltern von Großereignissen und anderen Wintertourismusevents in Österreich, darunter zuletzt die nicht nur finanziell erfolgreiche Ski-WM in Schladming.

Der ÖSV-Präsident

Zum Österreichischen Skiverband (ÖSV) kam Peter Schröcksnadel eher zufällig. Der Innsbrucker, damals schon mehr oder weniger erfolgreicher Unternehmer, hatte sich von früher Kindheit an dem Sport verschrieben. Und wie es sich für einen waschechten Tiroler gehört, hatte es ihm der Wintersport natürlich besonders angetan. So ist es nur logisch, dass er sich in dieser Sparte auch als Funktionär und Ideengeber einbrachte. Bereits im Jahr 1977 zum Beispiel arbeitete Schröcksnadel mit seiner Firma Sitour und der Abteilung Sport des Landes Tirol an festgelegten Mindeststandards für Seilbahn und Liftanlagen bzw. Skiabfahrten sowie erstmals auch für Pistenpräparierung, Orientierung und Sicherheitsvorkehrungen, die letztlich in der Verleihung eines „Pistengütesiegels" durch das Land Tirol münden sollten. Der diesbezügliche Beschluss der Tiroler Landesregierung datiert mit dem 8. Februar 1977 und stellt einen Meilenstein in der Entwicklung des Wintertourismus in Tirol dar.

Bei dieser Arbeit profitierte Schröcksnadel vom großen Netzwerk, auf das er als Mitbegründer des Kuratoriums für Alpine Sicherheit (früher Kuratorium für Sicherung vor Berggefahren) zurückgreifen konnte. So erstellte er gemeinsam mit Helmut Lamprecht und Viktor Wagner-Navratil im Jahr 1981 einen Leitfaden für den Pisten- und Rettungsdienst. Die Broschüre „Die Verkehrssicherungspflicht für Skiabfahrten" – Heft 1 der Schriftenreihe des Fachverbands der Seilbahnen Österreichs – zählt heute noch zu den Standardwerken der diesbezüglichen Literatur.

Doch zurück zum ÖSV. Der aufstrebende Jungunternehmer war also in der Szene kein Unbekannter mehr. Mit seinen spektakulären Sucherfolgen bei den Lawinenunglücken in Sulden und am Brenner hatte er sich international einen Namen gemacht. Und das kam ihm jetzt zugute. „Für den ÖSV musste ich am Dachstein nach einem Lift suchen", schmunzelte er im Zeitzeugen-Gespräch mit Elmar Oberhauser. Das war zwar leicht übertrieben, aber im Kern stimmte die Geschichte schon, wie Dr. Klaus Leistner, damals schon ranghoher Mitarbeiter des ÖSV und heute dessen Generalsekretär, lachend zugibt: „Weil es am Dachstein damals keine Lifte gab, haben wir einen kleinen Schlepplift aufgebaut. Um den zu betreiben, brauchten wir ein Aggregat, das wir uns bei einer Baufirma gemietet haben." Plötzlich und völlig unerwartet setzte der Winter ein, und das rund zwei Millionen Schilling teure Gerät war verschwunden. Kein Problem, dachten sich die ÖSV-Chefs, im nächsten Jahr wird das Ding schon wieder ausapern. „Ist es aber nicht", erinnert sich Leistner. Also, was tun? Leistner: „Da ist mir eingefallen: Ich kenn doch den Peter Schröcksnadel, der die Lawinen abgesucht hat. Den ruf ich jetzt an und frag ihn, ob er uns das Aggregat sucht." Die Suche war dann nach Angaben beider ein doch „erhebliches Unterfangen", weil erstens der Dachsteingletscher in der Zwischenzeit gewachsen war und sich zweitens niemand mehr genau erinnern konnte, wo das Gerät denn tatsächlich gestanden hatte.

Schließlich fand Schröcksnadel das Gesuchte doch – und damit bzw. durch den ab dieser Zeit engen Kontakt zu Leistner verdankt er seinen Einstieg beim ÖSV. Die ÖSV-Präsidentenkonferenz hatte damals die Anstellung eines Referenten für Breitensport untersagt. Zu teuer, erklärten die Funktionäre. Allerdings rang Leistner den ÖSV-Granden damals die Erlaubnis ab, ein Referat zu bilden und mit einer Person zu besetzen, „die aber nichts kosten durfte. Da ist mir wieder der Peter Schröcksnadel eingefallen. Also bin ich in die Innsbrucker Etrichgasse gefahren, wo die Sitour damals ihren Sitz hatte, und habe den Schröcksnadel gefragt, ob er nicht bei uns Vorstandsmitglied werden will." Nach kurzer Bedenkzeit willigte der Sitour-Chef ein. Das war 1978.

Die Karriere im ÖSV ging steil bergauf: Bereits 1980 wählten ihn die Mitglieder zum Vizepräsidenten, seit 1990 ist er Präsident des Österreichischen Skiverbands. Ehrenamtlich übrigens: In keiner seiner Funktionen hat er je ein Honorar oder Ähnliches kassiert. „Nicht einmal Reisespesen rechnet er ab", bezeugen Klaus Leistner und ÖSV-Pressechef Mag. Jo Schmid. In seinen langen Jahren an der Spitze des erfolgreichsten heimischen Sportverbands erlebte er zahlreiche Höhepunkte, aber auch Tiefschläge. Herausheben will er nichts, obwohl: „Geärgert hab ich mich schon manchmal, aber das vergess ich immer gleich wieder!"

Mit dem Namen Peter Schröcksnadel sind zahlreiche Änderungen im ÖSV verbunden, von denen SportlerInnen wie FunktionärInnen noch heute profitieren. 1989 zum Beispiel, damals noch als Vizepräsident, stellte er den Skipool um, öffnete diesen elitären Kreis auch für ausländische Firmen. „Das war ein entscheidender Faktor, dass wir überhaupt Erfolge einfahren konnten", ist sich Schröcksnadel sicher – obwohl er damals keinen leichten Stand hatte. Vor der Umsetzung seines für die damalige Zeit schon fast ketzerischen, zumindest aber revolutionären Plans musste er nämlich gemeinsam mit seinem Vorgänger als ÖSV-Chef, Arnold Koller, und Leistner bei Rudolf Sallinger antreten. „Mir ist recht, wenn wir auf österreichischem Material gewinnen. Aber bevor wir auf österreichischem Material verlieren, sollten wir lieber auf ausländischem Material gewinnen", erklärte der ÖSV-Vize dem mächtigen Wirtschaftskammer-Chef unumwunden, warum der Skipool geöffnet werden müsse. Sallinger reagierte mit der Drohung, dem Skiverband die Subventionen zu streichen. „Da können S' uns eh keinen größeren

Gefallen tun. Dann sind wir wenigstens selbstständig", erwiderte Schröcksnadel unerschrocken, was den Politiker Sallinger noch mehr ärgerte. Ein halbes Jahr lang fror er tatsächlich alle Zahlungen an den ÖSV ein.

In seiner Zeit an der Spitze des ÖSV hat Peter Schröcksnadel den Verband kräftig umgekrempelt. „Früher hat uns ja kein einziges Rennen gehört! Das haben immer die Orte gemacht, irgendwelche Agenturen haben da Geld verdient. Wir hatten nichts zu reden." Heute läuft das anders: Das Hahnenkammwochenende in Kitzbühel ist eine Gemeinschaftsproduktion von ÖSV und Kitzbüheler Skiklub (Klaus Leistner: „Kitzbühel kann nicht ohne uns, und wir wollen nicht ohne Kitzbühel"), alle anderen Veranstaltungen macht der Österreichische Skiverband. „Wir wickeln alle Veranstaltungen über den ÖSV ab und verdienen damit auch Geld für den Nachwuchs", erklärt der Präsident seine Philosophie. Die andere Seite der Medaille ist, dass er den Verband im Kollektiv führt: „Ja, wir halten alle zusammen, so fangt's an. Intrigen, die es früher immer wieder gegeben hat, lassen wir gar nicht zu. Und wenn jemand über einen anderen etwas sagt, dann holen wir den Betroffenen dazu und klären die Sache."

Außerdem, und darauf legt der ÖSV-Chef großen Wert, „sind wir halt sehr innovativ. Mein Motto ist: Nie die Verantwortung oder die Schuld abschieben auf irgendeinen anderen Umstand. Wir haben nie gejammert, was die Schweizer wohl alles haben oder die Italiener. Wir haben immer gesagt: ‚Was haben wir, was können wir besser machen?' – das machen wir die ganze Zeit, manchmal ist es besser, manchmal ist es weniger gut, aber im Prinzip sind wir eigentlich immer ganz oben. Auch wenn wir mal Zweite oder Dritte werden. Aber wirklich abgestürzt sind wir noch nie, eben weil wir immer an uns gearbeitet haben."

Privat als Unternehmer überaus erfolgreich, legte Schröcksnadel seine wirtschaftlichen Maßstäbe auch seiner Arbeit im ÖSV zugrunde. Und beobachtete mit wachsendem Groll, wie verbandsfremde Manager dem ÖSV diktierten, was die Athleten zu tun und zu lassen haben. „Und dann ist uns der Hermann Maier passiert. Der war der Superstar nach seinem Sturz in Nagano, als er danach Doppel-Olympiasieger wurde", erinnert sich der Vollblutfunktionär im Zeitzeugen-Interview mit Elmar Oberhauser, „wenn der einen Manager bekommt wie andere, dann haben wir ein Problem." Zu der Zeit standen Hunderte Personen an, die den Herminator managen wollten. Also machte der ÖSV-Chef seinem Spitzensportler ein Angebot. „Und er hat er sich für uns entschieden. Aber nicht, weil er meinte, dass wir um so viel besser sind oder man uns mehr vertrauen konnte, sondern weil er allen anderen überhaupt nicht getraut hat. Das war der Grund." Die Tatsache, dass der ÖSV bzw. dessen Präsident jetzt auch noch als Manager tätig wurde, machte anfangs böses Blut. Kritik lässt Schröcksnadel aber nicht gelten: „Ich habe dafür nie einen Euro bekommen. Der Hermann ist von mir persönlich betreut worden, zehn Prozent seiner Einnahmen (und nicht die marktüblichen 15 bis 20 Prozent) bekam der Skiverband für meine Tätigkeit. Ich habe das Geld nicht einmal fakturiert, sondern dem ÖSV direkt für den Nachwuchs weitergeleitet." Weil Hermann Maier mit dieser Regelung zufrieden war, kamen auch andere AthletInnen. Heute existiert im ÖSV eine große Marketingabteilung, die 80 Prozent aller AthletInnen betreut. Zu denselben Bedingungen, versteht sich: Zehn Prozent aller Einnahmen gehen an den Nachwuchs.

Wie überhaupt der Nachwuchs der ÖSV-Spitze besonders wichtig ist. Es brauche Leitwölfe wie eben Hermann Maier, Stephan Eberharter oder Michael Walchhofer. Eine breite Basis ist aber von ebenso großer Bedeutung, sonst fehlen die Erfolge. Sonst fehlen irgendwann auch diejenigen, welche die anderen nachziehen. Schröcksnadel: „Du brauchst einen Leader. Das sieht man jetzt bei den amerikanischen Damen. Die Lindsay Vonn fährt gut, und mit ihr alle anderen US-Damen. Skifahren ist ein relativer Sport, da sagen Trainingszeiten wenig aus. Aber wenn ich die Zeiten von Hermann Maier oder Stephan Eberharter kenne, weiß ich, wie schnell ich sein muss, um an der Spitze mitzufahren."

Peter Schröcksnadel hat den ÖSV in den 23 Jahren seiner Präsidentschaft zum erfolgreichsten Sportverband Österreichs gemacht. Das wird wohl auch mit seinem Führungsstil zusammenhängen, den er im Gespräch mit Oberhauser lächelnd als „direkt nicht, obendrüber schon" bezeichnete. Er mische sich in sportliche Belange nur ein, wenn es nicht funktioniere. „Dann hole ich mir die Verantwortlichen, und dann reden wir darüber. Aber ich gehe nie zu einem Trainer oder Athleten und sage, dass er da oder dort einen Fehler gemacht hat. Das ist der Job des Trainers." Auf die Frage, ob er denn ein Diktator sei, meint er nur: „Nein, bin ich nicht. Das glaubt mir zwar keiner, aber das ist mir wurscht!" Thema erledigt.

Das Wunderwachs von Crans Montana
Die Ski-Weltmeisterschaften des Jahres 1987, ausgetragen in Crans Montana im schweizerischen Wallis, sind als Waterloo in die Geschichte des österreichischen Skisports eingegangen. Mit drei Silber- (Silvia Eder, Kombination; Roswitha Steiner, Slalom; Günther Mader, Slalom) und einer Bronzemedaille (Günther Mader, Kombination) landete das favorisierte ÖSV-Team im Medaillenspiel hinter der Schweiz (8 Gold, 4 Silber, 2 Bronze), Luxemburg

(1, 2, 0) und Deutschland (1, 0, 3) am geschlagenen vierten Platz. Eine Blamage – über die der damalige ÖSV-Vize Schröcksnadel heute schmunzelt. Die Erklärung der Schweizer Dominanz ist nämlich einfach: Die Eidgenossen hatten ein Wunderwachs. „Das ist eine lustige Geschichte: Da ist der Mair Much (Michael Mair, Südtiroler Rennläufer aus Bruneck, Anm.) mit einem Sturz schneller gewesen als der Höflehner ohne. Da dachte ich mir: ‚Das kann es doch nicht geben, der Höflehner kann nicht als guter Skifahrer langsamer sein, wenn der Maier Much stürzt?'"

Schröcksnadel ging der Sache auf den Grund. Aus seiner Zeit beim österreichischen Bundesheer kannte er einen Chemiker aus Braunau. Zu dem fuhr er und sagte ohne Umschweife: „Die Nation braucht dich. Du bist Chemiker: Was gibt es Besseres als Wachs?" Nach drei Tagen kam bereits die ersehnte Nachricht aus dem Innviertel: Teflon hieß das Wundermittel, das Österreichs SkifahrerInnen wieder flottmachen sollte. Die ÖSV-Wachstruppe mischte das Präparat in der Folge zusammen mit Wachs auf die Skier ihrer Schützlinge „und prompt gewann der Hubsi Strolz in Calgary", erinnert sich Tüftler Schröcksnadel: „Also, ich hab das Patent angemeldet. Dabei sind wir draufgekommen, dass die Firma Briko zwei Monate nach Crans Montana ein Patent in Italien angemeldet hat. Das Patent lautete auf ein gewisses Wachs namens Cera F, das war ein Pulver. Die Italiener hatten das bei der WM schon verwendet!" Außerdem bezichtigten die Österreicher ihre Konkurrenten, dass die Pistenmaschinen „zufällig" am Start immer wieder mal Öl verloren heben: „Dem Teflon tut Öl wenig, aber auf normal gewachsten Skiern klebte das total, und wir waren schon am Start bis zu vier Sekunden hinten."

Der Skandal von Turin

Samstag, 18. Februar 2006: Ein Großaufgebot der italienischen Anti-Doping-Sondereinheit stürmt die Quartiere der österreichischen Langläufer und Biathleten in Pragelato und San Sicario. Während sich im Österreich-Haus in Turin die Skispringer Thomas Morgenstern und Andi Kofler über Gold und Silber im Sprungbewerb von der Großschanze freuen, kommt es 50 Kilometer westlich in den italienisch-französischen Alpen zu einem Skandal, der nicht nur den ÖSV, sondern auch das nationale Olympische Komitee (ÖOC) erschüttert.

Was war geschehen? – Auf der Suche nach dem von Olympia verbannten früheren ÖSV-Langlauftrainer Walter Mayer hatten Carabinieri die Quartiere der österreichischen Athleten umstellt. Zehn Sportler mussten zur Dopingkontrolle antreten. Die Öffentlichkeit war beim Abtransport der „Verdächtigen" via Streifenwagen und Blaulicht live dabei: Ein Kamerateam des ORF lieferte die Bilder in die heimischen Wohnzimmer und sorgte für Entsetzen auf der einen sowie große Verärgerung auf der anderen Seite. Letzteres vor allem beim ÖSV. Einen Tag später eskalierte die Situation: Zwei Biathleten reisten vorzeitig und überstürzt nach Österreich zurück, gleichzeitig raste der gesuchte Walter Mayer auf der Flucht vor der italienischen Polizei in Österreich sturzbetrunken in ein Polizeiauto.

ÖSV-Chef Peter Schröcksnadel, der Gerechtigkeitsfanatiker, stellte sich vor seine Mannschaft, der jetzt von allen Seiten systematisches Doping vorgeworfen wurde. Obwohl formell gar nicht zuständig – bei olympischen Spielen ist nicht der Verband verantwortlich für die AthletInnen, sondern das nationale Olympische Komitee –, prägte er im Rahmen einer Pressekonferenz den denkwürdigen Satz: „Austria is a too small country to make good doping." Eine Aussage, über die viel diskutiert wurde. Für den ÖSV-Präsidenten wurde sie „sicher missinterpretiert. Ich stehe nach wie vor dazu: Ja, es gab schwarze Schafe in Österreich, die sich mit unerlaubten Mitteln einen Vorteil verschaffen wollten. Das haben wir im Skiverband sofort lückenlos aufgeklärt. Professionelles, organisiertes Doping, wie es in anderen Ländern in staatlichen Stellen durchgeführt wurde, hat es bei uns jedoch nie gegeben." (Interview mit M. Fruhmann, ORF.at, 17.10.2011.)

Obwohl es Proteste aus allen Richtungen hagelte, obwohl auch das ÖOC die ÖSV-Spitze mehrfach im Regen stehen ließ und obwohl sich Schröcksnadel ab 2009 selbst als Beschuldigter vor Gericht wiederfand, blieb er bei seiner Haltung – und sollte Recht bekommen. Die Turiner Staatsanwaltschaft hatte im Nachhinein gegen zehn aktuelle und ehemalige Vertreter des Österreichischen Skiverbandes, darunter eben auch Schröcksnadel, Anklage wegen des angeblichen Dopingskandals bei den Olympischen Winterspielen 2006 in Turin erhoben. Für den ÖSV-Präsidenten und fünf weitere Angeklagte endete das spektakuläre Verfahren nach drei Jahren mit Freisprüchen ersten Ranges, drei ehemalige ÖSV-Mitglieder, zwei Athleten und ein Trainer erhielten in erster Instanz bedingte Haft- und unbedingte Geldstrafen. „Der ÖSV hat von Beginn an stets korrekt gehandelt und sich nichts vorzuwerfen, dies steht nunmehr auch gerichtlich fest. Der Skiverband hat sich seit jeher vehement im Kampf gegen Doping engagiert", hatte Schröcksnadel damals via Aussendung direkt nach dem Freispruch erklärt. In einer offiziellen ÖSV-Stellungnahme hieß es weiters: „Mit dem Urteil steht fest, dass – wie vom ÖSV immer gesagt – vom vermeintlichen ‚Skandal von Turin' nach einem sechsjährigen Verfahren eigentlich nichts übrig geblieben ist. Der Spruch bestätigt zudem die korrekte Vorgehensweise

Chef-Partie: ÖSV-Präsident Schröcksnadel macht den früheren Gouverneur von Kalifornien, Arnold Schwarzenegger, zum Ehrenmitglied des ÖSV-Olympiateams.

Beim Fliegenfischen zählt Schröcksnadel zu den Besten der Welt.

des Österreichischen Skiverbandes, der jene drei Personen, die jetzt bedingt verurteilt wurden, bereits vor fünf Jahren aufgrund eines Berichts seines Disziplinarausschusses sanktioniert und ausgeschlossen hatte. Dieser Prozess hat klar gezeigt, dass es viele falsche Anschuldigungen gegen ÖSV-Vertreter gab, die während der Verhandlungen jedoch allesamt entkräftet werden konnten."

Was sich hier sachlich-nüchtern und trocken liest, war in Wahrheit die größte Genugtuung für den Gerechtigkeitsfanatiker Schröcksnadel, ein Sieg über seine Widersacher, die ausgerechnet ihm unlautere Motive unterstellt hatten. Im Zeitzeugen-Interview mit Elmar Oberhauser sieben Jahre nach den Vorfällen von Pragelato und San Sicario lässt Schröcksnadel die Vorgänge von damals noch einmal Revue passieren. Und er ist nach wie vor außer sich, dass es überhaupt zu den ominösen Kontrollen kommen konnte. Seiner Ansicht nach waren die Dopingjäger einzig auf Walter Mayer scharf. „Die haben schon im Vorfeld Dopingkontrolleure hingeschickt zum Maier in seine Pension in der Ramsau. Dabei stellten sie fest, dass er im Keller, und zwar mitten im Gang, eine Bluttransfusionsmaschine stehen hat." Eine Bluttransfusionsmaschine kostet nach Angaben Schröcksnadels mehrere 100.000 Euro. „Und die stelle ich dann in einen Gang im Keller?" Später habe sich herausgestellt, dass es sich bei dem ominösen Gerät um ein altes Laktatmessgerät gehandelt habe. Doch da war die Kugel bereits im Lauf, nicht mehr aufzuhalten: „Die Kontrolleure haben weiter behauptet, das wäre ein Bluttransfusionsgerät. Mit dieser Information sind sie nach Turin und haben das dem Olympischen Komitee in Rom gemeldet. Von dort aus wurde die Staatsanwaltschaft informiert, die dann eine Razzia veranlasst hat."

Noch immer redet sich der sonst sachlich-humorvolle ÖSV-Chef in Rage, wenn er die folgenden Abläufe schildert: „Die haben bei dieser Razzia getürkte Unterlagen verwendet" Beim Prozess habe dann ein Kronzeuge auch noch ausgesagt, dass die Österreicher die einzige Nation waren, die Außenquartiere bezogen hatten – ein glatter Meineid, wie Schröcksnadel mit Bestimmtheit behauptet: Insgesamt hätten während der olympischen Winterspiele 16 Nationen Außenquartiere bezogen. Bei der Razzia beschlagnahmten die Kontrolleure darüber hinaus zahlreiche Gegenstände, „und dann ist da plötzlich ein Paket aufgetaucht, gefüllt mit Spritzen und so. Das kannten wir aber nicht, das war nicht von uns. Das Paket lag vor dem Eingang und wurde von den Carabinieri mit hineingenommen ins Haus der Österreicher. Wir haben dann von den Spritzen in diesem Paket DNA-Analysen machen lassen. Diese Untersuchungen ergaben, dass das Zeug zu keinem von unseren Athleten passt oder gehört. Daran kann man sehen, wie das da gelaufen ist: Uns wurde das alles unterstellt!"

Im Nachhinein gibt Schröcksnadel zu, in dieser Angelegenheit vielleicht zu blauäugig gewesen zu sein. Er hatte vertraut, dass das System des ÖSV, dass sein System funktioniert – und niemand daran zweifelt. Seit 2003 existiert nämlich eine zentrale Datei, in die jede Sportlerin und jeder Sportler beim Eintritt in einen ÖSV-Kader aufgenommen wird. „Wenn einer zu uns kommt mit 15 oder 16 Jahren, wird ihm Blut abgenommen, alle Werte gemessen, und alle Trainingswerte werden gespeichert. Und wenn dann eine Entwicklung stattfindet, dass der plötzlich so gut wird, dann wird nachgeschaut." Das System hilft bei der Vorbeugung gegen Doping, Allheilmittel ist es aber keines. Das weiß auch die ÖSV-Spitze.

Sieben Jahre nach Turin nimmt der ÖSV-Präsident auch den öffentlich in Ungnade gefallenen Walter Mayer in Schutz: „Ob der etwas gemacht hat, weiß man bis heute nicht. Bis heute ist nichts bewiesen." Klar, der Ramsauer habe sich bei seiner Flucht aus Italien „patschert" aufgeführt: „Der war damals gar nicht bei den Österreichern im Quartier, sondern in einem Gasthaus. Als er gemerkt hat, dass etwas los ist, ist er ins Auto gestiegen und über die Grenze nach Österreich gefahren. Dann hat er sich eine Flasche Schnaps gekauft, hat sich auf einen Parkplatz gestellt und diese Flasche ausgetrunken. Weil es minus 20 Grad hatte in der Nacht, ließ er das Auto laufen, deshalb liefen die Scheiben an. Eine Frau, die das beobachtet hatte, rief die Polizei an. Weil sie glaubte, da will sich wer umbringen. Und als die Polizei kam, öffnete der Mayer das Fenster und dachte, er wäre immer noch in Italien, weil die Polizisten zu der Zeit in Österreich alle neue Uniformen bekommen hatten. Also ist er wieder abgehauen, durch die Polizeisperre durch. Der Rest ist eh bekannt." In der Folge verursachte der Ex-Trainer einen Verkehrsunfall und wurde schließlich festgenommen, später aber auf freiem Fuß angezeigt. Schröcksnadel wie auch Oberhauser sind nach wie vor der Ansicht, dass Walter Mayer in vielen Bereichen zu Unrecht beschuldigt wurde: „Großer Verbrecher ist er keiner." Und Schröcksnadel ergänzt: „Im Grunde ist er ein Guru, der vielleicht ein paar grenzwertige Sachen gemacht hat, aber nie welche, die zu dem Zeitpunkt verboten gewesen waren."

„Der Skandal war, dass das überhaupt ein Skandal war", zieht Schröcksnadel ein bitteres Fazit aus der Turiner Affäre. Er geht dabei hart ins Gericht mit den seinerzeitigen Granden des Österreichischen Olympischen Komitees, vor allem mit dem (inzwischen wegen anderer Delikte verurteilten) Generalsekretär Heinz Jungwirth. Und wieder spielt Walter Mayer eine Hauptrolle. Der war nämlich nach der sogenannten „Blutbeutel-Affäre" von Salt Lake City vom IOC (Internationales Olympisches Komitee) für zehn Jahre gesperrt worden. Bekanntlich waren bei den Olympischen Spielen 2002 in Salt Lake City im Haus der österreichischen Langläufer mehrere Spritzen und Blutbeutel gefunden worden, wodurch ein Dopingverdacht aufkam: Das ÖSV-Team soll den AthletInnen Eigenblut entnommen, es mit UV-Licht bestrahlt und dann wieder den AthletInnen rückgeführt haben. Obwohl es keine Beweise gab und die tatsächliche Wirkung dieser Behandlungsmethode zweifelhaft ist, wurden zwei Sportler nachträglich disqualifiziert und Mayer gesperrt. In weiterer Folge belegte die FIS den charismatischen Trainer gegen die heftigen Proteste Schröcksnadels mit einer lebenslangen Sperre. Daraufhin unterstützte der ÖSV Mayer in einem Arbeitsrechtsverfahren gegen die FIS – mit Erfolg: Das Arbeitsgericht Innsbruck hob die Sperre 2006 in erster Instanz auf. „Das war knapp vor den Spielen in Turin", erinnert sich Schröcksnadel, der damals an ein gutes Ende der Geschichte glaubte. Weit gefehlt: Am letzten Tag der Frist legte die FIS Berufung ein. 14 Tage vorher hatten Dopingkontrolleure im Haus Mayers nämlich die ominöse „Bluttransfusionsmaschine" entdeckt und den Fall ins Laufen gebracht.

Detail am Rande: Walter Mayer hatte nach seiner zwischenzeitlichen Rehabilitation durch das Arbeitsgericht in Innsbruck offiziell beim ÖSV um die Erlaubnis angesucht, nach Turin zu fahren. Schröcksnadel erklärte ihm, dafür nicht zuständig zu sein, weil nicht der ÖSV sondern das ÖOC das Team zu den Olympischen Spielen schicke. Mayer habe in der Folge beim ÖOC angefragt, die Erlaubnis bekommen und sei auch eingekleidet worden. „Wie wenn man ihn unten haben wollte", mutmaßten die ÖSV-Granden.

Der Fliegenfischer

„Für das Fliegenfischen braucht es Geduld, Respekt vor der Natur, Biologiekenntnisse und das Geschick, im richtigen Moment das Richtige zu tun. Für LiebhaberInnen ist diese Sportart denn auch mehr als bloß ein Hobby." So beschreibt Sibylle Schneider in „Die Kunst der Verführung" (Actilife, Juni 2008) eine Methode des Angelns. Fliegenfischen, das ist für die Petrijünger wie die Champions League für Fußball- oder die Formel I für Motorsportfans. Was viele nicht wissen: ÖSV-Chef Peter Schröcksnadel ist einer der Weltbesten dieser Zunft.

„Fliegenfischen ist zweifellos sehr viel mehr Ausdruck einer Lebensart als einfach nur ein Hobby oder ein Alltagssport. Es bedeutet zumeist, Respekt gegenüber der Vielfalt der Natur, wie sie uns auf und unter der Oberfläche des Wassers begegnet." So zitiert Schneider in ihrem Artikel Marcel Frozza, einen Instruktor der European Fly Fishing Association (EFFA). Peter Schröcksnadel hat diese Lebensart verinnerlicht. Für ihn ist Fliegenfischen „mehr als nur eine Trophäenjagd. Eine Philosophie. Man ist von frühmorgens bis spätabends unterwegs, hat gelernt, die Natur zu lesen, und weiß, wo man die besten Fänge machen kann, besser, als das die Grizzlys wissen." (Format, 7. 5. 2010.)

Der ÖSV-Präsident hat diese Art des Angelns, bei der das Gewicht besonderer Schnüre als Wurfgewicht verwendet wird, weil der Köder – die Fliege – dafür zu leicht ist, zuerst belächelt und sich dann einen professionellen Lehrer genommen. Mittlerweile verbringt er einen Gutteil seiner Freizeit in oder an Flüssen, in kleinen Ruderbooten auf offener See, immer auf der Jagd nach „dem" Fisch. In Norwegen, England, Island, Kanada oder Irland fischt er Lachs, Bonefish auf Hawai, Tarpon in Key West – aber nur „aus Spaß an der Freud": Nach dem Fang, der sich oft über Stunden zieht, werden die Fische wieder in die Freiheit entlassen. Lebend, versteht sich. Besondere Exemplare, und derer gibt es mittlerweile Dutzende, verewigt er allerdings auf Fotos, die er dann zum Teil ganz unkonventionell auf seinem Handy speichert. Könnte ja sein, dass er einmal einen Kollegen trifft, dem er unbedingt seine letzten Fänge zeigen muss.

Schon vor mehr als 20 Jahren erlaubte sich Schröcksnadel den Luxus, im kanadischen Bundesstaat British Columbia eine Farm mit 300 Hektar Grund und eigenem Fluss, dem Barkley River, zu erwerben. Dorthin zieht er sich zurück, wenn ihm danach ist, oder wenn ihm – wie regelmäßig rund um seinen Geburtstag – der Trubel in Österreich zu viel wird. Sein Hobby führt ihn mittlerweile aber rund um die Welt: „Es gibt rund um den Erdball bestimmte Plätze, wo nur die ganz guten Fliegenfischer hingehen. Die anderen meiden diese Orte, weil sie nichts fangen würden. Dort trifft man dann halt immer die gleichen Leute." Das ist dann die „Crème de la Crème" dieser Sportart, und Schröcksnadel zählt definitiv zu dieser Elite. Davon ist übrigens auch Schauspiel-Superstar Kevin Costner überzeugt. Der wedelte bei der Alpinen Ski-WM im Februar 2013 gemeinsam mit dem ÖSV-Präsidenten über die Pisten von Schladming. Worüber die beiden geredet haben? „Übers Fliegenfischen. Da kann ich von ihm noch etwas lernen", meinte Costner.

Anmerkungen

[1] Die verwendeten Zitate entstammen, so sie nicht extra gekennzeichnet sind, dem Zeitzeugen-Gespräch mit Elmar Oberhauser am 14. Jänner 2013 im Casino Innsbruck oder einem längeren Interview des Autors mit Prof. Peter Schröcksnadel, ÖSV-Generalsekretär, Dr. Klaus Leistner und ÖSV-Pressesprecher Mag. Jo Schmid am 15. Juli 2013 in der TT-Chefredaktion.

Die Freiheit zu etwas, nicht von etwas

Von Gabriele Starck

Univ.-Prof. Raimund Margreiter beim Zeitzeugen-Gespräch mit Elmar Oberhauser im Innsbrucker Casino.

Die Freiheit zu etwas, nicht von etwas
„Zielstrebig, nicht faul, nicht gerade ungeschickt, belastbar und entscheidungsfreudig."

Mit diesen Worten beschrieb sich Raimund Margreiter einmal selbst.[1] Superlative zu seiner Person entlocken ihm immer nur so etwas wie „Na, wollen wir's mal nicht übertreiben". Raimund Margreiter mit nur einem Attribut gerecht zu werden, funktioniert aber nicht. Den Begriff „Starchirurg", der so oft mit seinem Namen verbunden wird, mochte er noch nie. Zu sehr hört sich das nach Promi-Arzt an, was ihm alles andere als gerecht wird – im Gegenteil. Ihm ging es nicht um Rang und Namen seiner Patienten, sondern um den Menschen selbst. Ihm ordnete er sein Forschen und seine Arbeit im OP unter. Ein Pionier der Chirurgie ist er gewiss, so viele Premieren, wie er vollbrachte. Und doch hörte sein Streben, neue Wege zu gehen, nie auf. Er ist Vorreiter geblieben.

Grenzgänger – das passt schon eher. Nach vorne schauen und dann eben einen Schritt weiter gehen als die anderen – egal, ob bei der Arbeit oder in der Freizeit, ob als Arzt oder Privatmensch. Für ihn bedeutet es, frei zu sein, in seinem Verständnis von Freiheit – der Freiheit zu etwas.

Raimund Margreiter ist Arbeiter, Kämpfer, Wegbereiter und Abenteurer. Und bei allem, was er tut, ist er mit höchster Konzentration und vollem Einsatz dabei. Er weiß, dass Schluderei und Nachlässigkeit Leben kosten können, sei es in der Medizin oder beim Sport. Kompromisse sind seine Sache nicht.

Der Weg in den Chirurgie-Olymp

„Mitgefühl, die Fähigkeit zuzuhören und Kompetenz, die man sich mit größtem Fleiß aneignet." [2]

Das sind für Margreiter die drei Eckpfeiler, die einen guten Arzt ausmachen. Und da macht es für ihn keinen Unterschied, ob einer Universitätsprofessor oder Landarzt ist. Dem gebürtigen Fügener (16. Mai 1941) war die Medizin von den Vorfahren in die Wiege gelegt worden. Denn sowohl sein Großvater als auch sein Urgroßvater waren Ärzte im Tal. Und so habe es schon früh geheißen, er werde der neue Doktor. „Das war praktisch fremdbestimmt", erzählt er mit Augenzwinkern. In der Maturaklasse habe er sich dann erstmals ernsthaft Gedanken darüber gemacht, ob er den Medizinberuf überhaupt ergreifen möchte. Alternativen wären für ihn die Rechtswissenschaften gewesen oder Architektur. Entschieden hat er sich dann aber doch für die Medizin.

Bereut hat er es nie. „Ich hatte meinen Traumberuf, trotz aller Probleme, die zunehmend aufgetreten sind. Die Ökonomisierung, die Administration – das sind doch Dinge, die einem den Beruf zwar nicht vermiesen, aber ihn doch beeinträchtigen." [3]

Dass es nicht die Landpraxis wurde, wie im Zillertal vorhergesagt worden war, sondern der Operationssaal in der Landeshauptstadt, lag an der Faszination, jemanden mit „seiner Hände Arbeit unmittelbar" helfen zu können. Knochen zusammenzuflicken war ihm aber bald zu wenig. Eine schöne Arbeit zwar, „aber die intellektuelle Herausforderung ist nicht sonderlich groß." [4] Wenn man sich nicht beim Nägel-Einschlagen in die Wand jedes Mal einen blauen Nagel hole, könne man die Chirurgie schon erlernen, meint er. Margreiter reizten umfassendere Behandlungsansätze. Denn nicht aus dem Operieren an sich zog er seine Energie, sondern daraus, einen Weg aus einem komplexen Problem zu suchen und ihn auch zu gehen. Und um ans Ziel zu kommen, diente ihm die Chirurgie als Handwerk – in seinem Fall allerdings ein ausgesprochenes Kunsthandwerk. Wenn er selbst das auch gern herunterspielt: „Ein Organ zu verpflanzen, ist keine Kunst, dafür zu sorgen, dass es vom Körper nicht abgestoßen wird, aber sehr wohl." [5]

Die Transplantationschirurgie wie auch die Tumorchirurgie wurden seinem Anspruch gerecht, das Handwerk mit komplexen Lösungsansätzen zu verknüpfen. Und das, obwohl er zur Transplantation wie „eine Jungfrau zum Kind" gekommen ist. [6]

Es war Ende der 1960er-Jahre, die Transplantation steckte noch in den Kinderschuhen, gerade einmal Nieren wurden in Wien und Graz verpflanzt – mit mäßigem Erfolg. Viele der Patienten starben an Infektionen. Die Immunsuppression, die medikamentöse Therapie, die ein Abstoßen des Organs verhindern sollte, hatte das Immunsystem der Patienten völlig außer Gefecht gesetzt. Ein unbefriedigender Zustand, und so kam Anfang der 1970er-Jahre Peter von Dittrich, Leiter der Dialyse-Station in Innsbruck, auf die Idee, Gefäßchirurg Gerhard Hilbe solle doch in Innsbruck ein eigenes Programm aufbauen. Der wiederum bat Margreiter, ihn dabei zu unterstützen. Hilbe bekam derweil ein Stipendium in Houston, Texas. Margreiter bereitete inzwischen alles vor. Was einfach klingt, bedeutete, vor Ort Neuland auf allen Ebenen zu betreten. Die Gewebstypisierung musste etabliert werden, ebenso wie die Feststellung des Hirntods potenzieller Spender. Überdies bedurfte es einer neuen Infrastruktur für die Konservierung der Organe. „Aber ich habe meine Aufgaben gemacht", sagt Margreiter. Was die Beschaffung des Geräts betrifft, auf durchaus abenteuerliche Weise. In seinem Buch „Geschichte der Innsbrucker Chirurgischen Universitätsklinik"[7] beschreibt Margreiter, wie er – um Geld zu sparen – die Maschine nach Österreich schmuggelte. Um sich den „nicht mehr finanzierbaren Zoll zu sparen", war er 1973 mit einem Kollegen in Rotkreuz-Uniform im Ambulanzwagen zum Medizingeräte-Hersteller nach München gefahren. „Dort haben wir uns eine Schweinsniere gekauft und diese an die Maschine angeschlossen. Bei einem Bier haben wir dann bis zum Abend gewartet, weil bei Dunkelheit die zahlreichen bunten Kontrolllichter des Geräts noch eindrucksvoller wirken sollten. Kurz vor Scharnitz haben wir dann das Gerät eingeschaltet und dem einzigen Zollbeamten auf seine gewohnte Frage nach zu verzollenden Gegenständen mitgeteilt, dass wir eine Niere für eine Transplantation dabeihätten, und auf das Gerät gezeigt. Von der Situation überfordert, hat der Zollbeamte dann seinen Vorgesetzten angerufen, und so laut, dass wir alles hören konnten, hat dieser dann gemeint: „Du Trottel, lass sie sofort fahren!"

Als Hilbe aus Houston zurückkehrte, war es nur für kurze Zeit. Er verließ die Klinik, bevor es an die Umsetzung des Programms ging. Margreiter stand wieder allein da. Aufgeben? „All die Vorbereitungen, und das waren nicht wenige, sollten nicht umsonst gewesen sein", und so entschloss sich der junge Chirurg weiterzumachen.

Es folgte ein Durchbruch nach dem anderen, was weltweit Aufmerksamkeit fand und Margreiter in der Geschichte der Transplantationsmedizin viel Platz einräumt. Den Beginn machte am 22. Jänner 1974 die erste Nierenverpflanzung an einem 54-jährigen Mann.

Komplikationen ließen die ersten drei Lebertransplantationen Margreiters scheitern, 1981 dann gelang aber die für Österreich erste erfolgreiche Verpflanzung. Stolz ist Margreiter auf die weltweit erste kombinierte Leber-Nieren-Transplantation Ende 1983. „Der Patient erfreut sich fast 30 Jahre später bester Gesundheit", schrieb Margreiter 2012 in seiner Geschichte der Innsbrucker Chirurgie.[8] Ende 1979 gelang die erste kombinierte Nieren-Pankreas-Verpflanzung bei einer jungen Diabetikerin.

Einer breiten Öffentlichkeit bekannt wird Margreiter aber am 11. Oktober 1983, als er dem 52-jährigen Josef Wimmer aus Wörgl das Herz eines 23-jährigen Vorarlbergers zu Wimmers krankem dazu pflanzte – ein Huckepack-Herz sozusagen. Es war die erste erfolgreiche Herztransplantation in Österreich, was den Wiener Kollegen wenig behagte. Hatten sie doch diese Premiere auf ihre Fahnen heften wollen und sie medial auch schon angekündigt.

Noch wenige Stunden vor dem Eingriff hatte Margreiter nach einem Hearing für den Lehrstuhl für Transplantationschirurgie in München ausgerechnet mit dem weltweit ersten Herztransplanteur Christiaan Barnard ausgiebig gefeiert.[9] Als Margreiter am nächsten Tag „mit einem recht ausgeprägten Kater"[10] in die Klinik kommt, erfährt er, dass ein geeigneter Organspender für Wimmer gefunden worden ist. Um 20 Uhr abends – nach den entsprechenden Vorbereitungen – begann der Eingriff.

Josef Wimmer lebte noch drei Jahre mit dem Transplantat – eine Zeit, die er auch sportlich voll nutzte. „Bei einem gemeinsamen Skiausflug ins Kühtai im darauffolgenden Winter konnte ich mich von Josef Wimmers körperlicher Leistungsfähigkeit überzeugen, wobei er mir konditionell deutlich überlegen war. Als er bei hoher Geschwindigkeit direkt vor mir stürzte, dachte ich nur: Hoffentlich halten das die Nähte aus."[11]

In der Öffentlichkeit habe das aus ihm für den Rest seines Lebens einen Herzchirurgen gemacht, der er eigentlich nie war, schreibt Margreiter in seinem Buch. Dass ihm neben der ersten Herzverpflanzung auch die erste Herz-Lungen- (1985) und die erste Lungentransplantation (1987) im Eurotransplant-Raum gelungen war, ändere daran nichts.

Margreiter gelang 1982 zusammen mit Christoph Huber auch die erste kombinierte Leber-Knochenmarktransplantation weltweit, die erste weltweit erfolgreiche Multi-Organ-Verpflanzung 1989 und im Jahr 1994 die erste Darmtransplantation im Eurotransplant-Bereich.

Dass Margreiter auch an der weltweit zweiten beidseitigen Handtransplantation mitgewirkt hat, liegt eigentlich am Patienten selbst. Der Polizist Theo Kelz, der 1994 am Flughafen Klagenfurt durch die Explosion einer Rohrbombe beide Unterarme verlor, war laut Margreiter schon

1996 mit der Frage nach einer Handtransplantation an ihn herangetreten. Margreiter lehnte den Eingriff wegen des nach seiner Einschätzung unvertretbar hohen immunologischen Risikos damals noch ab. Als dann im September 1998 die erste Handtransplantation in Lyon gelang, entschloss er sich sofort zur Transplantation.[12] Im Jahr 2000 war es dann so weit. Unter der Leitung von Hildegunde Piza und Raimund Margreiter erhielt Kelz am 7. März zwei neue Hände.

Selbst die gelungene beidseitige Armtransplantation am 26-jährigen US-Soldaten Brendan Marrocco Anfang 2013, die international Schlagzeilen machte, ist zum Teil auf das Know-how der Innsbrucker Chirurgie zurückzuführen. Gerald Brandacher, der in Innsbruck bei Margreiter ausgebildet wurde, war für die Immunsuppression des Patienten verantwortlich, und der Innsbrucker Chirurg Stefan Schneeberger wirkte beim Aufbau des Hand-Transplantationsprogramms in Pittsburgh federführend mit.[13]

Doch es sind nicht die schlagzeilenträchtigen Eingriffe, auf die Margreiter stolz ist. Es ist das Ganze: „Es ist mir gelungen, eine Abteilung zu etablieren, in der für alle Organe, für jedes Organversagen eine temporäre Ersatztherapie oder eine Dauertherapie – also eine Transplantation – angeboten wird. Das ist heute noch ein weltweites Alleinstellungsmerkmal."

Der Mensch im Arzt

Elmar Oberhauser: *Sie haben im Alter von 24 Jahren promoviert. Sind sie ein Ehrgeizling gewesen? Oder sind Sie es heute noch?*

Raimund Margreiter: *Moment, erstens einmal muss man nicht besonders ehrgeizig sein, wenn man mit 24 fertig macht. Das ist die normale Studiendauer.*

Oberhauser: *Ich kenn' andere auch.*
Margreiter: *Ja, naja, natürlich gibt es andere auch. In manchen Dingen bin ich aber durchaus ehrgeizig. Bei uns ist das nur so negativ belegt. Aber wenn es nicht immer Leute gegeben hätte, die aufgrund ihres Ehrgeizes bereit gewesen wären, etwas Außerordentliches zu leisten, würden wir heute noch mit einer Keule hinter einem Auerochsen herlaufen.*[14]

Außerordentliches zu leisten, setzt voraus, sich mit Geist und Körper außergewöhnlich zu engagieren. Zeit, Energie und Konzentration sowohl in medizinische als auch in persönliche Herausforderungen zu investieren und dadurch ständig dazuzulernen. Für Raimund Margreiter ist das allerdings nicht außergewöhnlich, sondern selbstverständlich. Es ist seine Maxime.

Müdigkeit kennt er nicht, die Leidenschaft für die Sache hält ihn wach. Dem Ärztearbeitszeitgesetz konnte er nie etwas abgewinnen – im Gegenteil. Er sieht darin ein Risiko für die Patienten. „Ich habe in meinem Leben viele ärztliche Fehlleistungen gesehen. Von denen waren fast alle auf mangelnde Kompetenz und nicht auf Übermüdung zurückzuführen. Man ist bei der Arbeit so angespannt, dass man Müdigkeit verdrängt."[15] Eine 40- oder 50-Stunden-Woche ist in seinem Verständnis zu wenig, um ein guter Chirurg zu werden: Nur wer viel operiert, ständig am Ball bleibt und das Arztsein als Berufung und nicht als Job versteht, kann auch gute Arbeit leisten.

Und sehr gute Arbeit? Dafür muss man auch an die Grenzen gehen, ist Margreiter überzeugt: „Wir müssen uns bei jedem Patienten überlegen, was wir noch für ihn tun können. Da gibt es sehr oft noch eine Möglichkeit, die vielleicht schon irgendwo realisiert wurde oder auch nicht: Dann macht man es halt als Erster. Es gibt Richtlinien für alles – Patientenpfade etwa. Die Guten können diese Patientenpfade verlassen, die Besten müssen es sogar. Ohne das gäbe es keinen Fortschritt. Wenn man immer nur das getan hätte, was vorgeschrieben ist, würde man heute noch Blinddärme operieren und nicht mehr."[16]

Und doch: An die Grenzen zu gehen, bedeutet ihm alles. Nicht des eigenen Weiterkommens wegen, sondern im Sinne des Kranken. Neben der Entschlossenheit, Neues auszuprobieren, gehört für ihn daher ebenso Demut. Respekt vor dem Patienten bleibt für ihn eine Verpflichtung von innen heraus. Das Gefühl, Herr über Leben und Tod zu sein, habe er nie gehabt. „Ich hatte immer größte Achtung vor dem Leben. Vielleicht sogar zu viel. Wenn ich einen Patienten verloren habe, wenn ich möglicherweise sogar noch das Gefühl hatte, nicht ganz unschuldig am Tod zu sein, dann war das für mich etwas, das mich Wochen hindurch belastet hat. Ich war fast gelähmt über viele Tage, sodass ich mich hie und da schon gefragt habe, ob ich überhaupt gefestigt genug bin für diesen Beruf."

Diese hohen Ansprüche an sich selber wirkten sich auch auf sein Umfeld aus. Margreiter forderte nicht nur sich selbst, sondern auch die Mitarbeiter und war dabei alles andere als leise. Da musste während eines Telefongesprächs der Hörer ab und zu weit vom Ohr weg gehalten werden, wenn er so richtig in Fahrt kam. Aber das wirklich Unbequeme an Margreiter ist, dass man weiß, dass es ihm nicht um seinen eigenen Vorteil geht, sondern um das Beste für den Patienten, für den medizinischen Fortschritt oder für seine Alma Mater – die Universität. Wer nur halbwegs so tickt wie er, wird das rückblickend honorieren, auch wenn die Worte gewiss nicht immer die feinsten waren. Aber er stand nach außen immer hinter seinen Leuten, selbst wenn ein – sehr wohl zugegebener – ärztlicher Fehler zu beklagen war. Wer seiner Sache allerdings weniger Engagement entgegenbrachte, dem dürfte er einige Albträume beschert haben. „Faulheit, Dummheit und Fanatismus sind die drei Dinge, die ich am wenigsten ertrage."

Zumindest mit Disziplinlosigkeit hatte er kaum zu kämpfen. „Es braucht halt Autorität. Das bedeutet keineswegs, herumschreien oder herumdiktieren zu müssen. Eine Autorität ist man durch fachliche Kompetenz." Von Basisdemokratie im OP hält Margreiter deshalb nichts. „In Notsituationen muss einem Chef mehr einfallen als seinen Mitarbeitern. Pilot Chesley Sullenberger hat im Jänner 2009 auch nicht mit seinem Co-Piloten oder den Stewardessen herumdiskutiert. Er hat gehandelt und das Flugzeug auf dem Hudson River notgewassert."

Ihn wundert, dass man schon als streng tituliert wird, nur weil man ein Fehlverhalten kritisiert. „Perfektionismus in der Chirurgie ist das Wichtigste. Es war einfach schwer zu ertragen, wenn durch einen menschlichen Fehler einem Patienten geschadet wurde. Es darf keine Konzession ans Endergebnis gemacht werden."

„Chef" musste niemand zu ihm sagen, sehr wohl aber „Herr Professor" oder „Herr Doktor", meinte er einmal. „Ich mag mich nicht hinunterstufen lassen, aber ich habe mich auch nie auf ein Podest gestellt."[17] In der Chirurgie reiche die wissenschaftliche Kompetenz allein aber nicht aus. „Ein Fast-Nobelpreisträger nützt uns nichts, wenn er den klinischen Bereich nicht im Griff hat." Das hätten ja zuletzt die in die Schlagzeilen geratenen Behandlungsfehler an der Klinik gezeigt. Aber auch Geld allein bringe nicht den Erfolg. Als Beleg dafür führt Margreiter die reichsten Fußballvereine Europas an. „Mit Geld schießen Sie kein Tor und mit Geld können Sie sich keinen Nobelpreis kaufen."[18]

Der Heimatverbundene

Elmar Oberhauser: *Warum sind Sie nie ins Ausland gegangen?*
Raimund Margreiter: *Als Lernender hatte ich die Zeit nicht. Ich habe zwar 1974 den ganzen Sommer in den USA verbracht, vorwiegend paddelnder- und kletternderweise. Ich habe wohl die wichtigsten Transplantationszentren in den USA besucht, aber da ich selber schon an der Klinik Eigenverantwortung übernommen hatte, war es mir nie möglich, einen längeren Studienaufenthalt anzutreten. Ich musste mir alles autodidaktisch aneignen.*
Oberhauser: *Sie waren doch ein Superstar.*
Margreiter: *Wir wollen nicht übertreiben. Aber ich habe durchaus in Europa, in Amerika und auch Asien Anerkennung als Transplantationschirurg bekommen.*
Oberhauser: *Haben Sie keine Angebote bekommen?*
Margreiter: *Die haben sich in Grenzen gehalten, das war alles überschaubar.*[19]

Angebote hat Raimund Margreiter jedoch sehr wohl etliche bekommen. Nur hat keines seinen Abschied von Innsbruck und seiner Leopold-Franzens-Universität bedeutet.

In Hamburg lag er gut im Rennen. Doch die Entscheidung ging gegen ihn aus. Erst später sei ihm von einem Vertrauten in der Berufungskommission gesagt worden, dass aus Österreich negative Bemerkungen über ihn nach Hamburg gedrungen seien. „Nämlich, dass ich eine schwierige Person bin."

Ans AKH Wien hatte ihn der damalige Wissenschaftsminister Erhard Busek berufen, doch Margreiter spürte, dass er dort unerwünscht war. „Sie wollten ihren eigenen Kandidaten, jemandem aus dem Haus, den sie kannten."

Auch das Allegheny General Hospital in Pittsburgh, USA, warb um ihn. Aber an der dortigen Universitäts-

Raimund Margreiter im Wuchtwasser des Hunza.

Raimund Margreiter (links) mit Reinhold Messner in der
Nordwand der Großen Zinne in den Dolomiten.

klinik war bereits ein Transplantations-Star tätig: „Thomas Starzl, mit dem mich heute noch ein herzliches Verhältnis verbindet." Eine lokale Konkurrenz zu Starzl aufzubauen, war daher „ein wenig erbaulicher Gedanke" für Margreiter.

In Toronto, Kanada „habe ich es mir dann selber verhaut", erinnert sich der Chirurg. Nach einem dreitägigen, äußerst intensiven Anhörungsverfahren „wo man von einem zum anderen herumgereicht und befragt wurde, von sieben Uhr in der Früh bis zum Arbeitsessen spät am Abend. Da war ich bei der Abschlussbesprechung schon wirklich genervt und müde". Während der Frage eines Fakultätsmitglieds sei er dann aufgestanden und zum anderen Ende des Tisches gegangen, um sich dort Kaffee einzuschenken. „Das hat der Fragende sogleich moniert, doch ich meinte nur, ich gehörte zu der Spezies, die gehen und zuhören gleichzeitig könne. Da ging ein Ruck durch die ganze Truppe. Ich habe gespürt, dass ihnen das zu viel war, einfach zu frech." Ein Eindruck, der ihm später von Mitgliedern der Fakultät in Toronto auch bestätigt wurde. Rückblickend sei er froh. „Man konnte in Innsbruck mehr bewegen als dort."

Dass Margreiter im Innersten Tirol gar nicht verlassen wollte, wurde ihm selbst allerdings erst bei seiner Berufung nach Detroit bewusst. Die dortige Henry-Ford-Klinik hätte seine Abteilung mit 15 Milliarden Dollar Startkapital allein für die Forschung ausgestattet. Der Wunschtraum eines jeden Arztes, der sich nur für die allerbesten der Welt erfüllt. Und doch sagte Margreiter ab. „Es ging mir immer darum, ein persönliches Verhältnis zum Patienten aufzubauen und zu haben. Wenn ich bei der Visite in ein Zimmer gekommen bin, habe ich entweder den Patienten gekannt, einen seiner Verwandten oder gemeinsame Bekannte. Oder ich konnte die Herkunft des Patienten aufgrund seines Dialekts auf zehn Kilometer in Tirol zuordnen. Das hat mir unglaublich viel Spaß gemacht. Man hat – ein bissl bombastisch gesprochen – ein Verantwortungsgefühl für seine Bevölkerung entwickelt. Das wäre in Detroit unmöglich gewesen. Man kennt niemanden, das wären alle Fremde gewesen, wären immer Fremde geblieben."

Auch medizinisch hat er seine Treue zu Tirol nicht bereut. „Hier konnte ich realisieren, was in den USA, ja in der ganzen sonstigen Welt unmöglich gewesen wäre – ein Haus zu haben, in dem Herz, Lunge und alle Bauchorgane innerhalb einer Abteilung und von einem Chirurgenteam gemacht werden."

Denn als ihn schließlich Salzburg wollte, war es zu spät. In Innsbruck wurde die lange gewünschte und geforderte Abteilung geschaffen, ein Weggang war für Margreiter damit noch weniger reizvoll geworden. Der damalige Salzburger Landeshauptmann Wilfried Haslauer sen., dem er persönlich abgesagt hat, jedenfalls „war sauer und verstand nicht, dass ich ‚nicht in das schönste Bundesland' gehen wollte". Die für Margreiter so typische trockene Antwort: „Ich komme ja auch nicht gerade aus einem schiachen Bundesland."

Diesem „nicht schiachen" Bundesland kehrte Margreiter nie den Rücken, auch wenn er viele Tage im Jahr im Ausland verbrachte – auf Kongressen und Tagungen. „Einmal in der Woche war ich schon unterwegs. Das sollte man nicht unterschätzen – die ständigen Transatlantikflüge. Das hat Nerven gekostet, wenn man wieder einmal einen Anschlussflug verpasst hat. Da habe ich viele Nächte auf Flughäfen verbringen müssen."

Wie sein Vater halten es auch die beiden Söhne Margreiters. Auch sie sind Tirol verbunden geblieben. Florian Margreiter (Jahrgang 1969) ist Internist in Kolsass, Mathias Margreiter (Jahrgang 1972) – beide aus erster

Ehe Margreiters mit Hulda Schwemberger-Swarovski – ist Finanzvorstand bei Swarovski und im Beirat des Konzerns.

Der Kämpfer und Kritiker
„Die Sicherheit eines Beamten mit der Freiheit eines Künstlers – das lässt sich nicht unter einen Hut bringen."[20]

So lückenlos die Liste seiner medizinischen Leistungen auch klingt, Margreiter erinnert sich auch an dunkle Zeiten zurück. 1987 musste er auf Grund fehlender Intensivpflegemöglichkeiten das Herz- und Lungenprogramm ganz einstellen und die Transplantation der anderen Organe reduzieren. „Am Anfang war die Unterstützung – sei es von der Universität oder von der TILAK – null Komma null. Wir haben alles, einfach alles selber finanziert."[21] Erst 1993 erhielt er die lange ersehnte eigene Abteilung, und das Transplantationsprogramm wurde wieder aufgenommen bzw. hochgefahren. Dass das Land Tirol, die Universität und der Krankenanstaltenträger TILAK nicht früher das Potenzial der Transplantationschirurgie erkannt hatten, ist heute noch der „größte Schmerz" für Margreiter. „Hätte man mir die Infrastruktur nur zehn bis fünfzehn Jahre früher zur Verfügung gestellt, hätte man ungleich mehr bewegen können. Da hat man mir zehn Jahre meines Berufslebens genommen." Er sehe ja ein, dass es nicht immer leicht abzusehen sei, ob etwas eine Luftblase oder wirklich zukunftsträchtig ist. „Aber bei uns hat es schon lange gedauert. Bei einiger Weitsicht und Kompetenz wäre es zehn Jahre früher erkennbar gewesen."

Zu verdanken habe er die Abteilung letztlich vor allem dem Engagement von Nicht-Tirolern. Zum einen seien es die Vorarlberger, allen voran der damalige Chefredakteur der Vorarlberger Nachrichten, Franz Ortner, und der damalige Landesrat und spätere österreichische Rot-Kreuz-Präsident Fredy Mayer gewesen – unterstützt vom Obmann des Patientenvereins, Hans Drexel. Vor Ort hatte sich der ehemalige Landesrat Fritz Greiderer für die neue Abteilung stark gemacht. Von Bundesseite hatte derweil aber Heinz Fischer als Wissenschaftsminister die Errichtung einer universitären Abteilung von sich aus initiiert. Die Leitung wurde Margreiter aber nicht automatisch übertragen, sondern öffentlich ausgeschrieben. „Aber da setzte ich mich vor drei renommierten externen Gutachtern gegen die anderen Bewerber durch." In den letzten fünfzehn Jahren seines Berufslebens habe er dann auch jegliche Unterstützung von Universität und TILAK erfahren. „Es war am Ende ein sehr angenehmes Arbeiten und eine wunderbare Infrastruktur, die in jeder Beziehung praktisch nicht mehr verbesserbar war."

Weniger Erfolg war Margreiter in seinem Kampf gegen die Ausgliederung der Medizin aus der Stamm-Universität beschieden. Die Zeit seit der Gründung der eigenständigen Medizin-Universität bestätigt ihn im Rückblick. „Wir haben in einer Periode drei Rektoren eliminiert. Da sind wir Weltmeister. Viele verfolgen nur ihre Einzelinteressen. Und irgendwann bekommt man den Ruf, man braucht gar nicht mehr nach Innsbruck zu gehen", warnte er etwa zu seiner Emeritierung in einem TT-Interview.

Und so tritt Margreiter heute vehement für eine Wiedervereinigung der Medizinuniversität mit seiner Alma Mater, der Leopold-Franzens-Universität ein. „Damit hätten wir zudem ein Alleinstellungsmerkmal in Österreich – eine Volluniversität. Davon gibt es im Humboldt'schen Sinn nur sieben im deutschsprachigen Raum." Zudem würde die Wiederzusammenführung den Uni-Standort Innsbruck in den internationalen Rankings weit nach vorn katapultieren. „Immerhin suchen sich viele Lehrende und

Studierende ihre Universität nach den Rankings aus." Margreiter verspricht sich auch finanzielle Einsparungen durch Synergieeffekte. „Derzeit haben wir ja eine doppelte Rechtsabteilung, zwei Studienabteilungen, zwei IT-Abteilungen und zwei Telefonsysteme." Und zu guter Letzt geht es ihm um die forschungsbasierte Lehre. Die reine Medizin-Uni drohe zur Fachhochschule zu verkommen. Dass er keine Mehrheit für die Zusammenlegung hinter sich hat, kann sich der Uni-Mensch Margreiter nur mit der Angst einiger erklären, inzwischen erworbene Privilegien zu verlieren. „Ich habe das Gefühl, dass im Senat vielfach Partikularinteressen vertreten werden und nicht das Gesamtwohl der Medizinuniversität."

Dass der Ruf der Innsbrucker Medizin seit der Ausgliederung gelitten hat, liege aber nicht nur an der Uni-Trennung selbst. Ein Grund sei die „manchmal nicht gerade übermäßig geschickte Berufungspolitik". Zugleich seien tragende Säulen in Pension gegangen. Seiner Überzeugung nach ist eine Klinik aber nur so gut, wie der, der oben steht. „Die leitenden Leute sind das Kapital."[22] Doch im Gegensatz zu den USA, wo man die Besten berufen will, „weil damit alle an Bedeutung gewinnen", herrsche in Österreich die Angst, dass jemand besser sein könnte als man selbst und einen überstrahle. Zudem spielten Seilschaften häufig eine große Rolle und Ausschreibungen seien letztlich nur Alibi. Dabei sei die Berufungspolitik das Verantwortungsvollste überhaupt. „Bei Fehlern kann es lange dauern, bis es die Biologie wieder richtet."

Das größte Problem aber ortet Margreiter im „erloschenen Feuer" der Mitarbeiter. „Die Aufbruchsstimmung von den 90er-Jahren und Anfang 2000 ist verschwunden. Das ist traurig." Zu seiner Zeit hätte es für jede vakante Stelle zwischen fünfzehn und zwanzig Bewerber gegeben – von denen immer drei bis fünf „hochkompetente, engagierte junge Leute waren", so dass man sich sogar schwer tat, die richtige Wahl zu treffen. „Heute werden Stellen ausgeschrieben, und es bewirbt sich manchmal überhaupt niemand mehr. Das spiegelt schon die Stimmung innerhalb der Truppe wider." Dass daran nur ein zu niedriges Einkommen schuld sein soll, glaubt Margreiter nicht. Denn neben der Verpflichtung eines Klinikleiters, die Mitarbeiter finanziell möglichst gut zu unterstützen, habe er ihnen auch die bestmögliche Ausbildung zu gewähren und die Möglichkeit, sich klinisch wie wissenschaftlich zu profilieren. „Ich bin nicht ganz sicher, ob das heute in allen drei Punkten an allen Abteilungen erfolgt."

„Zudem ist unsere Einstellung von damals nicht mehr mit den Lebensvorstellungen der heutigen Generation vereinbar." Zu seiner Zeit – als noch zehn bis zwölf Nachtdienste im Monat normal gewesen seien – „sind wir nach einem Nachtdienst tagsüber auch noch geblieben. Heute wollen sie nur noch zwei Nachtdienste. Das geht nicht. Die Sicherheit eines Beamten mit der Freiheit eines Künstlers – das lässt sich nicht unter einen Hut bringen."

Kritik übt Margreiter auch am Gesundheitswesen in Österreich. „Wir haben kein schlechtes, aber ein höchst ineffizientes." Als er 1965 angefangen habe, seien 12.900 Ärzte in Österreich registriert gewesen, heute seien es 44.000. Dazu gebe es eine Unzahl von Spitalsbetten. „In Österreich sind es 7,1 Betten pro 1.000 Einwohner. Der EU-Schnitt liege bei etwa der Hälfte. Südtirol hat halb so viele wie Nordtirol, und die Südtiroler sind tadellos versorgt. Aber anstatt darüber zu diskutieren, Betten zu streichen, erfolgt ein lauter Aufschrei, wenn irgendwo auch nur zehn Betten eingespart werden sollen. Dabei könnten hier enorme Kosten eingespart werden, ohne dass es mit Einbußen in der Qualität der Versorgung einhergehen müsste." Die Höhe der Ausgaben im Gesundheitswesen sage nun einmal nichts über dessen Qualität aus, ebenso wenig wie die Lebenserwartung für dessen Effektivität. „Die Qualität wird heute ohnehin nicht mehr an der mittleren Lebenserwartung gemessen, sondern an der Zahl der Jahre, in denen man gesund ist. Und da liegen wir in Österreich nicht sehr gut." Die Experten im Gesundheitswesen wüssten das alles längst, aber „sie sind nicht bereit, eine entsprechende Therapie anzuwenden. Das ist für mich eine erschütternde Erkenntnis."

Natürliche Grenzen
Elmar Oberhauser: *Ist die Transplantationsmedizin schon am Ende?*
Raimund Margreiter: *Alles ist mehr oder weniger transplantierbar geworden. Außer das Hirn, denn da hat der Gesetzgeber vorgesorgt: Man darf ja nur von Hirntoten Organe entnehmen, und ein totes Gehirn zu verpflanzen, hat wenig Sinn. Aber ich gebe gerne zu, dass der eine oder andere Landsmann sogar davon profitieren könnte."*[23]

Auf dem Gebiet der Transplantationschirurgie sieht Margreiter heute keine großen Herausforderungen mehr. Alles sei praktisch schon gemacht worden. Man könnte letztlich sogar eine Ganzkörpertransplantation andenken. Technisch sei es möglich, aber wenig sinnvoll. Denn man bliebe vollständig gelähmt, weil eine Vereinigung zwischen den zentralen und peripheren Nervensystemen (noch) nicht möglich sei. „Und Eierstock und Hoden sollten nicht verpflanzt werden, weil die Erzeuger dann ja nicht der leibliche Vater bzw. die Mutter wären. Das hätte zu große juristische Konsequenzen."

Aber der medizinische Fortschritt sei ja nicht auf den Einsatz im OP beschränkt. Auch bei der Transplantation mache der operative Eingriff nur etwa 15 Prozent aus. „Das andere ist Immunologie, Infektiologie und die Logistik rundherum." Gerade im Bereich der Immunologie werde intensiv geforscht. Das Ziel ist, zum Zeitpunkt der Transplantation eine Situation zu schaffen, dass der Empfängerorganismus das Spenderorgan nicht als fremd erkennt und so keine Abwehrreaktion entwickelt. „Und das, ohne das eigene Immunsystem zu beeinträchtigen. Diese Induktion von sogenannter Immuntoleranz ist der heilige Gral der Transplantationsforschung." Auch in die Möglichkeit, tierische Organe zu verpflanzen wird viel Forschungsaufwand investiert."

Zum ewigen Leben werde die Medizin jedenfalls nie verhelfen. „Die diagnostischen Methoden werden verfeinert werden, aber alle gesundheitlichen Probleme sind nicht in den Griff zu kriegen." Zudem sei das menschliche Leben durch die Länge der Telomere, die Endstücke der Chromosomen, begrenzt. Mit jeder Zellteilung werden sie nämlich ein Stück kürzer. Wird eine gewisse Länge unterschritten, kann sich die Zelle nicht mehr teilen. Forscher hätten errechnet, dass deshalb maximal ein Alter von 118 Jahren erreicht werden könne, sagt Margreiter.

Und so gehört eben auch der Tod zum Dasein eines Arztes. Margreiter tabuisiert ihn nicht. „Es ist die vornehmste Aufgabe eines Arztes, einem Menschen zu sagen, es ist vorbei." Davor würden sich viele fürchten und drücken. „Es ist viel einfacher, dem Patienten zu sagen, da machen wir das und dann noch das, obwohl der Arzt genau weiß, dass es nichts mehr hilft. Das führt weder zur Erleichterung der Qualen noch zur Lebensverlängerung. Das ist nicht in Ordnung. Wenn man in der Gesprächsführung einigermaßen geschult ist und die entsprechende Sensitivität entwickelt hat, hat das bei den Betroffenen immer zu dankbaren Reaktionen geführt." Er wünscht

Transplantationspionier Christiaan Barnard (links) mit Stanglwirt Balthasar Hauser und Raimund Margreiter.

Theo Kelz besucht Raimund Margreiter auf einer seiner Motorradtouren, die er mit den transplantierten Händen wieder unternehmen kann.

sich einen offeneren Umgang der Gesellschaft mit dem Sterben, wobei das Thema Sterbehilfe für ihn eigentlich keines ist. „Die wichtigste Aufgabe des Arztes in der Endphase einer Erkrankung ist es, dem Patienten möglichst Schmerzen zu ersparen. Die besten Mittel dafür sind die Morphine und Morphinderivate. Und wenn sie ausreichend Morphine geben, um den Patienten schmerzfrei zu machen, ist die Lebenserwartung sehr limitiert und das ganze Problem erledigt sich von selbst. Das ist meiner Meinung nach ein in jeder Weise vertretbarer Zugang – ethisch, finanziell und auch medizinisch."

Der Abenteurer

Elmar Oberhauser: *Sie waren ein Grenzgänger in der Medizin und Sie haben Sport in der extremen Art betrieben. Ist das eine Parallele – das Ausloten der Grenzen?*

Raimund Margreiter: *Wenn man ein großes Projekt in einer Risikosportart angeht, dann muss schon eine andere Triebfeder her als das Ausloten. Man tut das für das Selbstwertgefühl. Neuland zu betreten ist etwas ganz Besonderes und gibt einem ein hohes Maß an geistiger Freiheit. Das kann geradezu anarchistische Ausmaße annehmen. Daher kommt die Bereitschaft, Risiko einzugehen.*

Oberhauser: *Der Bergsteiger und langjährige Züricher Chefarzt Oswald Ölz hat einmal gesagt, in den Bergen umzukommen sei ein sehr viel adäquaterer Tod als der im Krankenhaus, wo Menschen sterben und der Arzt nichts dagegen tun kann. Spielt das auch eine Rolle?*

Margreiter: *Diese fatalistische Einstellung der alten Bergsteiger habe ich nie geteilt. Den Tod als Bergsteiger mit 40 Jahren würde ich einem Tod im Krankenhaus mit 85 unter humanen Bedingungen sicher nicht vorziehen. Mir hat der Sport viel bedeutet, aber er war mir nicht*

das Endglied meines kleinen Fingers wert. Obwohl man nicht jedes Risiko ausschließen kann.
Oberhauser: *Waren Sie einer, der gesagt hat, das mache ich nicht, das traue ich mir nicht zu?*
Margreiter: *Ich habe mir nie Ziele gesetzt, die außerhalb meiner Reichweite waren. Ich habe sie mir sehr realistisch ausgewählt und so nie sagen müssen, das mache ich nicht. Das habe ich eigentlich nie gesagt.*[24]

Tennis, Fußball, Handball, Leichtathletik oder so ausgefallene Sportarten wie Wasserball oder Bobfahren hat Raimund Margreiter in seiner Jugend ausprobiert. Tennis und Fußball begeistern ihn nach wie vor, allerdings nur als passiver Beobachter. Er erzählt von Spielern und Spielen, Assen und Matchs der vergangenen Jahrzehnte, als sei es gerade einige Tage her. Aktiv allerdings blieb er bald nur den – wie er es nennt – „drei klassischen alpinen Sportarten" Skifahren, Bergsteigen und Wildwasserpaddeln treu. „Es sind Einzelsportarten, was für meine Begriffe mehr bringt und erzieht, weil man immer selbst die Entscheidung treffen muss. Sie spielen sich in der Natur ab und – mein Gott, ja – sie sind mit einem gewissen Risiko verbunden, was doch eine Herausforderung für mich war".

Margreiter war im Himalaya, am Mount Kenya und in den Anden. Eine Bergexpedition blieb ihm abseits eigener sportlicher Hochleistungen in besonderer Erinnerung – auch weil sie ihn später auf den Amazonas geführt hat, zur abenteuerlichsten all seiner Reisen.

Es war das Jahr 1969. Zum 100. Geburtstag der Sektion Innsbruck des Österreichischen Alpenvereins wurde eine Gesamttiroler Anden-Expedition organisiert. Die damals stärksten Bergsteiger wie Reinhold Messner, Peter Habeler, Sepp Mayerl, Helmut Wagner, Otti Wiedmann und Egon Wurm waren die Teilnehmer. „Für sie alle war es die erste Expedition". Raimund Margreiter war als Expeditionsarzt vom OeAV eingeladen worden. „Ein Glücksfall für mich", wie er sagt, denn bergsteigerisch sei er immer „nur alpine Mittelklasse" gewesen, wenn auch höhentauglich". Sepp Mayerl und Egon Wurm gelang damals in der Cordillera Huayhuash der peruanischen Anden die Erstbesteigung des über 6.600 Meter hohen Yerupaja Grande über den Südostpfeiler. Auch heute noch etwas vom Schwierigsten, was am Berg je gemacht worden ist. Und Reinhold Messner und Peter Habeler war einige Tage vorher die erste Durchsteigung der überaus gefährlichen Ostwand am selben Berg sowie später noch die Erstbesteigung des Yerupaja Chico (rund 6.100 m) über die Südflanke gelungen.

Margreiter selbst blieb in den unteren Lagern und kümmerte sich um die medizinische Versorgung. „Mayerl und Wurm hatten Erfrierungen. Diese erfolgreich zu behandeln, war auch eine Herausforderung in dieser Höhe." Dementsprechend bedankte sich auch Expeditionsteilnehmer Otti Wiedmann in einem Bericht für die OeAV-Mitteilungen: „Sechs Tage nach der geglückten Pfeilerbesteigung waren wir bereits in Lima und zwei Tage später lagen Egon und Sepp (Wurm und Mayerl, Anm.) in der Klinik; vor allem Sepps Zehen machten schnelle Genesungsfortschritte. Auch bei Egons Zehen werden sich keine großen Nachwirkungen einstellen, was ein großes Verdienst von Manni, unserem Arzt war."[25] Und so bedeutete die Expedition ein Erfolgserlebnis für ihn, selbst wenn seine sportliche Leistung dabei nicht extrem gewesen sei, sagt Margreiter heute.

„Es vermittelt ein hohes Maß an Befriedigung, wobei diese mit der Größe der Herausforderung korreliert." Angst spielt allerdings ebenso immer mit. „Angst ist ein ganz natürlicher Schutzmechanismus. Ich war immer der

Meinung, nur dumme Menschen hätten keine Angst. Agnes Baltsa hingegen meinte unlängst, dass nur Ahnungslose keine Angst haben. Sie hat Recht."

So überlegt Margreiter auch immer handelte – sowohl im Beruf als auch im Sport – manchmal hat doch ein wenig Ahnungslosigkeit mitgespielt. Das sieht er im Nachhinein zumindest für das spektakulärste seiner Abenteuer so. Es war auch jenes, das ihn seinen Grenzen am nächsten brachte: Die Befahrung des Amazonas-Oberlaufs im Jahr 1972. In vier Wochen bewältigte er damals im Wildwasserkajak 1.000 Kilometer auf dem Quellfluss Rio Nupe und dann dem Maranon, von 3.800 Metern auf 265 Meter Seehöhe. Geplant hatte er das Unternehmen eigentlich mit Ulrich Schwabe, mit dem er ein Jahr zuvor im Himalaya gepaddelt war. Doch Schwabe hatte sich dort die Malaria eingefangen. Den Plan aufgeben wollte Margreiter aber nicht. „Man darf nicht nur Ideen haben, man muss sie auch umsetzen." Der Deutsche Herbert Rittlinger hatte den Oberlauf bereits vor dem Krieg versucht, musste aufgrund der damaligen Ausrüstung nach wenigen Kilometern aufgeben. Rittlingers Schilderung in seinem Buch „Ganz allein zum Amazonas" ließ Margreiter nicht los. Der Amazonas-Oberlauf war einfach das Wildwasser, das ihn reizte. Die Suche nach einem Paddelgefährten für Margreiters Projekt scheiterte, und so erklärte sich der Bergsteiger Wolfgang Nairz bereit, ihn zu Lande zu begleiten. „Dann sind wir losgezogen: Mit dem Auto auf 3.200 Höhenmeter und dann mit zwei Trägern und einem Esel hinauf bis auf fast 4.000 Meter. Dort ist der junge Amazonas gerade einmal vier bis fünf Meter breit, einen halben Meter tief mit glasklarem grünen Wasser. So wie halt das Wildwasser bei uns." Vor ihnen lag eine Schlucht, durch die der Fluss bis auf eine Meereshöhe von 265 Metern floss. Der Großteil der Schlucht war unerforscht und auch unbegehbar, wie sich dann herausgestellt hat, weshalb Margreiter versuchte, sie am aerographischen Institut in Lima zu erkunden. „Aber auf Aufnahmen aus 1.000 bis 2.000 Metern Höhe kann man die Schwierigkeit von Wildwasser nicht beurteilen. Und das verstehe ich unter: Nur der Ahnungslose hat keine Angst."

Sie kamen nur langsam voran. Wolfgang Nairz musste als Nicht-Paddler weite Umwege in Kauf nehmen, weil die Schlucht zum Teil unbegehbar war. „Manchmal musste ich ihn mit dem Kajak durch den Fluss an die andere Uferseite ziehen, weil es auf seiner Seite nicht mehr weiterging." Nach einer Woche waren sie erst knapp 100 Kilometer gekommen. „Bei nur sechs Wochen Urlaub wären wir nie durchgekommen. Also musste ich mich von Wolfi trennen und machte allein weiter."

Margreiter zog es durch, auch wenn es ihn „an die absolute Grenze meiner physischen und psychischen Belastungsfähigkeit" brachte. Gelebt hat er von Vitamin-Tabletten, Zucker und Suppenpulver. Am Geld lag's nicht, mehr Verpflegung war im Kajak einfach nicht mitzutransportieren. Zwölf Kilogramm Körpergewicht kostete Margreiter die karge Kost in den vier Wochen. Als äußerst unangenehm stellt sich auch heraus, dass er ständig die Sonne im Gesicht hatte und von ihr geblendet wurde – „da ich ja von Süden nach Norden fuhr". Und spätestens um 17.30 Uhr musste er einen Schlafplatz gefunden haben. Die Dämmerung in Äquator-Nähe ist sehr kurz, und im Dunkeln einen Lagerplatz zu finden, sei wenig erbaulich gewesen. „Ich wusste ja nicht, wo ich mich hinlegen soll." Immer ging es auch nicht gut. „Einmal übernachtete ein Skorpion in einem meiner Paddelschuhe. Als ich am Morgen, ohne nachzuschauen, was wenig klug ist, hineinstieg, biss mich der Skorpion." 24 Stunden sei er daraufhin im Dämmerschlaf an Ort und Stelle vor sich hinvegetiert.

Bereut hat er dieses Abenteuer nicht, wenn er es so auch nicht wiederholen möchte. Das „hohe Maß an geistiger Freiheit", das er dabei erlebt habe, habe es schon gebracht. „Und in Paddlerkreisen war ich dann relativ angesehen." Das „relativ" bedeutet in diesem Fall: Der Alpine Kajak-Club AKC – der wie er sagt, „exklusivste Kajakverein überhaupt" – bot ihm die Mitgliedschaft an. „Das war für mich das höchste der Gefühle."

Ein Jahr zuvor war Margreiter mit dem Kajak am Fuß des Himalaya-8.000ers Nanga Parbat in Pakistan unterwegs gewesen. „Ich hatte bei meinem ersten Himalaya-Aufenthalt gesehen, dass es genauso schöne Flüsse wie in Tirol gibt, aber halt noch wilder." Und so war die nächste Expedition nach Asien nicht den Bergen, sondern den wilden Flüssen gewidmet. Dieses Mal war er die treibende Kraft und leitete die siebenköpfiges Tiroler Kajakexpedition[26] im Himalaya – die allererste Wildwasserexpedition am Dach der Welt überhaupt. Auf ihrem Konto stehen seither insgesamt 688 Kilometer Erstbefahrungen auf acht verschiedenen Flüssen des Himalaya und Hindukusch – unter anderem auf dem Hunza, dem Swat, dem Gilgit und dem Mittellauf des Astor. Margreiter durchquerte auf dem Indus fast das ganze Himalaya-Gebirge. „Ich drehe mich jetzt öfter um, denn bald müssten wir den Nanga Parbat sehen können. Und als wir um die nächste Biegung kommen, ragt er hinter uns auf! Deutlich hebt sich das gleißende Weiß der Diamir-Flanke[27] vom öden Braun der Indus-Wüste ab." Mit diesen Worten beschrieb Margreiter noch im selben Jahr in der Zeitschrift „Alpinismus" seine Fahrt auf dem Indus. Erst im Jahr 2008 gelang dann übrigens die Erstbefahrung auf dem Unterlauf des Astor – ebenfalls durch Tiroler.[28] Eine Leistung, die Margreiter Respekt abringt. Zu seiner Zeit wäre das paddeltechnisch noch unmöglich gewesen, meint er.[29]

Um sein Leben zu riskieren, reichen aber Tirols Wildbäche – vor allem, wenn ein wenig Leichtsinn in der Befahrungsroutine von bekannten Flüssen mitschwingt. Einmal, so erzählte er, wollte er sich trotz hohen Wasserstands das Umtragen des gefährlichen Brunauer Wehrs auf der Ötztaler Ache ersparen und fuhr weiter anstatt auszusteigen. Prompt blieb er im Rücklauf des Wehrs hängen. Margreiter entging nur knapp dem Ertrinkungstod. Der Rücklauf spuckte ihn zwar nur ungern und nach langem Zögern aber doch wieder aus.

Bei all der Begeisterung, die Margreiter heute noch dem Extremsport abgewinnen kann, den Spitzensport der Profis sieht er kritisch. „Ich glaube, er ist nicht gesund." Wenn ein Spitzensportler heute reüssieren wolle, käme er in den Bereich der Gesundheitsgefährdung. In vielen Bereichen – vor allem in den Dauersportarten – komme das Dopingproblem hinzu, denn ohne Doping gehe es heute schon nicht mehr. „Das ist dann medizinisch schwer verantwortbar." Eine Freigabe des Dopings könne zwar überlegt werden, doch nur unter strenger Kontrolle, das heißt eine genau festgelegte Menge einer genau definierten Substanz, abgestimmt auf den jeweiligen Spitzensportler. „Mag sein, dass die dann ohne größeren Dauerschaden davonkommen, aber wenn das dann von Amateuren gemacht wird, kann das schon fatale Folgen haben."

Losgelöst

„Früher war ich zu 95 Prozent fremdbestimmt. Jetzt kann ich über 95 Prozent meiner Zeit selber bestimmen."

Heute lebt Raimund Margreiter mit seiner zweiten Frau am Seefelder Plateau, fährt aber nach wie vor regelmäßig in sein Büro nach Innsbruck. Das Skalpell hat er am

30. September 2009, am Tag seiner Emeritierung, aus der Hand gelegt und „nie wieder angerührt". Und was kaum vorstellbar ist: Margreiter genießt die Pension – sprich die gewonnene Freiheit. „All das nachzuholen, unlimitiert lesen zu können, alte Sozialkontakte wieder aufzufrischen, all die Freunde wieder zu treffen und regelmäßig wandern zu gehen, das genieße ich sehr." Natürlich sind da auch noch Verpflichtungen: „Ich bin in der lokalen Ethikkommission, bemühe mich als Präsident des Absolventen-Vereins Alumn-I-Med, Freunde für die Medizinuni zu gewinnen. Ich bin strategischer Berater von zwei Universitäten im Ausland und über das Tiroler Krebsforschungsinstitut noch ein bisschen in die Forschung involviert." Kongresse besuche er nur noch, wenn er eingeladen sei – als Festredner oder zu besonderen Anlässen. „Verglichen mit früher, als ich durchschnittlich einmal in der Woche im Ausland war, sind es jetzt vielleicht drei bis fünf Meetings jährlich, zu denen ich fahre." Und jetzt bleibt auch mehr Zeit, sich wieder dem Sport zu widmen, wenn auch auf niedrigem Niveau. Er erzählt von seinem Besuch kürzlich im Camp-Nou-Stadion in Barcelona und dass er sich zuletzt auch einmal das Hahnenkamm-Rennen in Kitzbühel angeschaut habe. Von den sportlichen Leistungen dort sei er tief beeindruckt gewesen, „aber sonst ist das nicht meine Welt". Nicht das Event, nicht die Prominenz interessiert ihn, für ihn sind eben noch die Sportler im Mittelpunkt. Denn sie sind es, die die Leistung bringen.

Und nach wie vor bereitet ihm die Herausforderung Spaß, etwa von Elmar Oberhauser befragt zu werden. Und so weicht am 20. Februar im Casino die anfänglich leichte Nervosität schnell dem sicht- und hörbaren Vergnügen, es mit dem gefürchteten Interviewer aufzunehmen, und ihm auch ab und zu „eins drüberzuziehen", wie Oberhauser während des Gesprächs feststellen musste – eine ungewohnte Rolle für den langjährigen Fernseh-Mann. Margreiter hat Respekt vor Leistung, einschüchtern lässt er sich deshalb aber nicht. Vielmehr genießt er es, sich auf Augenhöhe mit jemandem auseinandersetzen zu können. Ihm diesbezüglich gerecht zu werden, ist selbst für einen Oberhauser kein Spaziergang.

So gesehen können viele aufatmen, dass er nicht in die Politik gegangen ist, so wie er es einst für seine Pensionszeit in Betracht gezogen hatte. „Ich war immer ein politischer Mensch, der alles hinterfragt hat, was im Land passiert." Obwohl das doch ein Bedürfnis „für jeden denkenden Menschen" sein müsste, fügt er hinzu. Geblieben ist es allerdings bislang bei der Unterstützung von Personenkomitees oder politische Anliegen – etwa für Heinz Fischer bei seiner zweiten Kandidatur fürs Präsidentenamt. „Da war auch Dankbarkeit dabei, weil er mich einst als Wissenschaftsminister so unterstützt hat." Auch für Christine Oppitz-Plörer setzte er sich bei der Innsbrucker Gemeinderatswahl ein. Mit der Liste Für Innsbruck sei viel Positives für die Stadt geschehen, Herwig van Staa habe aufgeräumt und auch Hilde Zach einiges bewirkt, begründet er seine Unterstützung für die Innsbrucker Bürgermeisterin im April 2012. Zuletzt machte er von sich reden, als er die Initiative für die Verankerung des Selbstbestimmungsrechts in der EU unterzeichnete. Eine Initiative der erzkonservativen Südtiroler Landtagsfraktion Süd-Tiroler Freiheit, die sich für die Loslösung von Italien ausspricht und die Wiedervereinigung von Tirol fordert. Letzteres ist seit jeher ein Anliegen Margreiters. Ein recht buntes Programm also, dem Margreiter seinen Namen lieh, und das ist auch der Grund, warum er nie selbst in den politischen Ring gestiegen ist: Es gab keine Partei, mit er sich mit 100-prozentig identifizieren konnte.

„Und Kompromisse wollte ich nie eingehen, mich vereinnahmen lassen schon gar nicht."

Auch deshalb nicht, weil er „ein gebranntes Kind" sei. Sein Vater – für Margreiter nach wie die moralische Instanz schlechthin – habe sein Leben lang bedauert, im jugendlichen Enthusiasmus der NSDAP beigetreten zu sein. „Er hat sehr darunter gelitten."

Arbeiter, Arzt, Abenteurer – all das ist Raimund Margreiter. Aber vor allem ist er eines: Mensch. Mensch, weil ihn nichts kaltlässt. Mensch, weil ihn die Neugierde immer weiter treibt. Und Mensch, weil er etwas zum Besseren verändern will.

Wichtige Ehrungen:
Fachlich
- Dr. h.c. Universität Cluj Napoca
- Korrespondierendes Mitglied der Österr. Akademie der Wissenschaften und American Society of Transplant Surgeons, Mitglied der Deutschen Akademie für Transplantation
- Ehrenmitglied: Deutsche Transplantationsgesellschaft, Deutsche Gesellschaft für Viszeralchirurgie, Österreichische Gesellschaft für Chirurgie, Schweizer Chirurgengesellschaft, Oberösterreichische Ärztegesellschaft, Österreichische Gesellschaft für Gastroenterologie und Hepatologie, Italian Society of Colo-Rectal Surgery

Öffentlich
1. Ehrenzeichen des Landes Tirol
2. Wissenschaftspreis des Landes Tirol
3. Sportehrenzeichen des Landes Tirol
4. Ehrenring der Stadt Innsbruck
5. Wenzelsadler (höchste Auszeichnung des Trentino)
6. Verdienstkreuz des Landes Vorarlberg
7. Verdienstkreuz der Gemeinde Fügen

Anmerkungen

1 TT, Starck
2 TT, 21. 2. 2010, Heisz
3 Zeitzeugen-Gespräch
4 Tiroler Tageszeitung, 21. 2. 2010, Heisz
5 TT, Starck
6 Zeitzeugen-Gespräch
7 Margreiter 2012, Haymon
8 Margreiter 2012, Haymon
9 3. Dezember 1967 in Kapstadt: Barnard setzt Louis Washkansky ein menschliches Herz ein.
10 Margreiter 2012, Haymon
11 Margreiter 2012, Haymon
12 Margreiter 2012, Haymon
13 Witting, TT, 10. 2. 2013
14 Zeitzeugen-Gespräch
15 TT, 21. 2. 2010
16 TT, 24. 9. 2009
17 TT, 21. 2. 2010
18 TT, 7. 11. 2011
19 Zeitzeugen-Gespräch
20 Zeitzeugen-Gespräch
21 TT, Starck 24. 9. 2009
22 TT, 2009
23 Zeitzeugen-Gespräch
24 Zeitzeugen-Gespräch
25 Otto Wiedmann, OeAV-Mitteilungen: zur Verfügung gestellt vom Historischen Archiv des OeAV
26 Neben Margreiter waren Hermann Flory, Horst Hupfauf, Hansjörg Moser, Klaus Juranek, Helmut Ohnmacht und Ulrich Schwabe dabei.
27 Diamir: anderer Name für Nanga Parbat
28 Bernhard Mauracher und Bernhard Steidl
29 TT, 20. 4. 2008, Starck

Die Flugrichtung
des Heiligen Geistes

Monika Lindner und eine ORF-Karriere
im Dunstkreis der Politik

Von Wolfgang Sablatnig

Die frühere ORF-Generaldirektorin Monika Lindner im Casino
Innsbruck beim Talk mit Elmar Oberhauser – „Wem sollte ich böse
sein", fragt sie nach einer Laufbahn, die sie bis an die Spitze des
Rundfunks geführt hat.

Bei einem Frühstück am Rande der Salzburger Festspiele
2006 eröffnete der damalige ORF-Finanzdirektor Alexander Wrabetz im Sommer 2006 der ORF-Generaldirektorin
Monika Lindner, dass er bei der Neuwahl der ORF-Spitze
gegen sie in den Ring steigen werde. „Wenn ich es nicht bin,
ist es ein anderer. Aber es ist ein Roter", habe Wrabetz gesagt,

erinnert sich Lindner fast sieben Jahre später.[1] Bei der Wahl im ORF-Stiftungsrat am 17. August 2006 erhielt Wrabetz 20 von 35 möglichen Stimmen, Lindner musste sich mit zwölf begnügen. Eine 40-jährige Karriere im ORF, welche die gebürtige Innsbruckerin als erste Frau an die Spitze des österreichischen Rundfunks geführt hatte, ging zu Ende.

Es war die Politik, die in diesen Sommertagen das berufliche Schicksal Lindners bestimmte. Wenige Wochen später wurde der Nationalrat neu gewählt. Und in dieser Zwischen-Zeit waren auch im Stiftungsrat des ORF plötzlich neue Mehrheiten möglich. Die „Entpolitisierung" dieses Gremiums hatte bestenfalls auf dem Papier stattgefunden – wenn überhaupt.

„Die Politik", das war auf der einen Seite die „Regenbogen-Koalition" aus SPÖ, Grünen und BZÖ, welche die Chance ergriff, der verhassten ÖVP so kurz vor der Wahl eine empfindliche Niederlage beizubringen und Lindner von der ORF-Spitze abzuwählen.

„Die Politik", das war auf der anderen Seite die ÖVP. „Wolfgang Schüssel und Willi Molterer haben es verbockt. Und sie haben sich selbst am meisten damit geschadet", sieht Lindner die Verantwortung für ihre Abwahl bei den Spitzen jener Partei, die sich damals für unangreifbar hielt.

Und natürlich war da Werner Mück. „Ich habe immer gesagt, wir bekommen die Stimmen, aber wir müssen auf den Mück verzichten", erzählt Lindner. Bei Schüssel und Molterer, beim Bundeskanzler und beim schwarzen Klubobmann, der für die ÖVP die Fäden in der Medienpolitik zog, sei sie aber nur auf taube Ohren gestoßen – „und wie sie kapiert haben, dass es wirklich am Mück liegt, war es zu spät."

Werner Mück, Jahrgang 1945, war von 2002 bis 2006 Chefredakteur des ORF-Fernsehens, zuvor war er Leiter der Wissenschaftsredaktion. Das Ende der Ära Lindner im

ORF ist eng mit Mück und dem Vorwurf politischer Einflussnahme der ÖVP auf die Berichterstattung verknüpft. Öffentlich eingeläutet hat dieses Ende vier Monate zuvor der populäre Anchorman Armin Wolf, der anlässlich der Verleihung des Robert-Hochner-Preises vor dem Bundespräsidenten und prominenten Medienleuten eine Lawine lostrat. Er kritisierte die interne Struktur in der Fernseh-Information des ORF („viel Macht in der Hand einer Person") sowie die politische Einflussnahme von außen. Vom großkoalitionären „Gleichgewicht des Schreckens" früherer Jahre sei nur mehr „der Schrecken geblieben". Lindner war bei dieser Preisverleihung nicht anwesend, was ihr Kritik vom ORF-Redakteursrat einbrachte. Sie antwortete tags darauf in einer Presseaussendung: „Wenn ein Mitarbeiter glaubt, er müsse durch öffentliche Brandreden seinem Namen Ehre machen, so ist dieses Verhalten als unangemessen zurückzuweisen."

Fünf Jahre zuvor, am 21. Dezember 2001, war in einer ähnlichen Situation Lindner die Siegerin gewesen, damals gegen ihren früheren Mentor Gerhard Weis, der als Generalintendant bei Bundeskanzler Wolfgang Schüssel in Ungnade gefallen war.

Der Journalismus und der Rundfunk – und schon gar nicht seine Spitze – waren dabei keineswegs das Ziel der Astrid Monika Heiss, die in den Nachkriegsjahren in der Innstraße in Innsbruck aufwuchs. Der Zweite Weltkrieg hatte Helmut Heiss – „Tiroler in x-ter Generation" – und die junge Schlesierin Agnes Sobota in Minsk zusammengeführt. Die beiden heirateten am Standesamt in Innsbruck, vor der Geburt des ersten Kindes wollte Agnes aber noch einmal nach Hause, zu ihren Eltern. Die Tochter kam schließlich am 25. September 1944 in Gleiwitz zur Welt.

Aus Gleiwitz stammt auch der Taufschein Monika Lindners – in polnischer und lateinischer Sprache. „Astrid Monika Heiss" hieß das Mädchen damals. Die „Astrid" allerdings war schon in der Familie selten genutzt. Später nahm sie mit „Lindner" den Namen ihres ersten Ehemanns an und benutzte diesen aus beruflichen Gründen auch nach der zweiten Heirat mit dem 2004 verstorbenen ORF-Regisseur Otto Anton Eder weiter.

Das eigentliche Ziel der jungen Frau, die nach der Matura 1963 in Richtung Wien aufbrach, war das Theater. Schon in ihrer Schulzeit am Gymnasium Sillgasse – „bei den Silldrachen" – war sie in der „Ring-Bühne" in der Innsbrucker Innstraße 107 aufgetreten. Ihre Bühnenpartner dort waren unter anderem die späteren Radiomacher Ernst Grissemann und Volkmar Parschalk. Monika Heiss als Zenaide und Helge Grundmann als Oswald hätten im gleichnamigen Einakter des Franzosen Jean Tardieu (1903–1995) „jene Gespaltenheit des Menschen in Maske und Wesen und jene Groteskkraft der Sprache" gezeigt, die auch in den anderen Stücken des Abends zum Ausdruck gekommen sei, war in der „Tiroler Tageszeitung" vom 29. Mai 1962 zu lesen.

Am Reinhardt-Seminar in Wien wollte die junge Monika Heiss die Schauspielerei lernen, doch sie kam zu spät. „In Mathematik bin ich bei der Matura zuerst durchgefallen, daher konnte ich die Aufnahmeprüfung am Reinhardt-Seminar erst im Herbst machen. Angeblich haben sie da aber nur mehr zwei Plätze frei gehabt, und die waren schon an Fixstarter vergeben, an irgendwelche Schauspielerkinder."

Astrid Monika Heiss hatte das Nachsehen. Das Angebot, es ein Jahr später noch einmal zu versuchen, musste sie ausschlagen. „Das war undenkbar. Ich hätte meinem Vater nicht sagen können, ich mach jetzt einmal ein Jahr nichts." Stattdessen inskribierte sie an der Universität Wien Philosophie, Theaterwissenschaft und Kunstgeschichte. 1969 schloss sie ab, mit einer Dissertation über „Die Pantomime im Alt-Wiener Volkstheater".

Die Politik war in dieser Zeit kein Thema für sie, beteuert Lindner. „Mein Vater wollte nicht, dass ich politisch gebrandet werde", erinnert sie sich. Fehlende Perspektiven hatten Helmut Heiss zu den Nationalsozialisten gebracht – und nach Kriegsende ins Lager. „Er hat gewusst, meinem Kind will ich das ersparen. Ich durfte nicht einmal zur Marianischen Kongregation. Der einzige Club, zu dem ich gehen durfte, war der Tennisclub."

Jahrzehnte später ging ohne Politik nichts mehr. Im Herbst 2001 war Lindner schon mehr als drei Jahre ORF-Landesintendantin in Niederösterreich. „Irgendwann hat mich der Erwin Pröll (nö.. Landeshauptmann) zu sich eingeladen und gesagt, du, es kann sein, dass dich der Schüssel fragt, ob du nach Wien gehen willst. Und da habe ich etwas nicht gemacht, was Frauen in so einer Situation gerne machen. Ich habe nicht gesagt, ich weiß nicht, ob ich das kann. Ich habe gesagt, wenn er mich fragt, dann sage ich Ja. Mit großem Respekt und Demut, aber ich sage Ja."

Doch erst knapp vor der Wahl im ORF-Stiftungsrat kam der Anruf Schüssels tatsächlich. „Ich habe Ja gesagt. Und am nächsten Tag wurde ich über Hintertreppen ins Bundeskanzleramt eingeschleust. Damit mich ja niemand sieht, sonst wäre das gleich in der Zeitung gestanden."

Am 14. Dezember 2001 wurde Lindner offiziell für den Posten an der Spitze des ORF nominiert. Eine Woche später tagte der Stiftungsrat. Für Lindner waren es hektische Tage: „Ich habe versucht, alle Stiftungsräte zu besuchen. Ich bin mit Vollgas dahinter gewesen, weil verlieren wollte ich nur ungern."

Auch führende Politiker standen auf Lindners Besuchsliste. Auch sie mussten überzeugt werden, trotz des neuen Mediengesetzes, das eine „Entpolitisierung" des ORF zum

Ziel hatte. Besonders wichtig war der Besuch bei Susanne Riess-Passer, Vizekanzlerin und auf dem Papier Obfrau der FPÖ. Denn Jörg Haider, der bei den Freiheitlichen immer noch die Fäden zog, stand auf der Seite von Lindners schärfstem Konkurrenten Gerhard Weis.

Gerhard Weis, Jahrgang 1938, hatte als Printjournalist begonnen, später aber im ORF Karriere gemacht. 1992 wurde er Wiener Landesintendant, 1994 Hörfunkintendant und 1997 zudem Generalsekretär des ORF. 1998 folgte er Gerhard Zeiler als Generalintendant – trotz bürgerlicher Herkunft und Vita gegen die Stimmen der ÖVP-nahen Kuratoren. 2001 hatte er die ÖVP wieder gegen sich, dieses Mal vor allem wegen seiner Kritik am damals neuen ORF-Gesetz, im Zuge dessen auch aus dem „Generalintendanten" ein „GeneralDIREKTOR" – oder vielmehr eine Generaldirektorin – geworden war.

„Ich habe einen Anruf von Gerhard Weis bekommen", erinnert sie sich. „Er hat gesagt: ‚Du musst zurückziehen. Ich habe die Stimmen, ich habe die Mehrheit.' Ich habe nur gesagt: ‚Warten wir's ab.'"

Gerhard Weis galt als Mentor Monika Lindners. 1979, als der legendäre ORF-Chef Gerd Bacher Lindner mit der Leitung der ORF-Pressestelle betraute, war Weis Pressesprecher des Rundfunks. Ihr sei diese Arbeitsteilung nur recht gewesen, so Lindner: „Pressesprecher war eine sehr politische Tätigkeit. Ich habe mich aber lieber mit dem Programm beschäftigt." Dieses Programm habe sie bis ins Detail kennen müssen: „Aufgabe der Pressestelle war es, das Programm des ORF zu vermarkten und für die Printjournalisten da zu sein. Das Programm muss man im kleinen Finger haben, wenn man den Kollegen bei den Zeitungen etwas bieten will, was sie schreiben können." Später übersiedelte Lindner in den Stab des „Tigers", wie der langjährige und mehrfache ORF-Chef genannt wird.

Gerd Bacher, Jahrgang 1925, kam 1967 erstmals an die Spitze des ORF. Zuvor hatte das Rundfunk-Volksbegehren die Basis für die Unabhängigkeit des Unternehmens gelegt. Die erste Amtszeit endete 1974. 1978 bis 1986 und 1990 bis 1994 kehrte Bacher noch zwei Mal als Generalintendant in den ORF zurück. Anfang der 2000er-Jahre gehörte er einem „Weisenrat" an, der für die Regierung Schüssel Vorschläge für die ORF-Reform 2001 lieferte. Vor der Generaldirektoren-Wahl 2006 mobilisierte er für seinen früheren Mitarbeiter Wolfgang Lorenz und damit gegen Monika Lindner. Die Abwahl Lindners hielt er auch ein Jahr später noch für richtig.

Lindner stieß in der zweiten Periode zu Bachers Team. „Gerd Bacher hat den ORF geprägt wie kein anderer. Er ist eine Ikone dieses Unternehmens und wird das immer bleiben", zollt Lindner ihrem damaligen Chef noch Jahrzehnte später Respekt. Manchmal freilich habe sie seinen Führungsstil richtiggehend gehasst: „Wer beim Bacher einen Fehler gemacht hat, tat gut daran, sich zu ducken. Er war oft kleinlich und ist gleich in die Luft gegangen, wenn etwas schiefgelaufen ist. Er war sehr ungnädig und hat uns immer gleich hinausgeworfen. Am nächsten Tag hat er dann gesagt, dass alles nicht so gemeint war."

Im Sommer 1986 musste Bacher das Chefbüro im ORF räumen – die politische Mehrheit war gegen ihn. Neuer Generalintendant wurde Teddy Podgorski. Lindner und ihr Chef Weis blieben. Sie hätte auch gar nicht gewusst, wohin sie sonst gehen sollte, bekennt sie im Rückblick: „Es hat damals noch kein Privatfernsehen gegeben. Wenn du dich einmal für den Rundfunk entschieden hattest, hattest du wenig Chancen, woanders als beim ORF zu arbeiten."

Mit der Rückkehr Bachers vier Jahre später war Linders Stabsfunktion dann aber zu Ende. „Bacher war bös' auf uns (Weis und Lindner, Anm.). Er hielt uns vor, wir hätten das Unternehmen verlassen und ihm die Treue halten müssen." Was folgte, war laut Lindner eine „Strafaktion": Weis wurde Landesintendant in Wien, ihre eigene Zukunft war zunächst unklar. Bachers neuer Stabschef Wolfgang Lorenz habe ihr jedenfalls unmissverständlich klargemacht, dass der „Tiger" keine Verwendung mehr für sie hatte: „Du bist angepatzt. Was wir mit dir machen, wissen wir noch nicht. Aber du wirst verstehen, dass du keine Sekretärin mehr brauchen wirst." Nach einem Urlaub sei dann auch der Schreibtisch weg gewesen.

Informationsintendant Johannes Kunz bot Lindner schließlich an, die Leitung der Servicesendung „Wir" zu übernehmen. „,Wir' war damals sehr beschädigt. Aber ich habe trotzdem Ja gesagt, weil es für mich eine Chance war, ins Programm zurückzukehren. Das war ein Hinauswurf, der mir viel Freude gemacht hat." Und noch etwas hält Lindner für bemerkenswert: „Ich bin immer nur bei den Roten etwas geworden, obwohl ich dort gar nicht sehr zugehörig bin."

1994 war dann sogar Bacher endgültig Geschichte im ORF. Generalintendant wurde Gerhard Zeiler.

Gerhard Zeiler (Jahrgang 1955) war ab 1979 Pressesprecher von Unterrichtsminister Fred Sinowatz und wechselte mit diesem 1983 auch ins Kanzleramt. Dort arbeitete er zunächst auch noch für Sinowatz' Nachfolger Franz Vranitzky, bevor er im November 1986 unter Generalintendant Teddy Podgorski als Generalsekretär in den ORF wechselte. 1990 wurde Zeiler zunächst Geschäftsführer des deutschen Privatsenders Tele 5, 1991 wechselte er zum damals neuen RTL II. 1994 kehrte Zeiler als Generalintendant in den ORF zurück, den er 1998 – begleitet von Kritik an den politischen Rahmenbedingungen für den Rundfunk in Österreich – in Richtung des RTL-Konzerns verließ. Im April 2012 wurde Zeiler Präsident von CNN/Turner Broadcasting System

International. 2011 hatte er mit einer Kandidatur für die Position des ORF-Generaldirektors geliebäugelt, diese aber letztlich verworfen. Seine Absage begründete er im „profil" vom 6. Juni 2011, wiederum mit beißender Kritik am Zugriff der Parteien auf den ORF: „Ich habe schon nach wenigen Gesprächen erkannt, dass es bei der Frage, wer der nächste ORF-Generaldirektor werden soll, wesentlichen Teilen der Politik nicht darum geht, wer das Unternehmen am besten führen kann, sondern wer willfährig parteipolitische Personalwünsche umsetzt."

Für Monika Lindner hatte der neue Chef den nächsten Auftrag parat. „Eines Tages hat mich Zeiler geholt und gesagt, er braucht eine Sendung am Nachmittag, wo alles drinnen ist an Service, Information und Unterhaltung. Er hat mich gefragt, ob ich mir das zutraue. Ich habe Ja gesagt und das Konzept für ‚Willkommen Österreich' gemacht."

„Willkommen Österreich" war von 1995 bis 2007 Fixpunkt im ORF-Vorabendprogramm. Im April 2007 wurde es von „Heute in Österreich" abgelöst.

Zeiler sei es auch gewesen, der sie erstmals mit dem Landesstudio St. Pölten in Verbindung gebracht habe. Die Achse Lindners zum niederösterreichischen Landeshauptmann Erwin Pröll galt später als eine der engsten der Republik. Am Anfang habe Pröll sie aber abgelehnt, erzählt Lindner.

Zeiler habe sie jedenfalls gefragt, ob sie als Nachfolgerin des langjährigen Intendanten Paul Twaroch das Landesstudio in St. Pölten übernehmen wolle. Anfangs sei sie skeptisch gewesen: „Ich habe gesagt, das kann ich mir nicht vorstellen. Niederösterreich ist ein erzkonservatives Land. Aber er hat gemeint, das könnte ich schon. Er müsse es nur rechtzeitig einfädeln, bevor die in Niederösterreich eigene Ideen entwickeln. Also habe ich zugesagt."

Probenpause in der „Ring-Bühne" im Mai 1962: Monika Heiss
(2. v. l.) mit u. a. Volkmar Parschalk (3. v. l.), Ernst Grissemann
(5. v. l.) und Bühnenbildnerin Erika Wurscher (r.).

Als Frau in der Männerdomäne: Monika Lindner mit u. a.
Ehemann Otto Anton Eder (r. neben Lindner) und Fernsehmacher
Ernst Wolfram Marboe.

Der Weg nach St. Pölten war aber noch weit. Lindner: „Viele haben gegen mich intrigiert, das war nicht unflott. Da habe ich mir gedacht, egal, Chefin von ‚Willkommen Österreich' ist auch schön." Vor allem aber habe Pröll sie nach wie vor abgelehnt, und ohne Zustimmung des Landeshauptmannes konnte und kann ein Landesintendant bzw. nunmehr ein Landesdirektor nicht gekürt werden. Das habe Zeiler schließlich eingesehen: „Der Pröll sagt jedes Mal Nein, wenn ich Sie vorschlage. Er sagt, Sie seien eine Powerfrau und machen was Sie wollen – und das mag er nicht."

Über Vermittlung der damaligen ÖVP-Generalsekretärin Maria Rauch-Kallat hat Lindner Erwin Pröll dann doch einmal getroffen. „Da war schon alles entschieden. Ich habe mir gedacht, es geht um nichts mehr, da kann man zumindest ein nettes Mittagessen haben."

Dennoch: Dieses Essen habe die Stimmung gedreht. „Der Pröll erzählt heute noch gern, dass er danach seinen engsten Mitarbeiter angerufen und ihm gesagt hat, er sei der schlimmsten Intrige aufgesessen: Rufen S' den Zeiler an und sagen Sie ihm, ich will jetzt die Lindner."

Zeiler überließ es aber seinem Nachfolger Gerhard Weis, das Studio Niederösterreich neu zu besetzen. Ende Oktober 1998 übernahm Monika Lindner als erste Frau die Führung eines ORF-Landesstudios. Sie war damit verantwortlich für das regionale Radioprogramm des ORF und vor allem das tägliche „Niederösterreich heute". Kein Landeshauptmann ist in den Bundesland-Nachrichten so oft im Bild wie Erwin Pröll, lautet eine oft gehörte Kritik, die von der Medienbeobachtung durch Zahlen gestützt wird.

Lindner versucht die hohe Präsenz Prölls mit dessen Stil und Arbeitsweise zu erklären: Pröll sei einmal ein „sehr fleißiger Landeshauptmann" und trete als solcher bei sehr vielen Terminen quer durchs ganze Land persönlich auf.

Große und kleine Anliegen der Bürger würden sofort von seinen Mitarbeitern notiert und dann auch weiterverfolgt. Wenn nun aber der Landeshauptmann bei einer Veranstaltung anwesend sei – was solle der TV-Redakteur dann bitteschön machen, fragt sie. Solle er zum Landeshauptmann sagen, gehen Sie bitte aus dem Bild, Sie waren heute schon auf Sendung?

Doch auch wenn Pröll sich „die Lindner" gewünscht hat – die zwei mussten sich erst zusammenraufen. Anlass für die erste große Auseinandersetzung war ein Interview mit dem damaligen Innenminister Karl Schlögl – ein „Intimfeind" Prölls, wie die damalige Landesintendantin anmerkt.

Der Sozialdemokrat Karl Schlögl (Jahrgang 1955) war von 1997 bis Anfang 2000 Innenminister. Begonnen hat seine Karriere in Purkersdorf, einer Stadtgemeinde im Wiener Speckgürtel. Dort war er seit 1989 Bürgermeister, ein Amt, das er seit seinem Ausscheiden aus der Bundesregierung wieder innehat. 1998 bis 2001 war Schlögl auch Landesvorsitzender der SPÖ Niederösterreich. Anfang 2000 galt er als Kandidat für die Nachfolge des als SPÖ-Bundesvorsitzender gescheiterten Viktor Klima.

Nach der Geschichte über Schlögl „wurden wir geächtet vom Landeshauptmann und der Landesregierung", schildert Lindner. „Wir haben einen Rüffel bekommen, was uns einfällt, den Schlögl zu interviewen und in Niederösterreich eine Geschichte über ihn zu machen." Das Argument, dass Schlögl immerhin Innenminister sei, hätten Pröll und seine Mitarbeiter nicht gelten lassen. Und als sie dann noch angemerkt habe, dass das Landesstudio auch ohne Hilfe des Landeshauptmannes genug Geschichten für seine Nachrichten finde, sei überhaupt Feuer am Dach gewesen. „Wir sind zu keiner Pressekonferenz und keiner Veranstaltung mehr eingeladen worden. Es herrschte Eiszeit."

Eines Tages hat Pröll Lindner und ihren Chefredakteur dann zu sich bestellt – „zum Rapport". Der Chefredakteur war krank, die Intendantin kam allein: „Wir hatten eine lange Aussprache unter vier Augen, wo ich versucht habe, dem Landeshauptmann klarzumachen, dass ich die Flugrichtung des Heiligen Geistes in Niederösterreich schon kenne, dass ich aber auch dem Rundfunkgesetz und damit der objektiven Berichterstattung verpflichtet bin. Es war ein langes Gespräch, sehr ernsthaft. Und seit damals habe ich keine Probleme mehr gehabt."

2001 war es dann Pröll, der namens der ÖVP-Spitze bei Lindner vorfühlte, ob sie sich vorstellen könnte, Generaldirektorin des ORF zu werden.

27 Jahre war Lindner zu diesem Zeitpunkt im ORF. Eingestiegen war sie 1974, sie hatte eine solide journalistische und Fernseh-Ausbildung hinter sich. Nach dem Abschluss ihres Studiums hatte sie 1969 bei der „Fernsehfilmproduktion Dr. Heinz Scheiderbauer" angeheuert. Dort traf sie auf Hellmut Andics, mit dem sie in den folgenden fünf Jahren eine „sehr lange und fruchtbare Chef-Beziehung" verbinden sollte.

Hellmut Andics (1922–1998) war Journalist, Schriftsteller und Drehbuchautor. Einem breiten Publikum wurde der gebürtige Wiener durch die Fernsehserien „Alles Leben ist Chemie", „Ringstraßenpalais" und „Der Salzbaron" bekannt. Einen Namen machte er sich auch als Sachbuchautor, immer mit Blick auf die österreichische Geschichte. Andics schrieb auch für renommierte Medien wie die „Presse", den „Kurier" oder den „Stern". 1982 bis 1986 war er ORF-Landesintendant im Burgenland. „In den siebziger Jahren war Andics einer der Lieblingsjournalisten von Bruno Kreisky und hat dort zu jeder Tages- und Nachtzeit ein Interview bekommen", erinnert sich Lindner.

Auch ihr erster Kontakt zu Andics ist ihr noch gegenwärtig. „Ich werde nie vergessen, wie ich dem Hellmut Andics vorgestellt wurde. Er hat mich angeschaut und gesagt: ‚Aus Tirol kommen Sie? Dann sind Sie eine Schwarze und eine Antisemitin.' Dann hat er mir den ‚Anderl von Rinn' vorgehalten und mir noch erklärt, dass der Andreas Hofer nur ein Held werden konnte, weil er besoffen war. Ich dachte, das kann ja heiter werden."

Die antijüdische Legende um das „Anderl von Rinn" und seine angebliche Ermordung durch jüdische Kaufleute geht auf das Jahr 1642 zurück. 1753 wurde der Kult um den „Märtyrer" Anderl vom Vatikan anerkannt. Die alljährlichen offiziellen Wallfahrten zum „Judenstein" fanden erst 1994 mit dem endgültigen Verbot durch Bischof Reinhold Stecher ein Ende.

Lindner war 1963 aus Innsbruck zum Studium nach Wien gekommen. Vorurteile wie die des Hellmut Andics hat sie sonst nie erlebt. Anfangs untergebracht bei einer Freundin ihrer Mutter, hatte sie auch familiären Anschluss. Und dennoch war Wien eine andere Welt – eine Großstadt eben, und zwar nicht irgendeine: „Es war sehr prägend für mich, wie ich einmal in Wien am Heldenplatz gestanden bin. Da ist mir – aus der Enge der Kleinstadt kommend – bewusst geworden, was Wien einmal war, was die österreichisch-ungarische Monarchie einmal war."

Die Studentin der Theaterwissenschaft genoss auch das kulturelle Angebot. Als wirklich gravierenden Bruch hat sie aber ein Auslandssemester in Köln in Erinnerung, 1965: „Ich bin mir vorgekommen wie auf einem anderen Stern. Ich habe in Köln den Aufbruch der 68er miterlebt. Und ohne, dass ich es wusste, war ich mitten drinnen in so einer Zelle. Mit meiner Tiroler Naivität habe ich mir nur gedacht, was wollen die. Später habe ich den Kontakt zu dieser Gruppe verloren."

Wie eng Innsbruck sein konnte, hatte Lindner als kleines Mädchen erleben müssen. Eigentlich sollte sie zu den Ursulinen in die Volksschule gehen. Bei der Anmeldung hat sich allerdings herausgestellt, dass die Eltern nicht kirchlich geheiratet hatten – also war die kleine Astrid für die geistlichen Schwestern ein lediges Kind, und ein solches wollten sie nicht.

Jahrzehnte später kann Monika Lindner über diese Episode schmunzeln: „Trotzdem hat sich eine Schule gefunden. Ich war dann in Mariahilf, die waren da nicht so heikel." In ihrer Kindheit war die Angelegenheit noch bitterer Ernst. Der Vater ohne Bekenntnis, ohne kirchliche Heirat, im Innsbruck der Nachkriegszeit ein Tabubruch: „Ich glaube, dass Religion in meiner Jugend in Tirol noch eine wesentlich größere Rolle gespielt hat als heute." Eine Deutschprofessorin habe ihr später einmal gesteckt, was auf dem Schüler-Stammblatt über Astrid Monika Heiss zu lesen war: Sie sei ein frommes Kind, und trotz des Vaters wieder zurückgekehrt in den Schoß der Kirche.

Zurück ins Jahr 1969. Lindner wurde Assistentin bei Andics, trotz des Anderl von Rinn. Der zwölfteiligen Produktion „Das österreichische Jahrhundert" folgte eine Serie über die Bundesländer – und damit als besondere Herausforderung auch ein Dreh der Heimat Tirol. Vor allem das obligate ausführliche Interview mit dem Landeshauptmann drohte im Eklat zu enden. Andics – „eitel, sehr eitel" – wollte überall entsprechend begrüßt werden. „Also bin ich voraus wie der gestiefelte Kater und habe ihn angekündigt", schildert Lindner. Doch ausgerechnet bei Eduard Wallnöfer passierte es: „Wir haben Audienz gehabt beim Wallnöfer im Büro. Wir kommen hinein, Wallnöfer legt den Kopf zur Seite: ‚Ja grüß' Ihnen, Herr Andrics'."

Andics habe es gehasst, mit dem viel berühmteren jugoslawischen Schriftsteller und Literaturnobelpreisträger Ivo Andrics verwechselt zu werden. Wallnöfer hatte sich aber auf den falschen Namen eingeschossen – für Lindner eine glatte Katastrophe: „Der Andics ist immer zwischen blass und rot und zornig gewechselt. Das wird nicht ohne Folgen bleiben, fürchtete ich, das wird ein furchtbarer Film über Tirol – und ich wird' nicht mehr heimkommen können."

Lindner hatte aber Glück. Tags darauf stand ein Dreh auf Wallnöfers Hof in Barwies am Mieminger Plateau auf dem Programm. „Walli" habe die Verstimmung seines Interviewpartners bemerkt. Und in einer Drehpause wegen eines technischen Problems habe er sie dann zur Seite genommen: „Frau Doktor, wer ist eigentlich der Herr Andrics?"

Monika Lindner nutzte die Gunst der Stunde und gab dem Landeshauptmann einen Schnellsiedekurs, „ich hab' den Wallnöfer richtig indoktriniert". Mit Erfolg: „Wallnöfer hat zugehört, immer den Kopf auf die Seite gelegt. Dann war der Dreh vorbei und er hat uns auf eine Jause eingeladen. Und wie wir in der Stube sitzen, legte der Wallnöfer los: „Ja sagen Sie, Herr Andics, wie machen Sie denn das? So ein vielbeschäftigter Mann wie Sie, diese Bücher, diese Filme? Wallnöfer hat alles abgeliefert, was ich ihm gesagt habe. Und der Andics ist aufgegangen wie ein Krapfen. Der Film war schließlich liebenswürdigst, eine Ode an Tirol."

Für Monika Lindner waren die Jahre mit dem prominenten Journalisten äußerst produktiv. „Alles, was ich konnte, habe ich bei ihm gelernt." 1974 war diese Zeit aber zu Ende. Andics ging zum „Stern" – und bot seiner Mitarbeiterin an, mitzukommen. Die lehnte aber ab, sie sei eine Fernseh- und keine Printjournalistin. „Da hat er mich verwundert angeschaut, so nach dem Motto ‚Was glaubt denn die eigentlich?'"

Dennoch hat ihr Andics den Weg in den ORF geebnet. „Er hat zur Clique mit den damaligen Kapazundern Gerd Bacher und Hugo Portisch gehört. Er hat dann den Bacher angerufen und hat gesagt: ‚Meine Assistentin hat einen Vogel. Die glaubt, sie kann das allein. Könnte man die nicht ein paar Leuten im ORF vorstellen?'"

Alfred Payrleitner, Chef des damaligen Politik-Magazins „Querschnitte" hatte Platz für die Mitarbeiterin von Hellmut Andics. Ihre erste Recherche führte sie nach Linz, zu einem umstrittenen Bauprojekt. Lindner lächelt: „Später bin ich draufgekommen, warum ich diese Geschichte bekommen habe: Aus der Redaktion wollte das keiner machen."

In den kommenden Jahren lernte Lindner das Los einer freien Mitarbeiterin kennen. „Ich habe immer schauen müssen, dass ich Arbeit habe." Von Beitrag zu Beitrag, von Dokumentation zu Dokumentation, oft mit übellaunigen Kamerateams. 1979 war sie als Redakteurin mit dabei, als der damalige Fernsehintendant Ernst Wolfram Marboe die Hilfsaktion „Licht ins Dunkel" nach mehreren Jahren im Radio auch auf den Bildschirm brachte. Die Sendung war live, mit jeder Menge Überraschungen. „Marboe hat übersehen, dass der Aufwand im Fernsehen viel größer war als im Radio. Wir haben sechs Stunden live gesendet und unsere Sendezeit hoffnungslos überzogen. Den Otto Schenk habe ich heimschicken müssen, ohne dass er auf Sendung war. Wir hatten einfach keine Zeit mehr für ihn."

Ist Fernsehen heute anders als damals? War es früher einfacher, konnte mehr improvisiert werden? Lindner zögert: „Es war früher – viel früher – sicher viel großzügiger. Du hattest für eine Dokumentation mehr Drehtage, es wurde akzeptiert, dass du für Recherchen länger brauchst.

Zeit und Geld sind immer knapper geworden, und der Druck immer größer."

Und die Politik? Hat die im Rundfunk schon immer mitgemischt? „Mich haben sie immer weitgehend in Ruhe gelassen", beteuert Lindner. Alfred Gusenbauer (*SPÖ-Chef 2000 bis 2008, Bundeskanzler 2007 bis 2008*) habe sich ab und an beschwert, auch Peter Westenthaler (*FPÖ-Klubobmann 2000 bis 2002, BZÖ-Spitzenkandidat 2006*).

Aber ÖVP-Klubchef Molterer, der Mann mit dem legendär gewordenen „Moltofon", dem Sinnbild für die Standleitung zwischen Politik und ORF? „Der Molterer ist nie an mich herangetreten. Der hat ganz sicher den Mück angerufen. Und wie ich den Mück gestellt habe, hat der das bestritten. Ich bin aber überzeugt, dass es da eine ganz enge Kommunikation gab."

Als Generaldirektorin sei sie aber auch gar nicht die richtige Ansprechpartnerin für politische Interventionen im ORF gewesen, meint Lindner. „Der politische Einfluss findet auf der mittleren Ebene statt, auf der Ebene der leitenden Redakteure, Chefredakteure und Chefs vom Dienst, dort, wo über die Inhalte entschieden wird. Die Spitze bekommt das nur selten mit. Und wenn du dann anrufst und sagst, etwas sei merkwürdig, kommt als Antwort: ‚Geben Sie mir eine Weisung!'" Eine Weisung – erst recht eine schriftliche – könnte der betreffende Chefredakteur oder Chef vom Dienst als Beleg für einen Eingriff in die redaktionelle Unabhängigkeit verwenden. Lindner sieht diese Situation aus der Sicht der Chefin: „Im Schutz des Redakteursstatuts können hier letztlich alle machen, was sie wollen. Und wenn du als Chef etwas sagst, steht es am nächsten Tag in der Zeitung."

Interventionen seitens der Politik seien allerdings nicht neu – es hat sie immer gegeben, und es wird sie immer geben. Die frühere ORF-Chefin führt diesen Umstand auf

Fernseh-Prominenz: Monika Lindner mit ihrem zweiten Ehemann Otto Anton Eder (r.) und TV-Legende Alfred Biolek.

2003: Monika Lindner und der Revierjäger mit einem kapitalen Hirsch in Donnersbachwald, Steiermark.

die speziellen Strukturen des Landes zurück: „Österreich ist ein kleines Land, die Leute lernen einander kennen, in der Hochschülerschaft, in Verbindungen, irgendwo. Und wenn sie dann Karriere gemacht haben, ruft der eine den anderen an und bittet um einen Gefallen."

Die unumgänglichen Netzwerke also. Als „sehr gut vernetzt" beschreibt Lindner auch ihren ersten Chef in Wien, den Filmproduzenten Scheiderbauer. Hat sich diese Kontaktpflege in den vergangenen Jahrzehnten verändert? „Ein richtiges Netzwerk zu knüpfen, das hat für mich erst begonnen, als ich in Niederösterreich war", erzählt Lindner – und umso mehr, als sie später zur ORF-Generaldirektorin aufstieg. Dennoch habe sie nie bewusst ein Netzwerk geschmiedet, sondern einfach versucht, Freundschaften zu knüpfen.

Deren Wert habe sie dann nach dem Abgang vom ORF einschätzen können. Etliche Einladungen seien dann zwar wieder ausgeblieben. „Auf den Einladungslisten steht die Funktion, und der Name dahinter ist austauschbar. Das darf dich nicht kränken. Manche Freunde bleiben dir aber. Und ich kann sagen, mir sind relativ viele geblieben."

Und die Jagd als Netzwerk-Faktor? Lindner ist begeisterte Jägerin, und ja, „bis zu einem gewissen Grad" sei die Jagd ein Faktor. „Aber die ganzen Geschichten, ich mach' das alles nur wegen Raiffeisen, das sind Märchen", betont sie. Ihre persönliche Jagdgeschichte beginne vielmehr mit dem Haus in Gutenstein in den niederösterreichischen Voralpen, das sie mit ihrem zweiten Ehemann Otto Anton Eder erworben hat. „Das Haus ist mitten im Wald, da gibt es alle möglichen Geräusche und Tiere" – und mit denen habe sie sich vertraut machen wollen.

1996 absolvierte Lindner die Jagdprüfung – vorerst noch ohne die Absicht, auch wirklich auf die Pirsch zu gehen, wie sie versichert. Inzwischen ist die Jagd aber zu einer echten Liebe geworden. Als Mitpächterin eines Reviers auf der Rax in Niederösterreich kann sie Jagdeinladungen auch erwidern. Und stolz erzählt die frühere ORF-Chefin, dass sie auch schon so manchen kapitalen Hirsch erlegt hat.

Im Dezember 2001 hatte Monika Lindner mit der Wahl zur ORF-Generaldirektorin den Höhepunkt ihrer Karriere erreicht. „Wir haben ein wirklich ordentliches Programm gemacht", sagt Lindner im Rückblick auf ihre fünf Jahre an der Spitze der „größten Medienorgel des Landes". Am Ende zählte aber nicht das Programm, sondern die Politik. Lindner, Fernseh-Chefredakteur Mück und der ganze ORF wurden in diesen Jahren nie den Ruf los, am Gängelband der ÖVP zu hängen. Bei der Neuwahl der ORF-Spitze im Sommer 2006 hatte Lindner dann sogar das BZÖ, den Koalitionspartner der ÖVP in der Bundesregierung, gegen sich.

Monika Lindner sieht die Verantwortung für diese Entwicklung bei Mück und der ÖVP, auch wenn sie selber Mück für diesen Posten ausgesucht habe. Sie habe sich für ihn entschieden, nicht aus Sympathie, sondern weil sie ihm zugetraut habe, den Aktuellen Dienst im Fernsehen mit seiner großen Ansammlung von „Individualisten" zu führen.

In der Nachbetrachtung räumt sie ein, dass viele Vorwürfe gegen Mück berechtigt gewesen seien. Die ÖVP-Führung sei aber lange – zu lange – nicht bereit gewesen, auf ihn zu verzichten. „Ich habe sowohl dem Bundeskanzler (Schüssel) als auch dem Vizekanzler (Molterer) gesagt, dass wir den Mück nicht halten können. Andere sind ebenfalls gelaufen, um sie von diesem sturen Standpunkt abzubringen. Aber da waren taube Ohren. Und wie sie dann kapiert haben, dass es wirklich am Mück liegt und sie vielleicht bereit gewesen wären, auf ihn zu verzichten, war es zu spät. Das war aber auch drei Tage vor der Wahl."

Neuer Generaldirektor wurde am 17. August 2006 Alexander Wrabetz, zuvor kaufmännischer Direktor und enger Mitarbeiter Lindners. „Ich war immer überzeugt, dass er einmal mein Nachfolger wird, aber fünf Jahre später (also nach einer weiteren Periode Lindners, Anm.). Ich habe ihm das schon zugetraut."

Fünf Jahre später hat sich Lindner dann noch einmal in Sachen ORF starkgemacht. 2011 stand die Neuwahl des Generaldirektors vor der Tür. Und als Kandidat war plötzlich Gerhard Zeiler im Rennen. Zuerst sei sie überrascht gewesen, dass Zeiler tatsächlich seiner internationalen Karriere den Rücken kehren und nach Österreich zurückkommen wollte. Er habe aber versichert, dass er wirklich an die Spitze des ORF zurückwolle, also habe sie angeboten, bei den Stiftungsräten für ihn Stimmung zu machen: „Ich bin wirklich gelaufen, überall. Ich habe angeboten, dass ich die Stimmen der Schwarzen bringe, ich wollte mit den Blauen reden. Und ich war ziemlich weit."

Letztlich sagte Zeiler aber ab, gescheitert an seiner eigenen Partei, der SPÖ – oder, wie Lindner es schildert, zum Schutz der SPÖ: „Zeiler war damals in Lans auf Kur. Er hat mich angerufen und gesagt: ‚Ich weiß, dass ich Sie enttäusche. Aber wenn ich antrete, zerreißt es die Partei.'" Denn Zeiler hätte mit den Stimmen einiger SPÖ-naher Stiftungsräte rechnen können. Parteichef Werner Faymann habe aber unbedingt Wrabetz verlängern wollen. Lindner sieht die Verantwortung wieder bei einem Bundeskanzler: „Faymann wollte Zeiler nicht. Er hat Angst gehabt, er züchtet sich da einen Nachfolger. Ich habe mir halt dann gedacht, für Hollywood reicht es, nur für Wien nicht. Der ORF hat eine große Chance versäumt."

Zeiler selbst hat öffentlich nicht bestätigt, dass seine Rückkehr in den ORF am SPÖ-Vorsitzenden gescheitert ist. Im April 2012, acht Monate nach der Wahl im Stiftungsrat, wurde er in einem „Krone"-Interview auf Faymann angesprochen. Die Antwort war knapp und vielsagend: „Ich bitte, das nicht kommentieren zu müssen."

Epilog

Die Situation des ORF im Jahr 2013 schätzt Monika Lindner als schwierig ein. Die Konkurrenz der Privatsender ist in den vergangenen Jahren immer stärker geworden, und das nicht nur aus Deutschland, sondern auch in Österreich selbst.

Der ORF sei dennoch unverzichtbar, mit allen seinen Facetten. Mit den neun Landesstudios etwa, um die Vielfalt in Österreich abzubilden. Aber auch mit dem Radio-Kultursender Ö1, auch wenn er das Budget von drei oder vier Landesstudios verschlinge. „Ich glaube, das Land wäre um vieles ärmer, wenn es den ORF nicht gäbe."

Auch an den ORF-Gebühren hält die ehemalige Chefin des Unternehmens daher fest. „Die Gebühren garantieren eine gewisse Unabhängigkeit des Unternehmens. Und in dem Moment, in dem eine Abhängigkeit entsteht, ganz egal, ob von der Regierung oder vom Markt, ist das gefährlich." Zu überlegen wäre allenfalls, einen Teil der Gebühren auch privaten Sendern zu geben, wenn sie unabhängige Nachrichten und öffentlich-rechtliches Programm anbieten.

Persönlich ist Lindner mit ihrer Karriere zufrieden, auch wenn sie früher endete, als geplant. „Ich bin 1974 als ein Niemand in den ORF gekommen. Ich hatte auch kein Netzwerk, weil so etwas hatte ich bestenfalls in Tirol, und habe niemanden gekannt außer meinem damaligen Chef. Und am 31. Dezember 2006 bin ich als Generaldirektorin hinausgegangen. Also, wem sollte ich da böse sein?"

In ihrer Karriere hat sich Lindner oft im Dunstkreis der Politik bewegt. Mitglied der ÖVP sei sie aber nie gewesen, betont sie mit Nachdruck. Sie habe sich auch nie als Spielball der Politik gefühlt: „Vielleicht war ich es. Aber ich habe mich nie so empfunden, auch wenn ich mich manchmal geärgert habe." Im Sommer 2013, Wochen, nachdem die Interviews für diesen Beitrag geführt worden waren, überraschte Lindner mit einer Nationalratskandidatur auf der Liste des Austrokanadiers Frank Stronach. Kaum war die Liste eingebracht, sprang sie aber wieder ab. Stronachs Klubchef Robert Lugar hatte angekündigt, Lindner solle die „Speerspitze" gegen das System Raiffeisen, Pröll und ÖVP sein. Diese Rolle wollte sie dann doch nicht übernehmen.

Und auch wenn die Lage im ORF und im Journalismus allgemein schwieriger geworden ist, auch wenn sich Einsteiger immer härter durchbeißen müssen: Monika Lindner würde dennoch allen Interessenten empfehlen, eine Karriere beim Rundfunk und im Journalismus zu versuchen: „Allen Einschränkungen zum Trotz: ja. Es gibt nichts Spannenderes. Du hast schon als kleiner Mitarbeiter Gelegenheit, so viele verschiedene Dinge und Personen kennenzulernen, an die du sonst nie herankommen würdest."

An die Stelle des ORF und des Journalismus ist für Lindner soziales Engagement getreten, vor allem als Präsidentin des österreichischen Hilfswerks. Mit voller Überzeugung: „Ich habe immer gesagt, ich habe keine Kinder, also habe ich ziemlich viel Energie frei. Und diese Energie stecke ich in karitatives Engagement. Wenn man die

Kraft, die Möglichkeit und das Netzwerk hat, um anderen helfen zu können, hat man auch die Pflicht, das zu tun."

Lebensmittelpunkt der gebürtigen Innsbruckerin ist längst Wien bzw. ihr Haus in Gutenstein. „Niederösterreich ist meine zweite Heimat geworden. Aber die Tatsache, dass ich mir ein Haus dort gesucht habe, wo Berge in der Nähe sind, ist schon bemerkenswert: Tirol ist nach wie vor meine Heimat." Und dennoch hat sie so viel Abstand zu Tirol, dass sie auch einen kritischen Blick pflegt: „Die Niederösterreicher haben einen Mangel an Selbstbewusstsein, wozu sie keinen Grund haben. Im Gegensatz dazu strotzen die Tiroler vor Selbstbewusstsein. Sie nennen dann immer die Berge. Und ich sag' immer, bitteschön, die Berge gibt es auch ohne euch. Für die könnt ihr nichts."

Anmerkungen

[1] Der vorliegende Beitrag basiert auf dem Zeitzeugen-Gespräch von Monika Lindner mit Elmar Oberhauser im Casino Innsbruck am 22. April 2013 und einem Interview des Autors mit Lindner am 21. Juni 2013 in Wien.

„... wie ein Wunder"

Von Claudia Paganini und Manfred Mitterwachauer

Midi Seyrling – Grande Dame und Tourismuspionierin für Seefeld und Tirol.

„... wie ein Wunder"

Seefeld, das Klosterbräu und die Familie Seyrling. Drei Namen und deren Geschichte, die untrennbar miteinander verwoben sind. Denn nicht nur das Erscheinungsbild des ehemaligen Wallfahrtsortes auf dem Sonnenplateau zwischen Karwendel und Wetterstein wurde durch die altehrwürdigen Gemäuer des ehemaligen Augustinerstiftes mitgeprägt. Auch die Entwicklung zur international renommierten Tourismusmetropole wurde wesentlich von der Gastwirtsfamilie Seyrling mitgetragen, die das Klosterbräu in sechs Generationen zu einem traditionsreichen Fünf-Sterne-Hotel ausgebaut hat. Mitgestaltet schließlich wurde das heutige Seefeld von Midi Seyrling, jener Tourismuspionierin, die mit ihrem beharrlichen und selbstbewussten Einsatz für eine zukunftsträchtige Qualitätsgastronomie nicht nur ihrem eigenen Haus seinen unverkennbaren Charakter verliehen, sondern zugleich ein Stück Seefelder, ja ein Stück Tiroler Fremdenverkehrsgeschichte geschrieben hat.

Will man die Erfolgsstory des Ferienortes in Zahlen fassen, mag man die jährlichen Nächtigungen anführen, die zwischen 1955 und 1989 von 342.000 auf 1,3 Millionen gestiegen sind. Oder man weist darauf hin, dass die rund 3.500 Gästebetten Ende der 1950er-Jahre überwiegend im Zwei- und Drei-Sternebereich bzw. in der Privatzimmervermietung lagen, während dem anspruchsvollen Gast in den 1980er-Jahren bereits acht ausgezeichnete Fünf-Sterne-Hotels zur Wahl standen. Gewiss ereignete sich dieser Aufschwung nicht isoliert von der Gesamtentwicklung des Landes, sondern in den sogenannten Glanzzeiten des Tiroler Tourismus und wäre ohne die zweimaligen Olympischen Winterspiele von 1964 und 1976 nicht machbar gewesen. Er wäre aber auch nicht denkbar gewesen ohne die heute 84-jährige Grande Dame des Tiroler Tourismus, Midi Seyrling, die zusammen mit ihrem Mann Alois „Bubi" Seyrling nicht müde geworden ist, bei den damals führenden Persönlichkeiten aus Wirtschaft und Politik, von Rundfunk, Presse und Fernsehen Werbung für ihr geliebtes Seefeld zu machen. Dank dem Charme, dem Temperament und der Überzeugungskraft dieser einen Frau ist aus Werbung eine lebendige Botschaft geworden, die mit jedem zufriedenen Gast mehr und mehr Menschen in die Welt hinausgetragen haben.

Auf ihren Erfolg angesprochen, reagiert Midi Seyrling im „Zeitzeugen"-Interview mit Elmar Oberhauser am 20. März 2013 im Casino Innsbruck bescheiden. Zwar räumt sie ein, dass sie viel gearbeitet hat und wohl auch auf manches verzichtet. Mehr als von einem Verdienst spricht sie aber von einem Geschenk, wenn sie sich an die 40 Jahre Klosterbräu erinnert, von einer Art Gnade, davon, dass ihr Fünf-Sterne-Haus in einer privilegierten Gegend gelegen sei, die den Gast einfach begeistern müsse. „Wenn man von Innsbruck nach Seefeld fährt", meint sie, „über den Zirler Berg, dann tut sich Seefeld auf wie ein Wunder." Dieser Zauber soll zwar schon Goethe veranlasst haben, auf der Fahrt nach Italien in Seefeld Halt zu machen. Doch hätte die Schönheit der Landschaft nicht so viele Reisende begeistert, wenn sie nicht Menschen wie Midi Seyrling angeleitet hätten, dieses Naturwunder wahrzunehmen und jene Faszination zu verspüren, die sie selbst immer schon für diesen Ort empfunden hatte.

Ein Kind mit vielen Talenten

Ob ihr Lebensweg vorbestimmt war? Wer weiß. Aber sicher ist, dass Midi Seyrling in eine traditionsreiche Gastwirtsfamilie hineingeboren wurde und von klein auf Gelegenheit hatte zu lernen, was eine gute Wirtin ausmacht. Sicher ist auch, dass das aufgeweckte und kluge Mädchen viele Begabungen besaß, die ihr ganz verschiedene Berufsmöglichkeiten eröffnet hätten oder eben – wie es schließlich gekommen ist – unterschiedliche Talente in einem einzigen Beruf zu verwirklichen.

Maria Mayr, die später als Midi Seyrling weit über die Grenzen Tirols hinaus bekannt werden sollte, wurde am 14. Jänner 1929, in Volders, einer kleinen Ortschaft in der Nähe von Innsbruck, geboren. Ihre Eltern Karl und Rosa Mayr (geb. Schonger) stammten beide aus kinderreichen Familien, die Mutter hatte neun Geschwister, der Vater sieben, und: Beide Familien waren seit Generationen in der Gastronomie tätig. Mütterlicherseits führte die Familie den Gasthof Gries in Lermoos im Außerfern, väterlicherseits die Post im Südtiroler Klausen.

Midis Großvater Joseph Mayr wiederum war ein direkter Nachkomme von Peter Mayr, dem Wirt an der Mahr, der als Mitstreiter von Andreas Hofer in den Freiheitskämpfen sein Leben lassen musste. Gerne erinnert sich Midi Seyrling auch heute noch zurück, wie sie im Rahmen der 100-Jahr-Feierlichkeiten 1939 als Zehnjährige einen Kranz zu Ehren der Freiheitskämpfer niederlegen durfte. Schon als Kind war sie aber nicht in erster Linie stolz auf die ihr anvertraute ehrenvolle Aufgabe, sondern darauf, mit einem geradlinigen und mutigen Mann wie Peter Mayr verwandt zu sein. Hätte dieser damals nämlich vorgegeben, nicht vom Ende des Krieges gewusst zu haben, wäre er begnadigt worden. Das erschien dem selbstbewussten Wirt aber wie ein Verrat an seinen Kameraden und der gemeinsamen Sache. „Für a Lug erkauf i mein Leb'n nit!", soll Mayr damals gesagt und das Todesurteil gelassen auf sich genommen haben.

Erzählungen wie diese haben Midi Seyrling als Kind geprägt. Sie haben ihr die Gewissheit gegeben, dass es Werte gibt, an denen es sich lohnt festzuhalten. Sie haben in ihr den Entschluss reifen lassen, ihren eigenen Lebensweg – wie auch immer er aussehen würde – unbeirrt zu gehen, und sie haben ihr Bewusstsein dafür geweckt, in einer Familientradition zu stehen, die sie mit Respekt erfüllte und der sie sich verpflichtet fühlen würde. Zu dieser Familientradition jedenfalls gehörte die Gastronomie ganz wesentlich dazu. Schon vor ihrer Hochzeit im Jahr 1927 hatten die Eltern, nachdem sie von zu Hause ausgezogen waren, in Innsbruck im Gastgewerbe gearbeitet, genauer im Weinhaus Happ und beim Gasthaus Hirschen, wo die Mutter an der Rezeption tätig war und der Vater als Hausmeister bzw. Haustechniker.

Mit der Heirat begann ihr Weg in die wirtschaftliche Selbstständigkeit, der Traum vom eigenen Betrieb, den das Ehepaar trotz der politisch unruhigen Zeiten beharrlich weiterverfolgte. Ihre älteste Tochter erlebte alle Stationen auf diesem Weg mit, angefangen vom Volderer Ausflugsrestaurant Kreuzhäusl, wo sie im Zimmer über der Schank geboren wurde und wo auch noch ihr drei Jahre jüngerer Bruder Walter das Licht der Welt erblicken sollte. 1933 zog die Familie nach Gnadenwald um und übernahm dort den Speckbacher, der damals noch ein Rohbau war. Mit großem Einsatz bauten die Eltern den Gasthof auf, wobei ihnen nicht nur ihr Fleiß zu Hilfe kam, sondern auch der Umstand, dass das Kirchlein St. Martin ein beliebter Ausflugsort war, der von den Innsbruckern vor allem am Sonntag gern besucht wurde. Um den großen Andrang bewältigen zu können, musste Rosa Mayr oft tagelang hunderte Portionen von Knödeln, Schweinsbraten und Gulasch vorkochen. Das war für die junge Mutter nicht nur eine anstrengende Arbeit, sondern auch ein finanzielles Risiko. Da es nämlich noch keine Kühlräume gab, musste sie hoffen, dass das Wetter mitspielen und nicht der Regen die Gäste fernhalten und die Gerichte verderben lassen würde.

Midi und Walter unterstützen die Eltern so gut sie konnten, ob in der Küche oder beim Gläserwaschen. Sie waren zufrieden, wenn sie merkten, dass sie immer anspruchsvollere Aufgaben übernehmen konnten, und sie freuten sich natürlich besonders über das Lob des Vaters, der den Kindern nicht nur zeigte, wie sie welche Tätigkeiten auszuführen hatten, sondern sie auch lehrte, was für ihn das Wichtigste in der Gastronomie war: Sehen, wo Not am Mann ist, überall anpacken, sich für nichts zu gut sein und alles mit Freude machen. Überhaupt war Karl Mayr ein Mann, der viel über das Leben nachdachte, abends lange Gespräche mit dem Jesuitenpater und Gelehrten Arthur Schönegger führte und der im Dorf wegen seiner großen Hilfsbereitschaft sehr beliebt war. Mit einem Schmunzeln erinnert sich Midi Seyrling daran, dass ihr Vater respektvoll der „Wirt an der Mur" genannt wurde, im Anklang an seinen Vorfahren Peter Mayr, dem Wirt an der Mahr, und weil er bei den häufigen Murenabgängen in Gnadenwald immer so tatkräftig die Aufräumarbeiten vorangtrieb.

Die frühe Kindheit in Gnadenwald war für Midi eine lehrreiche Zeit, und es waren zugleich Jahre, die sie zu einer starken Persönlichkeit heranwachsen ließen. Die Volksschule, in der ein Lehrer acht Klassen von Buben und Mädchen in einem Raum unterrichten musste. Der tägliche Schulweg von St. Martin nach St. Michael, wo die Dorfkirche, der Pfarrhof und die Schule angesiedelt waren. Dort begann der Tag um sieben Uhr mit der Schülermesse, zu der die Kinder im Winter mitunter durch einen halben Meter Neuschnee stapfen mussten, um dann völlig durchnässt am Gottesdienst und anschließend am Unterricht teilzunehmen. Gewiss haben diese beschwerlichen Schulmärsche die Kinder abgehärtet, gestärkt hat sie aber vor allem der Zusammenhalt in der Familie, die 1934 mit der kleinen Anneliese noch einmal Zuwachs bekommen hatte. In Gnadenwald wie an den anderen Stationen des aufstrebenden Gastwirtepaares hat Midi gelernt, aus jeder Situation das Beste zu machen, nicht lange dem Vergangenen nachzutrauern, flexibel zu sein. Aber sie hatte auch immer wieder die Gelegenheit, Ausflüge zu machen und neue Orte kennenzulernen, so zum Beispiel Seefeld und das Klosterbräu.

Nach ihrer Firmung in der Pfarrkirche Hall wurde Midi nämlich von ihrer Tante, Frau Meißl, die das gleichnamige

Café in Hall betrieb, zu einem Ausflug nach Seefeld mitgenommen. Da die Tante recht knausrig war, fuhren sie mit dem Milchlieferanten, der das junge Mädchen in seinem schönen weißen Kleid zwischen den Milchkannen Platz nehmen ließ. In Seefeld kamen die beiden dann am Klosterbräu vorbei, wo sich Midi für das Erinnerungsfoto auf die imposanten, rund zwei Meter hohen Mauern des Stiftes setzte. Das Gebetsbüchlein, das sie zu diesem Anlass bekommen hatte, und die damals entstandene Aufnahme vom Klosterbräu und seiner zukünftigen Chefin existieren heute noch, auch wenn die alten Mauern inzwischen längst abgetragen worden sind. Und auch das Sportcasino Dritter, wo Midi neun Jahre später beim Heimkehrer-Ball zum ersten Mal ihrem Mann Alois begegnen sollte, besuchten die Ausflügler an diesem Tag.

Doch die unbeschwerte Kindheit in Gnadenwald sollte bald ein Ende haben. Die politische Lage wurde immer instabiler, der zweite Weltkrieg stand unmittelbar vor seinem Ausbruch. Und auch im Hause Mayr standen Veränderungen an. Den Traum vom eigenen Betrieb im Herzen, übersiedelte die Familie 1938 nach Innsbruck, wo die Eltern den Österreichischen Hof bewirtschaften wollten. Das damals bereits gut etablierte Hotel in der Andreas-Hofer-Straße 47 sollte für die nächsten Jahre das Zuhause für Midi, Walter, Anneliese und den kleinen Karl werden, den die Mutter 1939 als Nachzügler und voller Sorgen wegen des bevorstehenden Krieges zur Welt brachte. In der Stadt gab es heftige Unruhen wegen der Judenverfolgungen, Not, Elend und Tod gingen an den Kindern nicht spurlos vorüber. Da Karl Mayr auch in dieser Situation nicht anders konnte, als zu helfen, wo Menschen in Not waren, wurden sie vielleicht sogar noch mehr als andere Mädchen und Buben in ihrem Alter mit den Folgen des Krieges konfrontiert.

Da sich die Südtiroler zu dieser Zeit nämlich entscheiden mussten, welche Staatsbürgerschaft sie annehmen wollten, setzte eine große Rückwanderungsbewegung ein. Verunsichert und durch die Behandlung seitens der Behörden enttäuscht, suchten viele von ihnen im Österreichischen Hof Zuflucht, wo im großen Speisesaal eine Notunterkunft eingerichtet worden war. Dem in Südtirol aufgewachsenen Wirt ging das Schicksal der Auswanderer nahe. Er unterstützte seine Landsleute, wo er konnte, verpflegte sie und versuchte, ihnen Mut zu machen. Und auch für die Soldaten hatte er immer ein offenes Ohr. Nicht zuletzt wohl deshalb, weil die eigenen Erinnerungen aus dem ersten Weltkrieg noch allzu lebendig waren. Damals war er als einer der jüngsten Gefreiten auf Seiten Österreichs bei den großen Isonzo-Schlachten dabei und hatte im Schützengraben einen Kopfschuss erlitten. Damit blieb er zwar vor der Einberufung in die Armee Hitlers verschont, die Bilder der sterbenden Kameraden ließen ihn aber sein Leben lang nicht mehr los. „Midi", soll er seiner Tochter immer wieder gesagt haben, „ich bin gewiss kein großer Beter vor dem Herrn, aber da – als wir drei Tage und drei Nächte im Sand eingegraben waren und beschossen wurden – da habe ich gebetet."

Mehr und mehr gehörte der Krieg zum Alltag der Familie dazu. Das Leben musste weitergehen. Nach dem Besuch der vierten Klasse Volksschule, die Midi in der Fischerschule absolvierte, folgte zunächst der Wechsel in die Hauptschule. Dort fiel sie den Lehrern rasch durch ihre schnelle Auffassungsgabe und durch die Leichtigkeit auf, mit der sie neuen Stoff erlernte, sodass die Deutschprofessorin, Frau Dr. Zobel, die Eltern schließlich drängte, ihre Älteste ins Gymnasium einzuschreiben. Allzu viel Zeit, um über ihre schulische Laufbahn nachzudenken, hatte Midi aber nicht, denn im Hotel durfte die Arbeit trotz des Wechsels ins Gymnasium nicht liegenbleiben. Da Rosa Mayr fast jeden Tag mit den kleinen Geschwistern nach Lermoos fuhr, um dort ihrer eigenen Mutter zur Hand zu gehen, musste der Wirt des Österreichischen Hofes voll auf die Unterstützung seiner Großen zählen können. Und so kam es, dass Midi mit gerade einmal elf Jahren die Schankablöse übernahm, wenn die Angestellten ihre Zimmerpause machten, die Küchenkasse führte, im Service oder bei der Buchhaltung aushalf und Zimmerkontrollen erledigte. Nebenbei versuchte sie, sich auf ihre Schularbeiten zu konzentrieren, ein Spagat, den die gute Schülerin dank ihrem Talent und ihrer Beharrlichkeit auch bewältigte. Was sie aber trotz allem Fleiß nicht verhindern konnte, war, dass ihre Hefte nach Schnaps und Wein rochen. Von der Lehrerin einmal darauf angesprochen, reagierte Midi zunächst beschämt und traurig. Als die Lehrerin aber Verständnis zeigte, war sie erleichtert und begriff zugleich, dass ihr der Geruch ihrer Schulsachen nicht peinlich zu sein brauchte, sondern sie sogar stolz sein konnte, im elterlichen Betrieb tagtäglich ihre Frau zu stehen.

Die Familie Mayr führte den Österreichischen Hof mit Erfolg. Doch der Wunsch nach einem eigenen Gastbetrieb war so groß, dass auf ihrem Weg dorthin auch Innsbruck nur eine Zwischenstation sein sollte. Auf ihren Fahrten nach Lermoos hatte Rosa Mayr bereits seit langem eine besonders reizvolle Gegend ins Auge gefasst, wo sie mit ihrem Mann und ihren Kindern sesshaft und selbständig werden wollte. Und zwar in Seefeld. „Auf unserem oftmaligen Weg ins Außerfern kamen wir immer über Seefeld. Meine Mutter hat dann zum Geigenbühel gezeigt und zum Vater gesagt: Karl, da oben möchte ich etwas haben." Durch einen glücklichen Zufall stand auf diesem Geigenbühel eines Tages tatsächlich eine Pension zum

Verkauf. Es war ein kleiner Betrieb mit gerade einmal 25 Betten und ohne Bad, den die Familie 1939 erwarb und ihm den Namen Lärchenhof gab. Das Risiko, in der unsicheren Kriegszeit das lukrative Innsbrucker Hotel aufzugeben und das Geschick der Familie ganz auf den kleinen Gasthof am Fuße des Karwendels zu setzen, war den Eltern aber zu groß. Deshalb liefen die beiden Betriebe zunächst parallel. Eine Verwandte aus dem Ötztal führte den Lärchenhof, in dem als Gäste hauptsächlich Soldaten, die ihren Fronturlaub in Seefeld verbrachten, einquartiert waren, die Wirtsleute selbst – und mit ihnen Midi – den Österreichischen Hof.

Erst Anfang Dezember 1943 zog Familie Mayr einen Schlussstrich unter das Kapitel Innsbruck, ließ den Österreichischen Hof zurück und übersiedelte in den Lärchenhof nach Seefeld. Keinen Tag zu früh, wie sich wenig später herausstellte. Denn beim ersten Fliegerangriff, der die Tiroler Landeshauptstadt am 15. Dezember 1943 völlig unvorbereitet[1] traf, wurde der Österreichische Hof dem Erdboden gleichgemacht. 126 Tonnen Sprengbomben zogen eine Spur der Verwüstung durch Innsbruck, 45 Häuser wurden vernichtet, 92 stark beschädigt, 500 Verletzte und 269 Tote waren die traurige Bilanz dieses Tages. „Wir Kinder hatten damals in der Fischergasse 5 in Innsbruck eine Wohnung mit einer Besorgerin, damit ich nicht ständig von Innsbruck, wo ich ins Gymnasium ging, nach Seefeld und zurück fahren musste", erzählt Midi Seyrling im Zeitzeugen-Gespräch. „Beim ersten Fliegerangriff ist kein Mensch in die Keller gegangen, um Schutz zu suchen. Es hatte nämlich zuvor schon oft blinden Alarm gegeben. Und so haben wir auch an diesem schrecklichen Tag einfach auf der Straße weitergespielt. Aber dieses Mal war es tatsächlich ein Angriff. In unserer Gegend ist nichts Gröberes passiert, aber da, wo der Österreichische Hof stand, wurde alles ausgebombt. Dort fand gerade eine Hochzeit statt. Das neue Pächterpaar, die Nachfolger meiner Eltern, und die Hochzeitsgesellschaft, sie alle – insgesamt 27 Personen – starben im Bombenhagel. Das wäre wohl auch unser Los gewesen. Es ist eine schicksalhafte Fügung, dass wir überlebt haben!"

In Seefeld unterdessen nahm der Ausbau des kleinen Lärchenhofes seinen Lauf. Karl Mayr hatte begonnen, neben dem Gasthaus eine bescheidene Landwirtschaft aufzubauen, einen Stall mit zwei Kühen, Schweinen und Hühnern. Mit den Eiern, der Butter und der Milch seiner Tiere konnte er die Familie auch in jenen Tagen versorgen, als die zahlenden Gäste ganz ausblieben. Etwa in den letzten Kriegstagen, als ausgerechnet die fünfte Klasse des Mädchen-Realgymnasiums, die Midi in Innsbruck besucht hatte, aus Sicherheitsgründen in den Lärchenhof der Familie Mayr verlegt wurde. Auch das Klosterbräu konnte damals nicht mehr touristisch genutzt werden, sondern diente als vorübergehende Unterkunft der Medizinischen Universitätsklinik.[2] Zwar waren die Wirte durch diese Maßnahmen in ihrer Arbeit stark eingeschränkt, das von weitem sichtbare Zeichen des Roten Kreuzes auf dem Dach des ehemaligen Stiftes schützte das alte Mauerwerk aber vor Bombenangriffen.

Im Mai 1945 war der Krieg schließlich zu Ende, die Waffen schwiegen, die Amerikaner marschierten in Tirol ein. Karl und Rosa Mayr wurden mit ihren Kindern aus dem Lärchenhof vertrieben, kurz darauf auch aus dem Nachbarhaus, in dem sie Unterschlupf gefunden hatten. Endlich gelang es dem Vater, eine Erlaubnis zu erhalten, mit seiner Familie die nahe Scheune zu beziehen. Doch sie waren nicht allein, mit ihnen hausten noch rund 70 andere Vertriebene, darunter viele Kinder und zwei Säuglinge im Heustadel, in dem Midis Vater mit eigenen Händen einen provisorischen Ziegelherd baute, um seine „Gäste" notdürftig versorgen zu können. Es fehlte aber nicht nur an Mobiliar, nicht einmal seine eigenen Kühe durfte der Lärchenwirt melken, die Tiere wurden weder gefüttert noch getränkt. Um der unglücklichen Lage ein Ende zu setzen, traf Karl Mayr einen mutigen Entschluss. Gemeinsam mit seiner ältesten Tochter, die ihm als Dolmetscherin zur Seite stehen sollte, kehrte er in seinen Gasthof zurück, um die Amerikaner um Verständnis zu bitten.

Doch was sie dort vorfanden, war ein Bild der Verwüstung: „Als wir unsere geliebte Bauernstube betraten, waren wir entsetzt. Kochtöpfe und zerbrochenes Geschirr lagen auf dem Boden herum, Speisereste waren überall verstreut, die Wäschekästchen waren aufgerissen, die guten Sachen halb herausgezerrt, dazwischen leere und halbvolle Flaschen und Blechdosen. Die großteils betrunkenen Soldaten hatten die Seidenstrümpfe meiner Mutter, die sie noch aus den Vorkriegszeiten hatte herüberretten können, über den Kopf gezogen, ein Loch für ihre Zigarette hineingerissen und qualmten, dass wir alles wie durch einen Nebel sahen. Es herrschte ohrenbetäubendes Gegröle, und so dauerte es lange, bis die Soldaten überhaupt unsere Anwesenheit bemerkten." Doch Karl und Maria Mayr ließen sich nicht ohne Weiteres abschrecken. Sie blieben in der verrauchten Stube stehen, bis die amerikanischen Soldaten ihre Bitte angehört und schließlich der Familie sogar erlaubt hatten, in den Stall zu gehen und die Tiere zu versorgen. Nachdem die Kühe dann gemolken waren, kochte der Lärchenwirt mit der Milch für alle Stadel-Bewohner ein einfaches, aber nahrhaftes Mus.

Nach zwei Wochen hatten die meisten Vertriebenen ihre Unterkunft in der Scheune wieder verlassen, nur zwei andere Innsbrucker Familien lebten noch bei den Mayers. Und auch das Verhältnis zu den Amerikanern wurde von

Tag zu Tag besser. Auf die anfänglichen Eskapaden folgte allmählich die Zeit der Annäherung und eines vorsichtigen gegenseitigen Kennenlernens. Midis kleine Geschwister hielten sich viel bei den Soldaten auf und kamen abends dann vollgepackt mit Schokolade, Nougat und Zigaretten für die Eltern nach Hause. Während Anneliese als herziges kleines Mädchen meist besonders reich beschenkt wurde, durfte Midi an diesen Beutezügen nicht teilnehmen. Sie war mittlerweile schon eine junge Dame, die der Vater mit Argusaugen bewachte und höchstens unter seiner Obhut in die Nähe der Amerikaner ließ, wenn er Unterstützung beim Kühemelken brauchte oder Midi mit ihrem ausgezeichneten Englisch aushelfen sollte. Langsam, aber sicher ging die Kindheit der Maria Mayr zu Ende.

Am 12. Jänner 1946 beschloss der Vater, seine Tochter zum ersten Mal am Abend auszuführen, und zwar zum Heimkehrer-Ball im Sportcasino. Midi trug ein schickes rotes Abendkleid. Sie war aufgeregt und freute sich auf die lustige Gesellschaft und auf das Tanzen. Doch es sollte zunächst ganz anders kommen. Am Eingang nämlich stießen sie auf zwei Soldaten, von denen der eine armamputiert war und der andere auf eine Krücke gestützt gehen musste. Karl Mayr, dem die beiden jungen Männer leidtaten, lud sie sogleich an seinen Tisch ein und versprach, dass sich sein Mädel um sie kümmern würde. Und das tat sie auch. Als gute Wirtstochter war es ihr ein Leichtes, die beiden in ein unterhaltsames Gespräch zu verwickeln. Die Veteranen waren bald so begeistert von der charmanten Tirolerin, dass Midi ihnen keinen Augenblick auskam. Besonders der armamputierte Soldat, ein Wiener, dem andauernd die Nase lief, wollte ohne Unterlass mit ihr tanzen. Enttäuscht über den Verlauf ihres ersten Balles, traurig beim Gedanken an das Schicksal der im Krieg schwer verwundeten Männer und angewidert vom unap-

Links: Golfplatzeröffnung in Wildmoos 1969, Daniela Seyrling mit dem damaligen LH Eduard Wallnöfer und Rudi Wieser.
Rechts: Midi Seyrling mit Hazy Osterwald, Bandleader, Stammgast und Freund des Hauses Klosterbräu.

Am Stammtisch im Klosterbräu – Midi und Bubi (ganz rechts), Seyrling mit Toni Sailer (Mitte).

petitlichen Erscheinungsbild ihres Verehrers flüchtete sich Midi für einige Minuten auf die Damentoilette, um kurz allein zu sein, zu weinen und sich ein wenig frisch zu machen. Schließlich trat sie wieder tapfer den Weg in Richtung Tanzfläche an, der sie an zwei reichlich betrunkenen Soldaten vorbeiführte. Einer von ihnen sprach sie an und machte ihr ein Kompliment, was sie doch für ein bildhübsches Fräulein sei. Da hörte sie plötzlich eine Stimme hinter sich. „Der Mann ist war zwar betrunken, aber was er sagte, stimmt", meinte ihr neuer Kavalier, der Klosterbräu-Bubi, und fügte hinzu: „Darf ich bitten?" Damit war der Abend für Midi gerettet. Sie hatte ihren Alois getroffen, den Bubi, das war damals der übliche Spitzname für Seefelds erstgeborene Söhne.

Zwei Menschen mit einem Ziel

Zwischen der ersten Begegnung und ihrer Heirat verging ein Jahr. Ein Jahr, in dem Alois Seyrling nicht nur das Herz seiner Liebsten erobert hat, sondern auch das Wohlwollen und die Zuneigung seines künftigen Schwiegervaters für sich gewinnen konnte. Dazu hatte er als Sohn aus einer traditionsreichen Gastwirtsfamilie natürlich von Anfang an sehr gute Karten. Hinzu kam noch, dass er ein begnadeter Skifahrer war, erfolgreicher Trainer der österreichischen Ski-Nationalmannschaft und schließlich sogar – wie Karl Mayr selbst – neben der Gastronomie eine kleine Landwirtschaft betrieb. Auch holte er seine Herzensdame Tag für Tag von der Schule am Bahnhof ab und begleitete sie zum Lärchenhof, sodass der Brautvater im Jänner 1947 sein Einverständnis zur Verlobung gab und das Paar am 29. Mai in der Innsbrucker Spitalskirche getraut wurde, wo ihnen Midis Schulfreundinnen mit einem Meer von Pfingstrosen einen unvergesslichen Empfang bescherten. Hatte Midi in der Schulzeit noch mit dem Gedanken gespielt, Modezeichnerin zu werden oder Auslandskorrespondentin, gingen die Zukunftspläne des jungen Ehepaares nun rasch in eine andere, sehr konkrete Richtung. Alois und Midi Seyrling wollten gemeinsam eine Familie gründen, und sie sahen die Zukunft dieser Familie im Gastgewerbe. Denn die junge Klosterbräu-Wirtin verstand es sich nicht nur aufs Zeichnen und auf Fremdsprachen, sondern liebte den Kontakt mit dem Gast – trotz oder infolge der jahrelangen Mitarbeit in den elterlichen Betrieben – und tat sich leicht, mit den Leuten ins Gespräch zu kommen.

Und so geschah es dann auch: Ende des Jahres kam ihre älteste Tochter Silvia zur Welt, im Dezember 1952 Sohn Sigmund, im Mai 1954 die kleine Daniela und schlussendlich im November 1956 Karl, der damals jüngste Spross im Hause Seyrling. Schwieriger als mit den Kindern war es dann schon, den Tourismusbetrieb im Klosterbräu wieder in Gang zu bringen. Der alte Gasthof gehörte den Seyrlings schon in der dritten Generation, und so gab es für das Paar keinen Zweifel, dass sie das Klosterbräu wieder aufbauen wollten.

Stürmische Zeiten hatte das ehemalige Augustineranwesen bis dahin bereits einige hinter sich gebracht: 1516 vom römisch-deutschen Kaiser Maximilan I. gestifteten und von Hofbaumeister Jörg Kölderer erbaut, konnte sich das Kloster anfänglich dank seiner angeschlossenen Brauerei, den zahlreichen Pilgern und der geschickten wirtschaftlichen Führung durch die Mönche erfolgreich entwickeln. Die Entscheidung von Kaiser Josef II., das Stift gemeinsam mit vielen anderen Ordenshäusern aufzuheben, bedeutete für all jene Menschen, die von ihm profitierten, eine Katastrophe. Viele Kunstgegenstände wurden zerstört oder billig verschleudert, die Räumlichkeiten verwahrlosten, bis im Anschluss an die napoleonischen

Kriegswirren zwei Familien aus dem Inntal das Gebäude kauften, es in zwei Hälften aufteilten und den Brauereibetrieb wieder aufnahmen. 1822 heiratete dann Sigmund Seyrling in eine der beiden Familien ein, sein Sohn Alois übernahm 1888 auch den anderen Teil der Seefelder Brauerei und vereinigte so den ganzen Besitz mit seiner Landwirtschaft. Es entstand ein Braugasthof, der durch den Bau der Karwendelbahn 1912 und dem damit stark anschwellenden Zustrom von Urlaubsgästen sehr profitierte. Allerdings wurde dieser Aufwärtstrend durch die von Hitler für deutsche Urlauber verhängte Tausendmarksperre plötzlich gestoppt, im Verlauf des zweiten Weltkriegs folgte der nächste Schlag: Die Innsbrucker Universitätsklinik wurde von 1943 bis 1953 ins Klosterbräu ausgelagert, was zur Folge hatte, dass die Familie Seyrling ihren Stammbetrieb zehn Jahre lang nicht mehr touristisch nutzen konnte.

Doch Midi und Alois Seyrling ließen sich davon nicht abschrecken. Da sie ihr eigenes Hotel nicht bewirtschaften konnten, errichteten sie am Fuße des Gschwandtkopfs kurzerhand eine Skihütte, die Sportalm. Zu tun gab es dort mehr als genug. „Der Ansturm der Skifahrer zum ersten Tiroler Sessellift", erinnert sich Midi, „war einfach unglaublich. Menschenmassen, die rein und raus wollten, die mit ihren schweren Skischuhen Schnee, Wasser und Dreck ins Lokal getragen haben. Wir haben dann angefangen, die Getränke in Colaflaschen abzufüllen, damit man sie einfacher mitnehmen konnte. Gemeinsam mit unserem Küchenmädchen Marianne bin ich oft vor der Sportalm gestanden, und wir haben fast schaudernd die vom Seekirchl Richtung Sessellift anströmenden Menschenmassen beobachtet. Denn wir wussten, sie würden alle zu uns zum Essen kommen, und es musste uns gelingen, sie zufriedenstellend zu bedienen. Ich habe damals noch selbst gekocht. Auch an dem Tag, als mein Sohn Sigi zur

Welt kam, hatte ich für 150 Personen Essen zubereitet. Einfache Speisen natürlich, Gulasch, Würstel und Schweinebraten. Und als alle gegessen hatten, habe ich meinem Mann gesagt, dass er mich zur Geburt in die Klinik nach Innsbruck bringen müsse. Zwei Stunden später war der Bub schon da, und eine Woche danach bin ich wieder in der Sportalm gestanden."

Mit dem Abzug des Klinikbetriebes im Frühjahr 1953 konnten die Seyrlings dann endlich das Ruder im Klosterbräu übernehmen. Ihnen stand eine Herkulesaufgabe bevor: Während die anderen Hotels seit Kriegsende gearbeitet und mit Mitteln aus ERP und Marshallplan investiert hatten, mussten Alois und Midi nun alle Umbaumaßnahmen selbst finanzieren, die Entschädigungen des Landes für die zehnjährige Klinik-Besetzung waren minimal. Hinzu kam noch, dass der Grundriss des Klosters nicht gerade dazu angetan war, ohne Schwierigkeiten in einen funktionierenden Hotelbetrieb umgewandelt zu werden. Die Zimmer waren allesamt klein, bescheidene Mönchskämmerchen, aneinandergereiht entlang dem mit alten Fresken verzierten breiten Hauptkorridor.

Auf der einen Seite sollten größere und komfortablere Räumlichkeiten entstehen, anderseits wollte man nicht zu stark in die stilvolle klösterliche Bausubstanz eingreifen, eine bodenständige, nicht überkandidelte Innenarchitektur verwirklichen. Und so begann man unter der Leitung von Alois Seyrling, Zwischenwände einzureißen, sodass größere Räume entstehen konnten. Zu Beginn waren es nur zwölf, bald aber schon 23 Zimmer, alle ohne Privatbad, die Gäste mussten sich ein Etagenbad teilen. Dieser Mangel an Luxus stieß vor allem bei gut situierten Reisenden auf wenig Begeisterung. Einer von ihnen war Willy Goergen, ein großer Industrieller von den Hentschel-Werken. „Goergen konnte gar nicht glauben, dass es kein

Zimmer mit Privatbad gab, und verlangte den Wirt zu sprechen. Da mein Mann gerade nicht anwesend war, bin ich zu Goergen gerufen worden. Ich habe ihm von unseren Problemen erzählt und all meinen Charme in die Waagschale geworfen, um ihn zu beruhigen. Goergen hat das fehlende Privatbad schließlich in Kauf genommen und wurde trotzdem ein treuer Gast und Freund der Familie."

Doch auch wenn es Midi mit ihrem gewinnenden Wesen meist gelang, den Unmut besonders anspruchsvoller Urlauber zu entkräften, war für sie dennoch klar, dass sie das Klosterbräu nur dann zu einem der führenden Tiroler Gastronomiebetriebe würde entwickeln können, wenn sich das Badezimmer-Problem rasch in den Griff bekommen ließe. Da der Schwiegervater, den die Tausendmarksperre der Nationalsozialisten damals hart getroffen hatte, große Angst davor hatte, Schulden zu machen, mussten die jungen Gastwirte das erste Privatbad heimlich in der Nacht einbauen lassen. Vor vollendete Tatsachen gestellt, gefiel dem Seniorchef die neue Errungenschaft dann aber doch, und er konnte wohl auch nicht ganz verbergen, dass er nicht nur auf das Fließwasser in seinem Haus stolz war, sondern in erster Linie auf die beiden jungen Leute, die sich mit ihrem Gasthof so unerschrocken und unbeirrt hinaufarbeiteten.

Während der Juniorchef für die baulichen Veränderungen im Hotel zuständig war, sorgte Midi dafür, dass der laufende Betrieb reibungslos über die Bühne ging. Zwar hatten sie bereits eine bescheidene Zahl an Mitarbeitern, Stubenmädchen, einen Koch mit Beikoch, einen Hausmeister, alle zusammen etwa acht bis zehn Leute. Doch war für die Wirtin die Arbeit mit der Auswahl und Anstellung des Personal längst nicht getan. Vielmehr begriff sie erst jetzt die Tragweite der Worte ihres Vaters, der die Kinder immer ermahnt hatte, erfolgreiche Wirtsleute müssten vor allem die Bereitschaft mitbringen, überall anzupacken und dürften sich für keine Arbeit zu gut sein. Also sprang die fesche Jungunternehmerin überall dort ein, wo sie gerade gebraucht wurde, sie führte die Küchenkassa, übernahm das Annoncieren, sorgte dafür, dass alle Bestellungen korrekt erledigt wurden, die Speisen schnell und heiß auf den Tisch kamen. Dann band sie sich rasch die Schürze ab und ging hinaus in die Stube, um in ihrem bodenlangen Brokatdirndl die Gäste zu begrüßen, sich auf ein paar Worte zu ihnen zu gesellen und als strahlende, charmante Wirtin das Herz der UrlauberInnen zu gewinnen.

„Der Kontakt zum Gast ist eine schöne, aber zugleich mühsame Aufgabe", erinnert sich Midi Seyrling im Gespräch mit Elmar Oberhauser. „Nicht, dass mir die Freundlichkeit schwergefallen wäre. Es war die Müdigkeit, gegen die ich jeden Tag wieder ankämpfen musste, wenn ich nach der Arbeit hinter den Kulissen nicht wie unsere Angestellten in mein Zimmer gehen konnte, sondern mich wieder für die Gäste frisch machen musste und mich anstatt zu schlafen bis spät in der Nacht zu ihnen setzen sollte. Damals sind die Gäste nicht so schnell müde geworden, sie haben früher wohl mehr ausgehalten. Heute wollen alle gesund leben. Um 23 Uhr sind sie im Bett. Das nennt man Wellness." Und mit einem verschmitzten Lächeln fügt sie hinzu: „Da könnte man in der Halle nackt tanzen, es ist niemand mehr da."

Midis Aufgabe war es aber nicht nur, den Kontakt zu den Urlaubern zu pflegen. Auch mit den Einheimischen hieß es gut auszukommen, nicht abgehoben zu wirken, an ihrem Leben teilzuhaben. Besonders beliebt war in Seefeld bald der Stammtischbesuch bei der Klosterbräu-Wirtin, an dem nicht bloß die ansässigen Bauern, Gastronomen und Politiker teilnahmen, sondern die führenden Persönlichkeiten der Tiroler Gesellschaft, welche sich gern im ehemaligen Augustinerstift zu der einen oder anderen Kartenrunde trafen. Das entspannte, freundschaftliche Klima, das die junge Frau in ihrer Wirtschaft schuf, die anregenden Gespräche, die sich dort ereigneten, waren wohl auch Gründe dafür, dass Alois Seyrling trotz der vielen Arbeit in seinem Betrieb eine politische Karriere machte, die sich sehen lassen kann. Viele Jahre war er Gemeinderat, dann Vizebürgermeister und Vorstand im Tourismusverband und hatte in diesen Funktionen die Gelegenheit, seine eigenen Ideen und die seiner Frau außerhalb der Klostermauern umzusetzen und die Entwicklung des Ferienortes Seefeld mitzubestimmen.

Zugleich war für Alois und Midi klar, dass sie ihr Familienleben nicht vernachlässigen wollten. Zwar waren ihnen ihre langjährigen und verlässlichen Kindermädchen eine große Hilfe, doch ließ es sich die Chefin des nunmehrigen Fünf-Sterne-Hotels all die Jahre hindurch nicht nehmen, ihren Kindern selbst mit einem Kuss eine gute Nacht zu wünschen. In vielen Situationen, die für Außenstehende nach einer Entweder-oder-Entscheidung aussehen, bemühte sie sich hartnäckig, Familie und Beruf zu verbinden. So zum Beispiel zu Weihnachten, wenn die Eltern schon um 16 Uhr für Silvia, Sigmund, Daniela und Karl die Bescherung machten, weil um 19 Uhr das große Galadinner mit den Gästen angesetzt war. Bei diesem durften die Kinder dann als Hirten oder Engel verkleidet dabei sein, bevor sie schließlich ins Bett gebracht wurden, während ihre Mutter noch die letzten Vorbereitungen für das traditionelle Mitarbeiterfest traf, das sie alljährlich zu Weihnachten um ein Uhr in der Nacht mit ihren Angestellten feierten.

Eine Wirtin mit vielen Ideen

Tradition war den Seyrlings immer wichtig. Die historische Bauweise des Klosters, die Fresken und das in Tracht gekleidete Personal sind auch heute noch sichtbare Zeichen dafür. Doch allein mit der Tradition, dem ausgezeichneten Service und dem gehobenen Standard des Hotels wären die ersten schwierigen Jahre nicht zu bewältigen gewesen. Während sich nämlich die Wintersaison schon bald zu rentieren begann, stand das Klosterbräu im Sommer so gut wie leer. Mehrmals dachte die Familie daran, den Betrieb im Sommer zu schließen oder sogar zu verkaufen. Midi Seyrling hat sich immer entschieden gegen dieses düstere Szenario gewehrt, allzu wichtig war ihr die Familientradition, die sie nicht zuletzt im Gedenken an die 1945 verstorbene Schwiegermutter fortführen wollte. Allerdings war sie sich natürlich dessen bewusst, dass sie und ihr Mann das Hotel ohne eine zumindest annähernde Auslastung in der Sommersaison langfristig nicht würden halten würden. Also ergriff Midi die Initiative.

Ein- bis zweimal im Jahr reiste die Klosterbräu-Wirtin ab 1953 nach England, um dort Kontakte zu knüpfen und mit den britischen Reisebüros ins Gespräch zu kommen. Mit Erfolg! Zunächst zaghaft, dann aber immer zahlreicher reisten die Gäste in Nachtfahrten mit Bussen an. Zwar waren sie eine bescheidene Klientel mit wenig Geld, sodass die Seyrlings die Pensionspreise drastisch hinuntersetzen mussten. Aber die Betten konnten endlich durchgehend gefüllt werden, und die Engländer waren alles in allem ein dankbares und zufriedenes Publikum, die zu Hause eifrig Mundpropaganda betrieben und sich mit jedem Jahr, in dem sie wiederkehrten, schließlich auch mehr leisten konnten. Mit dem Aufbau des Bustourismus aus Großbritannien jedenfalls war es Midi Seyrling noch lange vor der allgemeinen Qualitätsverbesserung der Region und der Steigerung des Sommerangebotes – etwa durch den ersten 18-Loch-Golfplatz Österreichs – gelungen, die Sommersaison zu beleben und allmählich an den wirtschaftlichen Erfolg des Winters anzunähern.

Doch es wäre nicht Midi Seyrling gewesen, wenn sie nur auf ein einziges Pferd gesetzt hätte: Parallel zur Belebung der Hotelbetriebs trieb sie den Ausbau eines Nachtlokals, der legendären Kanne voran. Wie auch im Gasthof wählte sie das Personal aus, entwarf selbst die Plakate, zeichnete die Laufzettel und kreierte schließlich jenes Musik- und Unterhaltungsprogramm, das ihre Tanzbar zur Nummer eins im Tiroler Nachtleben werden ließ. Da die Eheleute selbst nämlich Liebhaber von Musik und Tanz waren, hatten sie schon seit einiger Zeit im Speisesaal eine provisorische Tanzfläche für nach dem Abendessen errichtet. Der große Anklang, den diese beschwingten Nachtveranstaltungen bei den Gästen hatten, brachte die Wirtin dann auf die Idee, ein eigenes Tanzlokal einzurichten. So wurde anschließend an den Speisesaal die Bubi-Bar und spätere Kanne gebaut, die anfänglich Platz für rund 120 Gäste bot.

„Den Namen habe ich der Bar zu Ehren meines Mannes gegeben", erinnert sich Midi. „Ich wusste damals aber nicht, dass das Wort ‚Bubi' in Deutschland einen eindeutig zweideutigen Klang hat. Einmal sind wir an der Bar gesessen und ein deutscher Gast hat mich gefragt, wo denn nun der süße Bubi sei? Da ist ihm mein Mann regelrecht auf die Zehen gestiegen. ‚*Ich* bin dein süßer Bubi', hat er gebrummt. Er war ja ein Mordskerl, mein Mann, und wir anderen haben alle herzhaft gelacht."

Allein dem Bubi zuliebe wären die Gäste aber wohl nicht so zahlreich gekommen. Vielmehr war es Midis guter Geschmack für Musik und ihr glückliches Händchen, mit dem sie immer wieder junge Talente anheuerte, die später eine glanzvolle Karriere machen sollten. So reiste sie etwa nach Wien zu Franz Georg Pressler, einem österreichischen Jazzmusiker, der unter seinem Künstlernamen Fatty George bekannt wurde. Über den Kontakt zu Fatty George kam Midi auch zu Joe Zawinul, der eine ganze Saison lang für die Seyrlings spielte und Jahre danach, als er längst berühmt geworden war, von seinen Konzerten auf der ganzen Welt Ansichtskarten nach Seefeld schickte. Je nach der Musik wandelte sich der Charakter der Bar. Bald ausdrückliches Tanzlokal, bald Szene-Treff für Jazzliebhaber, die ihre Tonbänder mitbrachten, um Aufnahmen von Joe Zawinul und seinen Austrian All Stars zu machen – bei der selbstbewussten und charismatischen Wirtin fühlten sich alle wohl.

Am 25. Dezember 1962 wurde aus der Bubi-Bar dann die Kanne. Das nunmehr dreimal so große Lokal bot an die 450 Sitzplätze, eine ähnliche Größenordnung erreichten in dieser Zeit nur noch die Kitzbühler Tenne und der Bayerische Hof in München. Räumlich wurde die Bar an den Hotelbetrieb angebaut, sodass die Kunden, die im Skianzug beim Fünf-Uhr-Tee ihren Glühwein genossen, freien Blick in das hoteleigene Schwimmbad hatten, wo die badenden Gäste in ihren Bikinis einen interessanten Kontrast bildeten. Midis Hartnäckigkeit war es zu verdanken, dass der Nachtbetrieb einen eigenen Stiegenaufgang erhielt und nicht – wie ursprünglich aus Kostengründen geplant – über den Hotelbereich betreten werden musste. Dadurch und dank des dicken Mauerwerks der alten Räumlichkeiten konnten die Klosterbräu-Urlauber in vollen Zügen ihre Nachtruhe genießen, während in der Kanne bis in die Morgenstunden hinein ausgelassen gefeiert wurde.

Die Kanne avancierte also rasch zu einem gesellschaftlichen Treffpunkt für BesucherInnen weit über die Grenzen von Seefeld hinaus. Stars, aufstrebende und bereits etablierte, sorgten für legendäre Auftritte. Die Liste der Interpreten liest sich wie ein Who-Is-Who der Unterhaltungsbranche der vergangen Jahrzehnte: Josephine Baker, die Kessler-Zwillinge, Roberto Blanco, Udo Jürgens, Harald Juhnke, Vico Torriani, Margot Werner, Rainhard Fendrich, Heidi Brühl, Rex Gildo, Roy Black, Hazy Osterwald, Max Greger, Chris Barber, Ambros Seelos, Paul Kuhn, Al Bano, Ivan Rebroff, Middle of the Road, Brazil Tropical – sie und viele andere nahmen das Engagement der Midi Seyrling an. Diese wiederum bemühte sich, den Gästen immer neue Schmankerln zu bieten, was sich über kurz oder lang im finanziellen Aufwand niederschlagen musste. Ein Roberto Blanco mit seinem neunköpfigen Orchester, Hazy Osterwald, James Last und Max Greger – sie alle wollten sich nicht unter ihrem Wert buchen lassen. Und wenngleich die deutlich angehobenen Eintrittspreise die Ausgaben wieder hereinbrachten, war es doch immer Midi, die das finanzielle Risiko einschätzen und tragen musste und die schließlich wohl auch das eine oder andre Mal ihren Charme spielen ließ, wenn es etwa galt, für den Olympiaball 1976 die letzten Eintrittskarten um 1.400 Schilling zu verkaufen.

„Da war dann aber immerhin eine halbe Flasche Sekt inbegriffen," berichtet sie heute schmunzelnd, wenn sie im Interview mit Elmar Oberhauser davon erzählt, wie sie ihre Großveranstaltungen anno dazumal noch ohne öffentliche Förderungen oder Sponsoren abgewickelt hat. „Wir mussten alles auf eigenes Risiko vorfinanzieren. Da kam es dann natürlich zu gesalzenen Eintrittspreisen. Aber die Kanne war trotzdem brechend voll. Einmal war im Klosterbräu eine größere Gruppe amerikanischer Journalisten und Fernsehleute untergebracht. Sie hatten für diesen Abend alle Eintrittskarten für ein Eishockeyspiel in Innsbruck. Ohne ernsthaft daran zu glauben, dass ich Erfolg haben würde, versuchte ich ihnen noch einige Karten für unsere Schnarcherecke, einen Bereich, in dem man nur eine sehr bescheidene Sicht auf die Bühne hatte, zu verkaufen. Zu meiner Überraschung nahmen sie die Tickets zum vollen Preis und erschienen spät, aber doch zum Ball. Allerdings trugen sie nicht wie die übrigen Gäste elegante Smokings, sondern Jeans, karierte Hemden und Cowboyhüte. Das war schon ein Schreck, aber zum Glück war die Stimmung so gut, dass die übrigen Gäste ihnen ihr doch etwas unpassendes Outfit gerne verziehen haben."

Den Stars auf der Bühne folgten mehr und mehr die prominenten Gäste, die das Hotel Klosterbräu zu ihrem Feriendomizil wählten. Unter ihnen waren König Carl Gustaf von Schweden mit Gattin Silvia, Harald von Norwegen, König Leopold und Prinzessin von Réthy von Belgien, Kronprinz Felipe von Spanien, der Schah von Persien mit seiner wunderschönen Gemahlin Farah Diba. Und auch die politische Elite stand dem blaublütigen Auflauf um nichts nach: Österreichs Bundeskanzler Adolf Schärf, Finanzminister Hannes Androsch, Polizeipräsident Josef Holaubek, eine regelrechte Garde von deutschen Politikern, angeführt von den Bundeskanzlern Willy Brandt und Kurt Georg Kiesinger – sie alle beehrten das ehemalige Augustineranwesen. Auch diente das Hotel als Filmkulisse und beherbergte mehr als einmal den beliebten, im Umgang aber schwierigen österreichischen Schauspieler Hans Moser. „Er hat immer gegrantelt, dass die Suppe zu kalt und das Bier zu warm sei", erzählt Midi und setzt mit einem schelmischen Blinzeln in den Augen fort: „Da haben wir ihm einmal einen Teller mit

Suppe kochend heiß gemacht. Als der Kellner ihm diesen mit den Worten ‚Achtung, heiß' servierte, meinte er noch: ‚Bei euch ist doch nichts heiß', bevor er allzu unvorsichtig zugriff und sich natürlich ordentlich die Hände verbrannte."

Gewiss, der Dreh eines Films mit bekannten Schauspielern konnte man den Medien kaum verheimlichen, schon allein deshalb, weil eine große Zahl an Einheimischen kleine Statistenrollen übernahm. Anders verhielt es sich aber mit politischen oder blaublütigen Berühmtheiten, die Midi mit ganzem Einsatz vor neugierigen Blicken zu schützen suchte. Die absolute Diskretion, mit der das Ehepaar seinen VIPs begegnete, machte sich bezahlt. Und auch das bescheidene, unaufdringliche Auftreten der Wirtin trug dazu bei, dass sich Männer und Frauen von Welt bei der Familie Seyrling rundum wohl fühlten, über viele Jahre treue Gäste wurden und in Gesellschaft der Wirtsleute sogar bisweilen auf ihre Bodyguards verzichteten. Das Nachtjuwel Kanne – so scheint es jedenfalls – hatte auch das Fünf-Sterne-Hotel in seinen Promiglanz gekleidet.

Doch trotz des Erfolges der Hotellerie, des Musik- und Showbetriebs blieb die erfahrene Gastronomin vorsichtig und sicherte sich noch weiter ab, indem sie auch für ihre Kanne ein zweites Standbein schuf. Dank ihrer ausgezeichneten Kontakte im internationalen Sport und der zurückliegenden Skikarriere ihres Mannes gelang es ihr, das Nachtlokal auch für sportliche Großveranstaltungen wie Preisverleihungen und Siegesfeiern attraktiv zu machen. Im Zuge der vielen sportlichen Großereignisse, die in Seefeld stattgefunden haben, waren daher auch zahlreiche namhafte SportlerInnen, FunktionärInnen, MedienvertreterInnen und Fans unter den begeisterten Gästen der Klosterbräu-Chefin. So feierte im Rahmen der Olympischen Winterspiele 1964 der schwedische Skikönig Sixten Jernberg seine Goldmedaille über die 50-km-Distanz und gleichzeitig seinen 35. Geburtstag in der Kanne. Ein Jahr später, im Winter 1965, trafen sich anlässlich der ersten Alpin-Profiskiweltmeisterschaften die Skilegenden der vergangene Jahre – Anderl Molterer, Pepi Gramshammer, Hias Leitner, Christian Pravda sowie die französischen Skigrößen Duvillart und Périllat – bei Midi Seyrling. Es folgten international bekannte Tennisstars, die Gewinner der Weltmeisterschaften im Langlauf, Skibob, des nordischen und alpinen Skilaufs, die Crème de la Crème aus den Sportarten Taekwondo, Triathlon und Golf und viele mehr.

Doch es waren nicht bloß die großen Namen, welche der Kanne und dem Klosterbräu zu einem so steilen Aufstieg verholfen haben. Neben den ansprechenden Räumlichkeiten, der guten Musik und dem ausgezeichneten Service wusste Midi, dass sie auf den persönlichen Kontakt mit den Gästen setzen musste. Deshalb stellte sie eine Kellnertruppe aus feschen jungen Burschen zusammen, die nicht auf den Mund gefallen waren und bei den Damen Eindruck machten. Während nun also die eine oder andere Freundinnen-Clique der Kanne wegen ihrer attraktiven Barmänner einen Besuch abstattete, ließen auch die männlichen Nachschwärmer, die sich ihrerseits bei den anwesenden Damen Chancen ausrechneten, nicht lange auf sich warten. Im „Zeitzeugen"-Interview gefragt, ob die Kanne wirklich ein Sündenpfuhl gewesen sei, wie man es sich heute mitunter hinter vorgehaltener Hand erzählt, reagiert die heute 84-jährige Grande Dame gewohnt verschmitzt: „Aber nein," wehrt sie augenzwinkernd ab, „da hat es wohl ganz andere gegeben."

Etwas gesprächiger gibt sich die Gastwirtin, wenn es um ihren täglichen Arbeitsalltag in der Kanne geht: „Wir veranstalteten jeden Tag von 17 bis 18.30 Uhr den soge-

Midi und Bubi Seyrling in den frühen Fünfzigern am Gschwandtkopf.

Geburtstagsständchen (14. Jänner) für Midi von Udo Jürgens, frischgebackener Eurovisions-Sieger. Mit Bubi und Silvia Seyrling.

nannten Tanztee, der fast nahtlos ins Nachtgeschäft überging. Dazwischen blieb gerade noch Zeit für eine Dusche, Umziehen und einem Paar Würstel im Stehen. „Würstelzeit" haben wir diese kurze Pause genannt. Die Nächte waren wirklich lang. Nicht nur einmal haben wir sogar die Gendarmerie bitten müssen vorbeizukommen und die Polizeistunde auszurufen, weil wir die Gäste nicht mehr aus der Kanne bringen konnten. Manchmal sind wir mit den Gästen aber auch noch an der Hotelbar gesessen, so lange, bis schon wieder die Putzmädchen bei der Tür hereingekommen sind. Damals haben sich viele Freundschaften entwickelt."

Die Glanzzeit von Hotel und Tanzlokal lag aber nach wie vor im Winter. Und auch wenn schon lange nicht mehr die Existenz des Familienunternehmens auf dem Spiel stand, wollte sich Midi doch nicht mit dem nur schleppenden Sommerbetrieb abfinden. Gewiss versuchten sie wie andere Gastwirte auch, die Urlauber mit Tiroler Abenden anzulocken. Doch die zwei- bis dreimal pro Woche stattfindenden Schuhplattel-Aufführungen mit Watschen- und Figurentanz wollten sich irgendwann nicht einmal mehr die englischen Sommergäste ansehen. In einem Gespräch mit Otto Haslwanter, dem Besitzer des führenden Incomingbüros vor Ort wurde die Klosterbräu-Wirtin eines Tages auf einen neuen Veranstaltungstyp aufmerksam: Die Barbecue-Abende, wie sie damals auf Mallorca erfolgreich durchgeführt wurden. Die unternehmungslustige Gastronomin wurde gleich neugierig und wollte sich am liebsten selbst ein Bild von der Sache machen. Kurzentschlossen riefen die beiden also den Bürgermeister von Leutasch, Hans Geiger, an und verabredeten sich für den Nachmittag zu einem Flug nach Mallorca, um sich das Grill-Event auf der Ferieninsel anzusehen.

Gesagt, getan, um drei Uhr nachmittags traf sich eine kleine Gruppe auf dem Innsbrucker Flughafen, wo der Bürgermeister und Pilot Geiger, der gerade noch sein Feld bestellt hatte, schon sein Flugzeug, eine Cessna 175, startklar machte. Vier bis fünf Stunden hätte der Flug eigentlich dauern sollen. Doch es kam anders: Schon in den Schweizer Alpen musste die Maschine wegen schlechter Sicht Kreise fliegen und, endlich aus den Wolken freigekommen, wusste zunächst keiner so genau, wo sie waren, bis schließlich Midi die Burg von Fürst Rainier von Monaco erkannte. An diesem Tag endete die Reise vorerst in Marseille, wo um 20.30 Uhr mühsam die Landung glückte. Am nächsten Morgen meinte es das Wetter mit den Tourismuspionieren besser. Sie flogen weiter nach Mallorca, vertrieben sich die Zeit mit Warten und waren am Abend bester Dinge, als sie mit rund 1.000 anderen Gästen im Freien auf Holzbänken saßen und ihren ersten Barbecue mit reichlich Spanferkeln, Hühnern, gutem Wein und spanischer Musik genossen. So etwas müsste man in Seefeld auch machen, war die unternehmungslustige Gastronomin entschlossen, nur eben auf Tirolerisch.

Doch bevor die Pläne, die Midi in dieser Nacht schmiedete, umgesetzt werden konnten, mussten sie erst gesund nach Hause zurückkehren. Der Schreck der abenteuerlichen Anreise saß allen noch in den Gliedern, weshalb Harry Steinke, der Direktor eines führenden englischen Reisebüros, gleich mitteilte, dass er gern auf ein weiteres Cessna-Abenteuer verzichten und lieber einen Rückflug mit einer Linienmaschine buchen würde. Auch die sonst so mutige Tirolerin suchte nach einer Möglichkeit, ein sichereres Transportmittel zu benützen. Sie wollte ihren Mann anrufen und dann vorgeben, er habe ihr den Rückflug verboten. Nur leider war dieser telefonisch nicht zu erreichen, und da sie die beiden letzten noch verbliebenen Insassen nicht im Stich lassen wollte, stieg sie schließlich doch wieder in die Maschine des Bürgermeisters ein.

Und auch diesmal hatten sie mit dem Wetter zu kämpfen. Knapp vor dem Festland gerieten sie in dichte Wolken, und als sich Midi ein wenig im Innenraum des Flugzeugs umsah, bemerkte sie als Einzige, dass der rechte Benzintank leer war und auch der linke langsam zur Neige ging. So hat sie möglicherweise der ganzen Mannschaft das Leben gerettet. Es folgte eine Zwischenlandung in Verona, wo es mit vollen Tanks weiter über den Brenner ging, doch schon wieder mussten sie wegen schlechter Sicht den Kurs ändern und Richtung Großglockner ausweichen. Endlich befand sich die Maschine im Landeanflug auf Innsbruck, wo der Föhn ein Stück blauen Himmel aufgetan hatte. Aber noch war die Aufregung nicht vorbei, denn der warme Fallwind vertrieb nicht nur die Wolken, sondern ließ auch die leichte Maschine wie ein Blatt Papier in der Luft tanzen. Unten auf dem Boden beobachteten inzwischen voller Angst Alois Seyrling und seine Kinder die Turbulenzen, in denen sich ihre Mutter befand. „Zum Glück war der Geiger ein phantastischer Flieger", resümiert Midi heute, denn tatsächlich gelang dem Bürgermeister von Leutasch die Landung schlussendlich. Am Abend stieß dann die ganze Gesellschaft im Klosterbräu auf ihre Heimkehr und den spanischen Barbecue an.

Das Motiv der Reise, in ihrem Hotel eine neue Sommerattraktion auf die Beine zu stellen, setzte die Gastwirtin sogleich in die Realität um. Die Grillabende im Hof des alten Klosters, an denen bis zu 800 Personen teilnahmen, waren ein voller Erfolg. Das männliche Servierpersonal trug Ritteruniformen, die Kellnerinnen waren als Burgfräulein verkleidet, stilecht zusammengestellt aus dem Fundus eines Kostümverleihers in Innsbruck. Die Gäste wurden mit Punsch begrüßt und mit bratfrischen Köstlichkeiten vom Spieß verwöhnt. All das gab es von da an im Hause Seyrling im Sommer zweimal pro Woche und zwar drei bis vier Jahre lang, so lange, bis sich – ähnlich wie zuvor das Schuhplatteln – auch dieses Event totgelaufen hatte.

Viel Licht und etwas Schatten
In den vielen Jahren, in denen Midi Seyrling gemeinsam mit ihrem Mann das Klosterbräu geführt hat, kam es manchmal doch vor, dass die Gäste ganz ohne das Zutun des umtriebigen Ehepaares nach Seefeld strömten. So etwa bei den Olympischen Winterspielen, die 1964 und 1976 in Kooperation mit der Landeshauptstadt Innsbruck ausgetragen wurden. Auch wenn während der Bewerbe die Stammgäste ausblieben – weil sie entweder der Rummel abschreckte oder sie befürchteten, bei so viel Prominenz nur noch die zweite Geige zu spielen –, profitierte der Tourismus langfristig deutlich von diesen beiden Großevents. So wurden für die nordischen Bewerbe, die auf dem Seefelder Plateau über die Bühne gingen, neue Sportstätten geschaffen wie etwa ein umfassendes Loipensystem oder die Skisprunganlage. Auch trugen die herrlichen Bilder der verschneiten Winterlandschaft den Zauber Seefelds weit in die Welt hinaus, ein Werbeeffekt, wie er mit den ansonsten verfügbaren Mitteln nie hätte erreicht werden können.

Das viel zitierte olympische Motto „Dabei sein ist alles" galt für die Klosterbräu-Wirtin allerdings nicht. Sie war mit Arbeit so eingedeckt, dass sie keinen einzigen der Bewerbe live verfolgen konnte. Dennoch ist es interessant, ihren Erinnerungen an die beiden Winterspiele zuzuhören. Hinter der Bühne hat Midi nämlich vor allem die

Stimmung miterlebt, von der die Sportveranstaltungen begleitet wurden, und die war bei der ersten Austragung 1964 deutlich entspannter. Die Olympischen Spiele 1964 liefen nämlich noch sehr unbeschwert ab. Alles war voller riesiger, begeisterungsfähiger Zuschauermassen, mitten unter ihnen VIPs wie der Schah von Persien, Polizei- und Sicherheitsbeamte waren kaum wahrnehmbar. Anders war es 1976, wo der Großevent vom blutigen Attentat bei den Olympischen Sommerspielen 1972 in München überschattet wurde. Nun war der Polizeischutz allgegenwärtig, vor und in den Hotels, auf dem Weg zu den Veranstaltungen und am Rand der Langlaufstrecken. Angesichts von so viel Security litt auch das amikale Ambiente im Klosterbräu, die Wirtsleute konnten sich in ihrem eigenen Haus nicht mehr frei bewegen.

Ein anderes Mal, als sich Midi Seyrling in ihrem eigenen Haus nicht mehr richtig wohlfühlte, war im Spätsommer 1980, als der *profil*-Reporter und späterer EU-Parlamentarier Hans-Peter Martin ausgerechnet ihr Fünf-Sterne-Hotel ausgewählt hatte, um mit einer verdeckten Recherche auf die schlechten Arbeitsbedingungen der ArbeitnehmerInnen aufmerksam zu machen. Zu diesem Zweck hatte er sich als Tellerwäscher einstellen lassen und später über die Wiener Hotelierverеinigung sogar ein Kamerateam eingeschleust. Schließlich publizierte er seine Eindrücke unter dem Titel „Der letzte Dreck" in einer *profil*-Serie[3] und warf der Familie Seyrling auch in diversen TV-Beiträgen Verstöße gegen das Arbeitszeitgesetz und den Kollektivvertrag vor bzw. prangerte die aus seiner Sicht teils unzumutbaren Arbeitsbedingungen an.

Für Midi war das einer der wenigen Momente in ihrer langen Gastwirtinnen-Karriere, wo sie sich von einem Menschen zutiefst verletzt fühlte. „Natürlich wurde in diesen Zeiten manches gemacht, das vom Arbeitszeitgesetz her anfechtbar war", resümiert sie heute. „Gerade die Nachtdienste waren nicht einfach. Beispielsweise ging der traditionelle Gastwirteball bis in die Morgenstunden. Da bin ich selbst noch im Festdirndl um sieben Uhr früh in der Küche gestanden und habe Ham and Eggs gebraten. Solche Veranstaltungen waren aber nicht nur für mich, sondern auch für unsere Mitarbeiter in Bezug auf die zu leistenden Arbeitsstunden ein Ausnahmefall. Die Lehrlinge, die dabei waren, haben aber gerne gearbeitet, weil sie wussten, dass sie bei uns viel lernen konnten."

Da sie immer von diesem freiwilligen Engagement ihrer Mitarbeiter ausgegangen war und sie diese selbst beim Einstellungsgespräch stets darauf hingewiesen hatte, dass es Tage mit längeren Arbeitszeiten geben werde, traf der Bericht der Enthüllungsjournalisten Midi besonders hart. „Eines Abends", erinnert sie sich, „rief uns der Nachtportier an und teilte uns mit, dass vor dem Hotel junge Leute Zeitungen verteilen würden. Als ich das erste Exemplar in Händen hielt, entdeckte ich gleich auf dem Titelbild unseren Hans mit einem der schönen alten Klosterbräu-Teller in der Hand." Für das Ehepaar Seyrling folgte eine schlimme Zeit, Midi nahm zehn Kilo ab und litt unter dem vermeintlichen Imageschaden, selbst wenn ein Teil der Belegschaft nach Innsbruck fuhr, um vor der Arbeiterkammer für ihre Arbeitsgeber zu demonstrieren. Überhaupt reagierten die Klosterbräu-Mitarbeiter mit einer spontanen Welle an Solidaritätsbekundungen, versicherten gegenüber den Medien, dass sie zufrieden seien und alle Überstunden bezahlt bekämen. Lediglich ein einziger Geschirrwäscher stellte sich hinter Hans-Peter Martin und seine Anschuldigungen. Abseits des nun folgenden medialen Gewitters, welches auch von einem Schlagabtausch zwischen Arbeiterkammer und der Sektion Fremdenverkehr der Handelskammer geprägt war,[4] hatten die *profil*-Berichte vermutlich nur begrenzte Auswirkungen auf das Klosterbräu selbst. Die Berufsschule schickte ihre Schüler nach wie vor bevorzugt in das Seefelder Luxushotel der Familie Seyrling, und auch aus der Öffentlichkeit kamen weit mehr positive und anteilnehmende Reaktionen als Kritik.

In den nächsten Jahren verbesserten sich die Arbeitsbedingungen in der Gastronomie ständig. Nur für die Wirtsleute selbst blieb das meiste beim Alten. „Ein guter Hotelier muss einfach mehr als acht Stunden für seinen Betrieb und seine Gäste da sein", ist Midi Seyrling überzeugt. Und: „Er darf nicht egoistisch sein, muss seine eigenen Interessen zurückstellen können." Die Grande Dame des Tiroler Tourismus konnte das, denn sonst wäre es ihr wohl kaum gelungen, aus dem Ausweichquartier der Innsbrucker Universitätsklinik ein international renommiertes Fünf-Sterne-Hotel zu machen. Und noch weniger wäre es ihr gelungen, einen Familienbetrieb am Leben zu erhalten, in dem jeder den anderen unterstützt und immer (zumindest) einer für den Gast da ist, so wie es auf einem der Hotelprospekte der Seyrlings hieß. Der Zusammenhalt der Familie hatte die kleine Maria Mayr aus Volders einst zu einer selbstsicheren und verantwortungsbewussten jungen Frau heranwachsen lassen, und der Zusammenhalt der Familie erlaubte es der verdienten Gastronomin und Seniorchefin schließlich, die Verantwortung für den stattlichen Betrieb ihrem Sohn Sigi und seiner Frau Christine zu übertragen und mit ihrem Mann noch ein paar unbeschwerte Jahre des gemeinsamen Pensionistendaseins zu verbringen.

Den Übergang von der vielbeschäftigten Vollblut-Wirtin zum wohlverdienten Ruhestand bewältigte Midi Seyrling ganz ohne Pensionsschock. Denn die jungen Hoteliers holten sich noch oft gerne den einen oder anderen

Rat von der erfahrenen Gastronomin, baten sie um ihre Mithilfe, und ganz besonders die Stammgäste freuen sich Jahr für Jahr wieder, wenn sie bei ihrem Urlaub in Seefeld die Seniorchefin persönlich antreffen. Ganz abschalten wollte und konnte Midi nämlich wirklich nicht, noch heute stört es sie, wenn sie sieht, dass Geschirr, das die Gäste in den Hotelkorridor gestellt haben, nicht gleich abgeholt wird, und sie ruft kurzerhand beim Portier an.

Anders war das schon auf Gran Canaria, wo sich Midi und Alois nach ihrer Pensionierung einen Ferienbungalow gekauft haben. In den zweimal fünf Wochen, die das Ehepaar jedes Jahr unter der afrikanischen Sonne verbrachte, erlebte sie endlich, was es bedeutet, keine Verpflichtungen zu haben und sich für niemandes Wohl – außer für das eigene – zuständig fühlen zu müssen. Doch leider dauerte diese Zeit viel zu kurz. Am 11. September 2001, dem Tag der Attentate auf das World-Trade-Center, verstarb ihr Mann. Die Trauer über den schmerzhaften Verlust war tief, sie dachte, das Leben ohne ihren Alois nicht ertragen zu können. Zwei Jahre später, kaum dass Midi den Tod ihres Mannes etwas verarbeitet hatte, kam der nächste Schicksalsschlag. Im Alter von nur 50 Jahren erlag ihr Sohn Sigi einer schweren, unheilbaren Krankheit. Von da an sollte wieder ein Alois Seyrling der Wirt vom Klosterbräu werden, Midis Enkelsohn, der gerade die Hotelfachschule in Luzern abgeschlossen hatte. Zusammen mit seiner Mutter Christine hat der junge Mann den Betrieb weitergeführt, nach und nach erhielt er mehr Unterstützung von seinen Schwestern Laura und Linda, sodass sich die Mutter langsam zurückziehen konnte.

„Nichts kann mir meinen Alois und meinen Sigi zurückgeben, aber zu sehen, wie tüchtig und engagiert meine Enkelkinder unsere Familientradition im Klosterbräu fortführen, ist für mich große Freude und Trost zugleich", meint Midi. Mittlerweile hat sie auch gelernt, das Leben allein wieder ein bisschen zu genießen. Sie macht regelmäßig Urlaub auf den Kanaren, lernt Spanisch, pflegt zuhause ihre zahlreichen Kontakte im Ort und bekommt viel Besuch von ihren Kindern und Enkelkindern. Die Hotellerie von heute hat für Midi Seyrling viel von ihrem Reiz eingebüßt, allzu sehr hat sich das Reiseverhalten der Gäste verändert. Während es früher üblich war, zwei bis drei Wochen in einem Gasthof zu wohnen, buchen die meisten heute nur noch Aufenthalte von vier bis fünf Tagen. Früher entstanden Freundschaften zwischen Wirt und Gast, heute wollen die TouristInnen im Urlaub ungestört sein, ziehen sich zurück, und zum gegenseitigen Kennenlernen bleibt in den wenigen Tagen ohnehin kaum Zeit.

Und wenn sie jetzt noch einmal vor die Wahl gestellt würde, mit ihrem Mann die lange Familientradition fortzusetzen oder aber einen ganz anderen Beruf zu ergreifen? „Ich würde keine einzige Sekunde zögern", antwortet Midi, „denn ich habe meine Arbeit immer mit großer Liebe gemacht. Liebe für die Gäste, Liebe für das Haus, Liebe für die Familie. Wenn ich mich wieder entscheiden müsste – immer wieder das Gastgewerbe."

Anmerkungen

1 vgl. Forcher, Michael, Die Geschichte der Stadt Innsbruck, Haymon, Innsbruck-Wien 2008, S. 359ff
2 vgl. Holzmann, Hermann, Dr.; Seefelder Klosterbräu, Verlagsanstalt Tyrolia Innsbruck, 1960, S. 74.
3 vgl. Profil, Nr. 9, 1980, S. 43ff. und Nr. 10, S. 50f., 1980.
4 vgl. Tiroler Tageszeitung, 12. März 1980

„Der Reisch" – die stille Macht in Kitzbühel

„Ein G'scheiter, der ein bissl ein Gauner ist, ist kein großes Problem. Aber ein Dummer, der auch noch ein Gauner ist – das ist eine Katastrophe."

Von Katharina Zierl

Klaus Reisch offenbarte als Zeitzeuge, was ihn bewegt.

Prolog

Wenig ist bekannt über Klaus Reisch. Dass er Einfluss und Macht hat. Dass die Streif in seinem Garten mündet. Dass das Hahnenkammrennen ohne seine Zustimmung nicht stattfinden kann. Nicht nur in Kitzbühel werden ihm Konsequenz, Geradlinigkeit und Disziplin nachgesagt. Viele haben Respekt vor dem unnahbaren Juristen.

Einige wissen, dass Dietrich Mateschitz Reisch die Marke Red Bull erst abkaufen musste, bevor er selbst durchstarten konnte. Der gewiefte Geschäftsmann hatte die Marke zuvor registrieren lassen. Distanziert und kompromisslos sei er, heißt es.

Der emeritierte Anwalt, Unternehmer und Großgrundbesitzer ist kein lauter, aufdringlicher Mensch. Keiner, der sich im Licht der Öffentlichkeit sonnt. Auf Oberflächlichkeiten legt er wenig Wert. Auf Ästhetik in allen Lebensbereichen umso mehr. Was ihn als Menschen ausmacht, bleibt den meisten verborgen. Dabei gibt es viel zu erfahren: über seine Leidenschaft für das Meer und das Seerecht, seine Begeisterung für die Geschichte, seinen Wunsch, ein Buch zu schreiben. Bewusst hält der Kitzbüheler seine Umgebung auf Abstand. Schützt seine persönliche Freiheit. Wird dem Bild des reichen, mächtigen Mannes in der öffentlichen Wahrnehmung gerecht. Hinter die Kulissen zu schauen, ist wenigen gestattet. Als Zeitzeuge ließ Klaus Reisch einen Blick hinter die gut behütete Fassade zu. Offenbarte am 6. Mai 2013 in seinem 85. Lebensjahr im Interview mit Elmar Oberhauser im Innsbrucker Casino und in unseren darauffolgenden persönlichen Gesprächen in Kitzbühel, was ihn bewegt.

Kein offenes Buch

Ein grünes Gatter. Mitten in Kitzbühel. Dahinter Idylle und Ruhe. Zentral und doch abgeschirmt. Das Anwesen strahlt Eleganz und Tradition aus. Die Kanzlei von Klaus Reisch ist der Ort, an dem der Kitzbüheler sehr viel Zeit verbringt. Nach wie vor. Alles ist ordentlich. Nichts liegt herum. Bilder von Schiffen hängen an den Wänden. Der emeritierte Anwalt ist regelmäßig um fünf oder sechs Uhr früh im Büro: „Fünf Uhr allerdings nur in Ausnahmefällen. Und Samstag und Sonntag komme ich erst um neun." Warum er sich auch heute noch so viel in der Kanzlei aufhält? „Erfüllung von Aufgaben, verschiedene Tätigkeiten, Weiterbildung. Natürlich auch geschäftliche Erledigungen." Reisch drückt sich gewählt aus, Sprache ist ihm wichtig. „Mittlerweile bewege ich mich – was die Kanzlei anbelangt – eigentlich im Hintergrund."

Der jüngste Sohn hat das Ruder übernommen. Ganz zurückziehen will und kann sich Reisch dennoch nicht. Zu viel liegt ihm an seiner Kanzlei, zu sehr ist er mit der Juristerei verbunden. „Ich studiere die ganze Literatur und fasse das Notwendige für die Anwälte in Aktenvermerken zusammen. Auch die Pflege meiner Bibliothek erfordert sehr viel Zeit. Dazu kommt noch Schriftverkehr mit meinen Freunden und Bekannten, mit geschichtlich Interessierten. Ich mache das alles wirklich gerne." Langeweile kenne der Jurist nicht. Früher hat sich Reisch schwergetan, Dinge zu delegieren, anderen Verantwortung zu übertragen. Lieber wollte er alles selbst erledigen: „Das hat sich aber mit der Zeit ausgewachsen. Ich habe in der Vergangenheit noch viel mehr umgestellt, überprüft, das ist deutlich weniger geworden." Gar nichts tun kommt für den vielseitig interessierten Tiroler nicht in Frage: „Das ist schwierig, da wäre mir dann wohl wirklich zu fad." Sport betreibe er keinen: „Ich gehe nicht einmal mehr spazieren. Die Kanzleiräume sind so ausgedehnt. Ich bemühe mich, alle Sachen gleich wieder zu verräumen. Auf diese Weise bekomme ich mit Sicherheit jeden Tag die zwanzig Minuten Marsch zusammen, die Ärzte empfehlen", schmunzelt der charismatische Kitzbüheler. Führt er durch seine Fachbibliothek, die ob ihres ungewöhnlichen Ausmaßes beeindruckt, schwingt Stolz mit. Und Begeisterung. Reisch erzählt. Führt von einem Raum in den nächsten. Nimmt Bücher aus den Regalen. Liest vor und lacht. Hier ist er in seinem Element. Fühlt sich zu Hause. Die Bibliothek von Klaus Reisch zählt zu den umfassendsten in ganz Tirol. „Die Belletristik", erzählt er, „habe ich daheim"; sie sei bis zum Kriegsende im englischen, französischen, amerikanischen und deutschsprachigen Bereich sehr komplett. „Die Nachkriegsliteratur hat mich nicht mehr interessiert."

Reisch weiß – wie jeder andere in Kitzbühel auch – um seine Macht. Auch wenn sie ihm, wie er selbst sagt, nicht wichtig ist. Inwieweit es von seinem Wohlwollen abhänge, ob das Hahnenkammrennen stattfinde oder nicht, wollte Elmar Oberhauser Reisch beim Zeitzeugen-Gespräch im Innsbrucker Casino entlocken. „Das kann man nicht so einfach sagen", blieb er eine konkrete Antwort schuldig. Er habe bereits vorhergesehen, dass er mit dieser Frage konfrontiert werde. „Und ich habe festgestellt, dass ich noch nie darüber nachgedacht habe", ergänzte er mit einem schelmischen Grinsen. Auch wenn sich Reisch in Zurückhaltung übt: Die Fakten sprechen eine eindeutige Sprache. Den Vorgarten des Kitzbühelers könnte man durchaus als geografisches Zentrum des alpinen Skisports bezeichnen. Reisch besitzt die Felder zwischen Hausberg und VIP-Zelt, zwischen Streifalm-Lift und Skiwiese. Was die gesamte Länge der Streif betreffe, mache sein Besitz nur rund ein Zehntel aus. „Aber ein strategisch beherrschendes", schmunzelt der Unternehmer. Ohne seine Zusage ist das Hahnenkammrennen in seiner jetzigen Form definitiv nicht durchführbar. Das Rennen bedeute ihm sehr viel: „Aus verschiedenen Gründen. Es ist zunächst für Kitzbühel, für Tirol und Österreich von kolossaler Bedeutung. Daran gibt es überhaupt keinen Zweifel. Dann kommt noch die familiäre Tradition hinzu. Mit meinem Großvater hat es an sich begonnen. Er hat am Zielgelände die ersten Rennen organisiert." Es sei ein wichtiges sportliches

Ereignis, das vielen Menschen erlaube, sich zu bewähren. „Einen gewissen Stolz verspüre ich schon. Weil das Rennen in Fortsetzung der Familientradition auf unserem Eigentum endet." Dass er für die Bereitstellung seiner Grundstücke Millionen kassiere, wie in Kitzbühel behauptet wird, stimme nicht: „Das ist wie üblich vollkommen überzogen. Der Skiclub bezahlt mir einen festen Betrag. Darüber hinaus bekomme ich noch einen bescheidenen Prozentsatz aus den Werbeeinnahmen. Die Werbeträger selbst bezahlen aber nichts an mich, das geht alles direkt in den Skiclub."

Oberhauser erwähnte im Casino, Reischs Tochter Signe, ihres Zeichens Chefin des Kitzbüheler Tourismusverbands, habe erklärt, ihr Vater werde oft missbraucht: „Wenn der Skiclub etwas nicht will, dann gibt er vor, der Reisch will's nicht, sagt zumindest Ihre Tochter. Stimmt das?" „Sie wird's von einem entfernteren Standpunkt sehen. Vielleicht stimmt's", ließ der Kitzbüheler Platz für Spekulationen. Oberhauser und Reisch kennen einander lange. Noch aus Zeiten, in denen der ORF bei den Übertragungen des Rennens nicht immer die Zustimmung des Unternehmers erntete. „Im Nachhinein", meinte Oberhauser, sei der Zorn oft zu Recht entstanden. „Weil der ORF damals hochnäsig und präpotent aufgetreten ist." Beispielsweise hätte die FIS (International Ski Federation) anfangs nicht genehmigt, dass die Weiten des Zielsprunges gemessen werden. „Wir haben uns mit Tafeln aufgestellt. Allerdings nicht lange. Klaus Reisch hat sie einsammeln lassen und uns mit Hausfriedensbruch gedroht", erinnerte sich Oberhauser. „Das habe ich aus meiner Erinnerung gelöscht", sagte Reisch mit einem Lächeln auf den Lippen. Nach Anfangsschwierigkeiten habe dann aber alles völlig harmonisch funktioniert. „Sie haben erkannt, dass mein Verhalten nicht unbedingt gehässig war, sondern eine gewisse

Rechtfertigung hatte", meinte der Kitzbüheler in Richtung seines Interviewers.

Klaus Reisch ist niemand, den man auf Promi-Partys antrifft. Auch, oder erst recht nicht, am VIP-überfluteten Hahnenkammwochenende. Warum er das Sehen und Gesehenwerden lieber anderen überlässt, erzählte er abseits des Zeitzeugeninterviews im persönlichen Gespräch in seiner Kanzlei in Kitzbühel: „Das hat mich nie in meinem ganzen Leben gereizt. Ich habe einen großen Fehler. Ich verfüge weder über ein gutes Namens- noch über ein gutes Gesichtsgedächtnis. Es ist mir daher peinlich, wenn ich zu einer größeren Gruppe von Menschen komme und nicht weiß: Kenne ich diese Person, kenne ich sie nicht. Es ist mir unangenehm, nicht zu wissen, wie eine Person heißt. Also meide ich derartige Situationen lieber. Außerdem sagen mir Veranstaltungen ehrlich gesagt sehr wenig." Reisch zieht sich lieber zurück. Er will keine öffentliche Person sein: „Ich stehe in erster Linie in meinem eigenen Leben und habe sehr vieles zu erledigen. Deshalb kapsle ich mich zu einem gewissen Teil etwas ab." Unnahbarkeit ist eine Eigenschaft, die ihm nicht nur in Kitzbühel viele zuschreiben. Damit kann er gut leben. „Das Unnahbare hat etwas für sich, weil ich damit am besten in meinem eigenen Bereich verbleiben kann. Das bringt Ruhe." Reisch ist weder berechen- noch durchschaubar. In seinen Worten und Gesten schwingt viel Wissen, Lebenserfahrung und Menschenkenntnis mit. Er erzählt mit Bedacht, seine Ausstrahlung ist einnehmend. Der Kitzbüheler Hannes Huter, inzwischen Casino-Direktor in Innsbruck, fasste diese spezielle Aura beim Zeitzeugen-Gespräch in Worte: „Schon als kleiner Bub hatte ich Spundus vorm Klaus Reisch." Ob man ihn fürchten müsse? „Furcht will ich ganz sicher niemandem einbläuen. Die Unnahbarkeit ist es, die bei manchen Menschen wohl einen etwas feindseligen Eindruck erweckt. Aber feindselig bin ich absolut nicht." Die Distanz zu seiner Umgebung will er bewahren. „Damit bleibt meine persönliche Freiheit unberührt. Darauf lege ich großen Wert." Dass viele vor ihm großen Respekt, geradezu Ehrfurcht haben, ist Reisch bewusst. Wichtig sei ihm das – genauso wie das Gefühl von Macht – nicht. „Das hat sich so ergeben. Eine Ursache ist wohl, dass ich lange Zeit nicht in Kitzbühel präsent war." In der Wahrnehmung der anderen sei er deshalb eben nicht „der Klaus", sondern „der Reisch". Das Etikett „streng" wird er in der öffentlichen Wahrnehmung nicht los. „Ich bin an sich ein gutmütiger Mensch. Aber meine Grundsätze sind Ordnung, Genauigkeit und Disziplin. Das bedarf einer gewissen Strenge." Mit klaren Hierarchien kann sich der emeritierte Anwalt gut anfreunden. „Das ist in vielen Bereichen so. Nicht nur im familiären. In der Kanzlei werde ich die Weisungen selten dem Lehrling geben, sondern der Kanzleileiterin. Das ist auch eine bestimmte Informationsabdeckung. Dann kann niemand sagen, er habe es nicht gewusst. Ich wende mich, wenn möglich, eigentlich immer an die oberste Stelle."

Das Rennen

An das Hahnenkammrennen, das zum ersten Mal 1931 stattfand, und an Kitzbühel hat Klaus Reisch wenige konkrete Erinnerungen. „Ich bin im Alter von 19 Jahren nach Innsbruck gegangen. Habe dort die Externistenmatura gemacht, dann das Studium und die Ausbildung absolviert. Meine drei Töchter sind in Innsbruck geboren. Daher habe ich verhältnismäßig wenig Verbindung – auch zu den Kitzbühelern meiner Generation." Seine Erinnerung beginne erst mit dem Jahr 1958, in dem er seine Kanzlei in

Kitzbühel eröffnet hat. „Ich war mit dem damaligen Skiclubpräsidenten gut befreundet. Und half bei der Gewinnung der ersten Sponsoren mit. 1958 fand die Alpine Skiweltmeisterschaft in Bad Gastein statt. Das war die erste ORF-Übertragung eines Rennens. Der Erfolg war unerwartet groß. Daraufhin dachten die Verantwortlichen nach, was man weiterhin in diese Richtung unternehmen könnte. Kitzbühel kam ins Spiel. Die erste Fernsehübertragung 1959 war ein Riesensprung." Blickt er auf die Entwicklung des Hahnenkammrennens zurück, verspürt Reisch einen Hauch von Nostalgie. Man könne das Rennen heute nicht mehr mit den Anfängen vergleichen. „Der personelle Einsatz war naturgemäß früher viel kleiner. Auch der Ehrgeiz, irgendetwas Wichtiges zu haben, war nicht so ausgeprägt. Genau dieser Ehrgeiz hat sich enorm gesteigert. Das Kameradschaftliche ist überhaupt etwas geschwunden. Das ist schade, aber Dinge verändern sich. Heute gibt es so viele Ereignisse und Eindrücke. Früher bewegte sich vieles in einem kleinen Kreis."

Das Hahnenkammrennen gilt für viele als *das* Skirennen überhaupt. Auch für Reisch: „Das ist es. Weil es spannend ist. Und eine ganz spezielle Atmosphäre bietet – allein, was die Natur und die Gestaltung der fast natürlichen Tribüne angeht. Das lässt sich ganz schwer irgendwo wiederholen. Außerdem ist die Stadt gleich daneben." Die Häufung von gesellschaftlichen Veranstaltungen am Rande des Rennens sieht Reisch nicht als Problem: „Es wird immer genügend Interesse für das Rennen geben. Das VIP-Zelt und all die Partys sind ja wegen des Hahnenkammrennens entstanden und nicht umgekehrt." Die Zukunft des Rennens sei „bei derzeitiger Führung" gewährleistet, betont Reisch.

Bislang habe es von Kitzbüheler Seite wenige Bemühungen in Richtung Austragung einer Weltmeisterschaft gegeben, erklärte Oberhauser beim Interview im Casino: „Hat das Hahnenkammrennen mehr Bedeutung als eine Weltmeisterschaft?" Diese Frage sei schwer zu beantworten, erklärte Reisch: „An sich würde ich das Hahnenkammrennen in gewissem Maß einer Weltmeisterschaft gleichstellen. Ich glaube nicht, dass Kitzbühel eine Weltmeisterschaft braucht." Ob olympische Winterspiele für Österreich von Vorteil wären? „Besonders überzeugt bin ich davon nicht. Der Aufwand ist sicherlich sehr groß. Die Frage ist, ob der Aufwand den ohnehin schon sehr guten Ruf Österreichs in Sachen Skisport rechtfertigt. Das würde ich insgesamt eher verneinen." Kitzbühel sei früher die Stadt ganz großer Skifahrer gewesen, meinte Oberhauser. Das sei heute anders. Warum? „Obwohl ich sportlich nicht so beschlagen bin: Meiner Ansicht nach kommen die heutigen Spitzenathleten eher aus kleineren Wohngebieten. In Kitzbühel – wie soll ich es am besten ausdrücken – ist eben doch sehr viel offen für junge Leute, was keine körperlichen Anstrengungen erfordert. Der Ehrgeiz geht insgesamt offenbar mehr in andere Richtungen", sagte der Kitzbüheler. Diese Entwicklung sei schade. „Ein besseres Mittelmaß wäre günstig."

Das Hahnenkammrennen sei laut Reisch für Kitzbühels Tourismus unverzichtbar: „Ohne diese Veranstaltung würde das alles anders ausschauen." Das Hahnenkammrennen als Zentrum der Reichen und Schönen? „Es ist sicher ein Ort des Zusammentreffens. Wir dürfen aber nicht andere Orte wie etwa St. Moritz vergessen." Dass sich Urlaub in der Gamsstadt nur leisten kann, wer viel Geld hat, stimme nicht: „Kitzbühel ist international absolut wettbewerbsfähig. Eher noch in der Mittelklasse als in der hohen Klasse." Man könne die Kitzbüheler Preise nicht mit den Preisen in Lech vergleichen. Und international nicht mit denen in St. Moritz. „Kitzbühel hat, was ich nicht verstehe, den Ruf des Teuren, aber das gilt nicht für die Gastwirtschaft. Es gilt für Grund und Boden, wobei das sicher noch nie so krass war wie jetzt. Es trifft auch für private Liegenschaften zu. Aber für den Gast ist es nicht teuer", sagt Reisch.

Anwalt der Zuschauer

Mit vier Jahren stand Klaus Reisch zum ersten Mal auf Skiern. Er wird oft als einer der Väter des Hahnenkammrennens bezeichnet. „In dieser Allgemeinheit stimmt das nicht. Man muss trennen zwischen der Veranstaltungsästhetik und dem sportlichen Teil. In den sportlichen Bereich habe ich mich nie eingemischt. Insgesamt habe ich aber schon einiges beigetragen." Titulierungen wie „der König von Kitzbühel" oder „der Herrscher der Streif" empfindet Reisch eher als störend: „Darauf lege ich keinen besonderen Wert. Natürlich hat man es gern, wenn man anerkannt wird, aber ich will keine übertriebene Glanzstellung. Die Streif beherrsche ich auch nicht." Wenngleich er die Streif seiner Ansicht nach nicht dominiert, seinen Einfluss macht er jedes Jahr geltend. Mit einem Diktiergerät spaziert Reisch am Rennwochenende durchs Zielgelände und hält fest, woran die Veranstalter im nächsten Jahr besser nicht mehr festhalten sollten. „Dabei geht es nicht nur um Dinge, die mich stören, sondern auch darum, was man empfehlen kann. Ich konzentriere mich nur auf den Zuschauer-, Fernseh- und Journalistenbereich." Denn entscheidend sei die Ästhetik der Veranstaltung. Als störend empfinde Reisch alles, „was in Jahrmarktrummel und in unzulässiger Werbung mündet". Das mussten in den 1960er-Jahren auch ein paar „recht attraktive Damen" zur Kenntnis nehmen. „Sie waren mit Jacken mit der Riesenaufschrift „Piz Buin" am Rücken bekleidet. Ich habe die Damen gebeten, das Gelände zu verlassen oder die Anoraks auszuziehen. Die Frauen haben sich geweigert, dann habe ich die Firma Piz Buin geklagt und in allen drei Instanzen gewonnen", erzählt Reisch. „Die Damen meinten, sie hätten die Eintrittskarten bezahlt und könnten anziehen, was sie wollen. Der Oberste Gerichtshof sah das – genauso wie ich – anders. Die Entscheidung war eindeutig: Wenn Personen mit dem Tragen gewisser Kleidung eine Werbewirkung erzielen, ist das unzulässig. Und genau dieses richtungsweisende Urteil hat viele ähnliche Vorhaben dann von vornherein abgewehrt." Bei Aktionen wie diesen gehe es keineswegs um die Demonstration von Macht. Mit diesem Vorwurf sieht sich Reisch regelmäßig konfrontiert. „Überhaupt nicht. Aber Sie müssen wissen: In Kitzbühel ist man einem die Schulden und die Lungenentzündung auch neidig. Die Gerüchtebörse ist immer auf dem Höchststand", erzählte Reisch beim Gespräch in der Gamsstadt. Man müsse gewisse Grenzen festlegen, um die Ästhetik zu wahren. Reisch sieht sich selbst als Anwalt der Zuschauer: „Beispielsweise lege ich großen Wert darauf, dass die Absperrungen nicht zu hoch sind, damit die Menschen problemlos in den Zielbereich hineinschauen können. Das habe ich durchgesetzt. Und dass keine Fanplakate mitgebracht werden, die so stehen, dass sie die Zuschauer stören. Auch bei den Videowänden ist es mir wichtig, dass die Leute gute Sicht haben und nicht beeinträchtigt werden."

Dass man ihm in Kitzbühel auf Grund seiner zweifelsfrei mächtigen Position immer den roten Teppich ausrolle, stimme laut Reisch nicht: „Rückblickend gesehen kann ich das so gar nicht bestätigen. Ich habe in der Vergangenheit sehr viel Widerstand gehabt." Dieser Gegenwind habe ihn aber „nicht weiter belastet." Als er etwa in den 1970er-Jahren einen Golfplatz bauen wollte, habe man massiv ver-

Reisch als junger Bursch im Zielgelände
des Hahnenkammrennens.

Klaus Reisch (4.v.l.) war unter anderem mit Toni Sailer (Mitte)
im Weisenrat des Kitzbüheler Skiclubs.

sucht, dieses Vorhaben zu verhindern. „Eine Gruppe von Leuten wollte mit aller Gewalt dagegen vorgehen. Weil ich damit angeblich den Skisport beeinträchtigen würde. Damals gab es für Golfplätze aber keine Genehmigungspflicht, da konnten sie überhaupt nichts machen. Heute ginge das nicht mehr so leicht. Es beginnt ja schon mit der Umweltverträglichkeitsprüfung, da sind drei Jahre schnell vorbei." Die Golfplatzgegner machten jedenfalls gegen Reischs Pläne mobil. Das Argument, dass mit den Golfbällen Vögel erschlagen werden könnten, sei schnell gefallen. Dann, schmunzelt Reisch, sei die Eisenbahn als mögliches Hindernis aufgetaucht: „Es hieß, die Lokführer seien durch die Golfbälle gefährdet." Da sich der zielstrebige Kitzbüheler aber selten bis nie von seinen Plänen abhalten lässt, war auch dieser Stein schnell aus dem Weg geräumt: „Ich habe mit den Eisenbahnverantwortlichen vereinbart, dass während des Vorbeifahrens eines Zuges nicht abgeschlagen wird. Das war eine Platzregel. Sie waren damit zufrieden. Somit war auch das erledigt."

Die Realisierung des Golfplatzes ist nur ein Baustein in der Reisch'schen Historie. Der Rasmushof, inzwischen weit über die Grenzen Kitzbühels bekanntes Luxushotel mit traditionellem Flair, wurde von Klaus Reisch Schritt für Schritt aufgebaut. „Der Stall unserer damaligen Landwirtschaft war mitten in der Stadt. Prachtvoll, an dieser Stelle allerdings nicht mehr zu halten. Mein Vater baute Anfang der 1950er-Jahre einen bloßen Stall im Zielgelände der Streif. Es war bereits damals vorgesehen, dass man vorne einen Wohnteil anbauen könnte." Die Landwirtschaft wurde eingestellt. Als Klaus Reischs Vater keinen Pächter mehr fand, brachte sich der Sohn selbst ins Spiel: „Ich habe angeboten, die Landwirtschaft abzupachten. Und auch wenn mein Vater zunächst nicht begeistert war, hat er schließlich zugestimmt." Reisch wusste, wie die

Landwirtschaft funktioniert: „Weil ich, bis ich im Alter von 19 Jahren nach Innsbruck gegangen bin, voll mitgearbeitet habe. Nur mein ältester Sohn, der nicht mehr lebt, meine Frau und ich haben die Landwirtschaft betrieben. Irgendwann haben wir uns aber nicht mehr ausgesehen." Ein Wohnbereich wurde angebaut, Zimmer vermietet. „Dann hatte ich eben die Idee, den ersten öffentlichen Golfplatz zu bauen. Ich war viel in den USA, habe dort die Bedeutung des Golfens erkannt. Bei uns war das ja noch nicht so in Schwung gekommen. Auch wenn die Bedeutung von Golfplätzen massiv gestiegen ist, reich wird Reisch damit nicht: „Ich muss hineinbuttern, aber man muss es als Gesamtsache sehen. Für den Rasmushof ist es eine Belebung im Sommer, daran gibt es überhaupt keinen Zweifel. Was ich hineinbuttere, kommt dem Rasmushof zu Gute."
Tochter Signe bezeichnet den Weg, den Klaus Reisch eingeschlagen, die Pläne, die er umgesetzt hat als „federführend". Ihr Vater habe stets „weise, mahnend und vorausschauend" gehandelt. Der Kitzbüheler sagt, Triebfeder für wegweisende Entscheidungen sei stets ein Grundgedanke: „Es muss irgendetwas geschehen. Wenn klar ist, dass sich etwas ändern muss, ist die logische Frage: Was? Und dann wird der Plan umgesetzt."

Erweckt aus dem Dornröschenschlaf
Was Klaus Reisch über die Geschichte der Gamsstadt weiß, komme vorwiegend von Erzählungen seines Vaters. „Kitzbühel war eine Bergbaustadt. Der Bergbau ist in der ersten Hälfte des 19. Jahrhunderts praktisch durch Erschöpfung erloschen. Dann erlitt Kitzbühel einen Verfall", erzählt Reisch. Es gebe ein Bild, das 1880 in Kufstein aufgenommen wurde. „Herren mit Zylinder, Damen gekleidet, wie die damalige Mode war." Und ein Bild von

der Kitzbüheler Vorderstadt: „Ein zerlumptes Kind steht in einer Gosse – und genauso war es damals." Sein Großvater Franz Reisch habe die Gamsstadt aus dem Dornröschenschlaf erweckt.

„Er kam gegen seinen Willen nach Kitzbühel. Mein Großvater wurde am 17. Oktober 1863 in Kufstein geboren. Mit vielen Geschwistern. Sein Vater, mein Urgroßvater, ist in Traunstein, als er eine der Töchter ins Internat brachte, tödlich verunglückt. Weil er mit dem Ehering bei der Eisenbahn hängen geblieben ist. Seitdem tragen wir aus Tradition keinen Ehering mehr", schildert Reisch. Der Bruder des Großvaters starb in Kitzbühel verhältnismäßig früh an Tuberkulose. „Die Mutter meinte: ‚Franz, du bist nicht für Kufstein vorgesehen, du gehst nach Kitzbühel.' In seinem Tagebuch steht über die Anfänge: ‚Das ist ein schreckliches Nest, es regnet in Strömen und morgen bin ich wieder weg'", erzählt Reisch. Sein Großvater war damals 30 Jahre alt. Er übernahm die Lebzelterei und Wachszieherei von seinem Bruder. Und entdeckte seine Leidenschaft für den Wintersport. Nachdem er ein Buch über den Skilauf in Norwegen gelesen hatte, ließ er sich Schneeschuhe schicken. Franz Reisch machte sich im März 1893 als Erster mit Skiern – damals eben noch als norwegische Schneeschuhe geläufig – auf den Weg zum Kitzbüheler Horn. Ein für damalige Verhältnisse mutiges Vorhaben. Ein für Kitzbühel geschichtsträchtiges Ereignis. Franz Reisch gelang die erste hochalpine Skiabfahrt. Der Pionier fand schnell Gleichgesinnte. 1895 gab es die ersten Skirennen in Kitzbühel. „Er hat so vieles für die Stadt getan. Den Fremdenverkehr in Schwung gebracht. Er war auch Gründer des Grand Hotels. Hat dann das Sporthotel gebaut", erzählt Klaus Reisch. Der große Wurf sei der Kauf des Hinterbräus gewesen. „Das war eine klassische Brauerei mit Wirtshaus und Landwirtschaft. Es existiert nicht mehr, wurde abgerissen. Dann hat mein Großvater das Kitzbüheler Horn Schritt für Schritt aufgekauft, das Alpenhaus ausgebaut und das Gipfelhaus errichtet. Bei den Walde-Bildern gibt es eines vom Gipfelhaus. Das haben die Alliierten allerdings 1945 gestohlen."

Franz Reisch war Bürgermeister, Chef des Verschönerungsvereins, erbaute die Volksschule und das Moorbad, das es heute nicht mehr gibt. „Er hatte auch das erste Taxi. Es ist alles eine unglaubliche Geschichte. Als er etwa das Gipfelhaus gebaut hat, ist er dreimal pro Tag mit 40 oder 50 Kilogramm Baumaterial raufgegangen." Am 6. Jänner 1920 kam Franz Reisch im Alter von 56 Jahren ums Leben. „Der frühe Tod war sicher das Ergebnis seines schaffenden Lebens. Mein Vater hat erzählt, dass er sich manchmal zwei oder drei Tage lang in der Dunkelheit eingesperrt hat, weil er so starke Migräne hatte. Er ist beim Skifahren gestorben. In der Gegenwart einer seiner Söhne", schildert Reisch.

Der Sommertourismus, blickt Klaus Reisch zurück, sei in Kitzbühel vor dem ersten Weltkrieg gar nicht so schlecht gewesen. „Das ist auch Teil meiner eigenen Familiengeschichte. Die Eltern meiner Mutter sind im Sommer ein Monat nach Grado gefahren, und dann ein Monat nach Kitzbühel. Mit Kindermädchen und Köchin. Dadurch hat meine Mutter eine besondere Beziehung zu Kitzbühel." Dann kam die „böse Zeit des Krieges". Alles sei naturgemäß sehr mühselig gewesen. „Ab 1925 gab es eine leichte Erholung, es wurde sehr viel unternommen. Die heutige Tenne wurde groß umgebaut. In allen Betrieben wurde viel investiert. 1929 kam der Krach, die Weltwirtschaftskrise. Ein Sterben des Fremdenverkehrs. Unsere Familie hatte große Schwierigkeiten. Ich arbeitete viel in der Gastwirtschaft mit. Der Besuch von Edward Windsor, Prince of Wales, der 1935 zwei Wochen in Kitzbühel Urlaub machte, hat die wirtschaftliche Krise zwar nicht behoben, aber die

Gesamtsituation enorm erleichtert. Man konnte zumindest weiterarbeiten. Mein Vater sagte immer, der Sommer dient nur dazu, dass man die Schulden auf den nächsten Winter überträgt. Mit dem Anschluss hat der Fremdenverkehr bis zum Kriegsbeginn sehr stark zugenommen. Während des Krieges waren die meisten Betriebe Reserve-Lazarette und dergleichen." Nach dem zweiten Weltkrieg seien zwei Monate lang die Amerikaner, dann die Franzosen präsent gewesen. „Zuerst kam die 36. Infanteriedivision aus Texas. Das waren auch wirklich Texaner – genauso wie man das erwartet. Korrekt, aber nicht übertrieben. Dann folgte die 42. Infanteriedivision, die Rainbow Division – sie war aus allen Bundesstaaten zusammengesetzt und äußerst unangenehm. Und die Franzosen sind eben Europäer, da lief alles ein bisschen anders", sagt Reisch. Der Marshall-Plan habe schließlich den Aufschwung gebracht.

Der rote Bulle
Klaus Reisch übt sich in der Öffentlichkeit meist in Zurückhaltung. Gibt nicht viel von sich und seinen Gedanken preis. Nur wenn sein Sinn für Ästhetik gestört wird, macht er sich – wenn es sein muss, auch lautstark – bemerkbar. Er ist kein extrovertierter Polterer. Dabei hat er vieles zu erzählen. Vieles erlebt. Mit Red-Bull-Chef Dietrich Mateschitz etwa verbindet Reisch eine ganz besondere, langjährige Beziehung. Reisch war es, der den Namen Red Bull als Marke schützen ließ. Mateschitz war Zweiter. Und musste handeln. „Einen ansehnlichen Betrag, aber nicht in der Höhe der Kitzbüheler Gerüchtebörse" ließ sich der Unternehmer die Marke Red Bull laut Reisch kosten. Er ist auch rückblickend mit dem Geschäft zufrieden: „Ich jammere dem nie nach. Damals war das viel Geld. Den Umständen absolut angemessen. Ich war noch keine

40 Jahre alt. Das Geld hat mir sehr geholfen. Außerdem muss man bedenken, dass Red Bull zu dieser Zeit noch nicht annähernd das war, was es heute ist."

Reisch erinnert sich: „Ich habe also dieses erste Selbstbedienungsrestaurant in Kitzbühel gebaut. Dann war die Frage, welchen Namen wir ihm geben. Streif, Enzian, Edelweiß – aber wir wussten: Das ist alles nichts." 1958 war er gemeinsam mit seiner Frau in Arizona. „Als wir aus einer Stadt hinausfuhren, sahen wir auf einem Lokal einen riesigen roten Stier. Der rote Bulle. Meine Frau meinte sofort: ‚Red Bull, das ist der Name.'" Sonst sei er kein Freund davon, das Englische zu verwenden, „aber Red Bull versteht der Deutschsprachige auch. Ich habe die Marke gleich registrieren lassen." Umso überraschter war Reisch, als unter eben diesem Namen ein neues Produkt beworben wurde. „Beim Autofahren wurde im Radio das Getränk Red Bull angekündigt. Da habe ich mir gedacht: Was ist da los? Ich habe mich erkundigt und der Firma einen Brief geschrieben: ‚Ich mache Sie darauf aufmerksam, dass ich Inhaber der registrierten Marke Red Bull bin'", erklärt der gewiefte Geschäftsmann.

„Das haben die Verantwortlichen offenbar gar nicht gewusst. Es hat nicht lange gedauert, und Herr Mateschitz hat persönlich um einen Termin bei mir gebeten. Kurze Zeit später saß er mir gegenüber. Wir schlossen zunächst einen Lizenzvertrag ab. Wenn sich irgendeine Bar im Burgenland Red Bull genannt hat, musste ich jedesmal klagen. Das war uns beiden irgendwann zu blöd. Das Angebot war, dass er mir die Marke pauschal abkauft. Und genau das hat er gemacht. Für mich war das ein durchaus gutes Geschäft. Meine Frau sagt heute noch, ich hätte viel zu billig verkauft", schmunzelt Reisch. Er habe allerdings vereinbart, dass die Marke in Kitzbühel nach wie vor bei ihm bleibe. Darauf legt der Unternehmer großen

Wert. „Ich muss gefragt werden, wenn irgendwo mit Red Bull geworben wird. Ich wollte meinem eigenen Betrieb nicht schaden. Aber wir hatten nie irgendeinen Streit, es gab keinerlei gegenseitige Vorwürfe. Das wurde alles in absoluter Ruhe und Ordentlichkeit abgewickelt." Nach wie vor habe er verhältnismäßig viel Kontakt zu Mateschitz. „Weil er eben für Werbung in Kitzbühel meine Genehmigung braucht. Ich bin natürlich großzügig. Im Sommer sowieso, da ist das Red-Bull-Restaurant geschlossen. Wobei das Restaurant, glaubt man den Gerüchten, ohnehin schon mehr dem Mateschitz als mir zugesprochen wird. Das stimmt aber nicht", stellt Reisch klar. Die beiden erfolgsverwöhnten Macher würden gut miteinander auskommen. „Wir haben ein hervorragendes Verhältnis. Der Mateschitz liegt mir. Er ist mir vom Verhalten und den Auffassungen her durchaus ähnlich. Auch was den Ordnungssinn betrifft", betont Reisch. Es sei schlicht „großartig", wie die Entwürfe für alle Anlagen, die er entlang der Streif geplant hat, zusammengestellt seien. „Das sagt mir genauso zu. Alles tadellos."

Reisch lässt sich während des Gesprächs in seiner Kanzlei „den Red-Bull-Akt" für das Hahnenkammrennen 2013 in sein Büro bringen. Und blättert durch das Konzept. „Die Entwürfe sind hervorragend. Alles bis ins Detail ausgearbeitet." Er habe meist recht bescheidene Wünsche „hinsichtlich der Platzierung oder der näheren Gestaltung. Bei Bildern mit Schriftzug bin ich auch beim Hahnenkammrennen relativ kleinlich. Bestimmte Bögen sind sehr prominent angebracht." Reisch überlegt kurz und blättert weiter. „Ich hatte immer gewisse Bedenken und habe vollkommen offen gesagt, dass ich unbedingt vermeiden will, dass es ein Red-Bull-Rennen wird. Da besteht schon eine gewisse Gefahr. Die Grenze ist diesbezüglich sicher erreicht. Das haben die Verantwortlichen auch eingesehen. Es darf kein Red-Bull-Rennen werden. Es muss das Hahnenkammrennen bleiben", betont der Kitzbüheler. Vor Mateschitz als Mensch habe Reisch „absolut Respekt". Nach wie vor verfolge er, wie sich das Unternehmen entwickle. „Ganz unabhängig von meiner Red-Bull-Marke, sondern ganz generell. Es ist vielmehr das Interesse an diesem Menschen Mateschitz, der mir kolossal imponiert. Durch meine vielen Reisen verfolge ich vor allem, wie er auf der ganzen Welt langsam überall erscheint. Diese Entwicklung war nicht absehbar."

Wie er überhaupt auf die Idee kam, das erste Selbstbedienungsrestaruant, den Red Bull, in Kitzbühel zu eröffnen? „Die Skiwiese war in den 50er- und 60er-Jahren überlaufen von Anfängern. Heutzutage gibt es nicht mehr so viele davon, weil das Angebot riesig ist. Damals waren Hunderte von Skifahrern da und es gab keinerlei Versorgung, nicht einmal eine Toilette. Irgendwann wurde eine Toilettenkabine in einem primitiven Restaurant eingerichtet. Ich wollte eigentlich nicht Gastwirt werden. Gerade mein Gedächtnisproblem macht mich als Wirt unmöglich. Die Bergbahn wollte den Schlepplift schließen und einen Sessellift bauen. Die Talstation sollte auf einem im Eigentum meines Vaters stehenden Grundstück errichtet werden. Wir sind an die Bergbahnverantwortlichen herangetreten und haben durchblicken lassen, dass mein Vater den notwendigen Grund für den Sessellift verkauft." Die Verhandlungen übernahm Klaus Reisch. „Ich habe gesagt, der Quadratmeterpreis würde passen. Dann kam das große Aber: Das alte Skiliftgebäude kriege ich. Das waren schwierige Verhandlungen. Letzten Endes habe ich mich durchgesetzt und mir dieses Gebäude gesichert. In diesem Fall war vollkommen klar, dass man nur ein ordentliches Selbstbedienungsrestaurant bauen kann. Dann habe ich versucht, das alte Gebäude zu sprengen. Dieses Vorhaben scheiterte, der Sprengstoff verpuffte. Wir mussten alles mühselig abtragen. Der Bau des Restaurants hat sehr viel Geld gekostet. Aber nichts bewährt sich mehr, als sehr teuer zu bauen. Das ist heute noch genauso. Der Grundzug, die Böden und die Decken sind immer noch so wie am Anfang", erklärt Reisch. „Wie üblich", fügt er schmunzelnd hinzu, „gab es auch ein Strafverfahren, weil die Genehmigungen noch nicht rechtskräftig waren und ich trotzdem gebaut habe, damit ich bis zum Winter fertig werde. Dann sind wir fast untergegangen, so gewaltig war der Zulauf. Es war unglaublich. Auch abends und im Sommer hatten wir geöffnet. Das ließen wir dann aber bleiben, weil der Rasmushof dann unserer eigene Konkurrenz war", erzählt Reisch. Das Restaurant laufe nach wie vor gut. „Natürlich ist das heute etwas ganz anderes als früher, weil es überall Selbstbedienungsrestaurants gibt." Für die Ästhetik des Hahnenkammrennens sei der Red Bull aber nach wie vor „mitentscheidend". Außerdem diene er am Rennwochenende auch der Versorgung der Pistenarbeiter und Medienleute vor und nach dem Bewerb.

Sein gutes Recht

Reisch hat im Beruf des Rechtsanwalts seine Erfüllung gefunden. Er habe immer nach etwas gesucht, was seinen vielen Interessen entspreche. „Ich wollte Eisenbahner werden, Chemiker, Historiker – was weiß ich, was noch alles." Im Alter von 14 Jahren habe er seine Mutter gefragt, was denn Jus sei. „Sie sagte, das ist ein bisschen was von allem. Da wusste ich: Das ist genau das Richtige für mich." Die Erwartungen an den vielschichtigen Beruf hätten sich voll und ganz erfüllt: „Die Juristerei hat wirklich von allem etwas. Du musst technisch ein bisschen etwas verstehen, auch von der Wirtschaft. Du solltest den Charakter der

Menschen kennen. Außerdem muss ein Anwalt selbst einen guten Charakter haben und den Beruf immer als Aufgabe und nicht als Einkommensquelle betrachten." Jungen Menschen sei der Beruf ohne Einschränkungen zu empfehlen. „Es ist von allen Studien das beste. Außer man will sich auf einen anderen, speziellen Fachbereich festlegen." Er habe jedenfalls seinen Traumberuf gefunden und würde ihn immer wieder wählen. Ein guter Anwalt könne durchaus Einfluss auf den Ausgang eines Prozesses nehmen. „Man muss zwischen Straf- und Zivilprozess unterscheiden. Im Strafprozess wird der gute Anwalt in manchen Fällen mehr erreichen können. Vor allem werden Fälle dort vielfach bereits vor der Verhandlung entschieden", betont der Kitzbüheler. Die Einstellung des Angeklagten, das Sammeln der Beweismittel und dergleichen würden eine große Rolle spielen. „Im Zivilprozess ist meistens eine gegenseitig gleiche Qualität der Anwälte gegeben. Dort gewinnt eher die bessere Sache als der bessere Anwalt", erklärt Reisch. Geschworenenprozesse seien höchst interessant. „Man merkt schon während der Fragestellungen an die Zeugen und die Angeklagten, ob man Anklang findet oder nicht. Das ist psychologisch sehr spannend. Gerade im Geschworenenprozess spielt der Anwalt deshalb am ehesten eine ausschlaggebende Rolle." Ob ein Advokat Geschworene also beeinflussen könne? „Beeinflussen nicht, überzeugen vielleicht", sagt der Kitzbüheler. Bei der Frage, ob Schwurgerichte überhaupt noch zeitgemäß seien, kommt Reisch ins Grübeln. „Das ist eine schwierige, fast weltanschauliche Frage. Wobei man sagen muss, dass das Laiengericht, so wie wir es haben, noch tragbar ist. Das amerikanische ist untragbar." Geschworene würden zunehmend durch Medienberichte beeinflusst. „Wenn alle Details in der Zeitung stehen, hat das natürlich eine Auswirkung. Auch der Richter wird beeinflusst – zumindest im Unterbewusstsein. Das ist sehr schwierig geworden. In Amerika hat das in einzelnen Fällen schon eine wichtige Rolle gespielt." Ob es eine gute Alternative zum Laiengericht gebe? „Mir ist sie nicht eingefallen."

Reisch glaubt an Gerechtigkeit. Und daran, dass der, der im Recht ist, auch bei Gericht Recht bekommt: „Im Großen und Ganzen schon. Nach meinen fast 60 Jahren Tätigkeit als Anwalt habe ich Vertrauen zu den österreichischen Gerichten. Wobei man hinzufügen muss, dass die Richter in Österreich die weitaus besseren Instrumente in der Hand haben als in anderen Staaten. Ich hatte im Laufe der Jahre mit deutschem, englischem, französischem und amerikanischem Recht zu tun und habe immer wieder festgestellt, dass unsere Gesetze mit Abstand die besten waren. Vor allem für den einfachen Menschen, für den kleinen Bürger. Er hat Entscheidungen verstanden und hatte das Gefühl, dass er richtig behandelt wurde." Viele würden nach wie vor glauben, merkte Oberhauser beim Zeitzeugen-Gespräch an, dass man „die Großen bei Gericht laufen lässt und die Jungen hängt". Korruptionsvorwürfe würden das Bild von Gerechtigkeit und Fairness trüben. Dass diese Misswirtschaft nachhaltig in den Griff zu bekommen ist, glaubt Reisch nicht: „Da habe ich meine Zweifel. Die Nachweisbarkeit ist sehr schwierig. Das wird immer ein Problem sein." Man müsse zwei Arten von Korruption unterscheiden: „Die ideelle, die nicht mit irgendwelchen Mitteln ausgeübt wird, sondern durch Nepotismus oder Freundschaft. Sie ist manchmal nachweisbar und manchmal nicht. Aber die Korruption mit dem berühmten Kuvert ist schwer zu beweisen." Die Korruption sei „ein Krebsschaden in der Gesellschaft". Das Vertrauen sei nachhaltig gestört. „Die Verfolgung dieser Vorgänge muss sicher mit besonderem Fleiß vorangetrieben werden. Es braucht großen Einsatz, um zur Bekämpfung beizutragen", betont Reisch.

Ein Einstieg in die Politik hat Klaus Reisch nie interessiert. Auch wenn sowohl sein Vater als auch sein Großvater das Amt des Kitzbüheler Bürgermeisters innehatten. „Warum ich das nie wollte, ist einfach erklärt: Ich bettle nicht gern. Und wenn ich Politiker bin, muss ich um Stimmen betteln. Das will ich nicht. Ich will nur das, was mir zu Recht zusteht." Erreichen könne man in der Politik schon etwas: „Aber nur im Wesen eines Patriarchats", schmunzelt Reisch. Die aktuelle politische Situation in Österreich bezeichnet er schlicht als „schlecht". Man verwalte nur und regiere nicht. „Der große Wurf fehlt. Über alles wird gestritten. Wer auch immer etwas vorschlägt – ganz egal, ob vernünftig oder nicht –, es sind sofort alle dagegen. Das ist bei uns nicht glücklich. Persönlichkeiten fehlen, der Lebenslauf mancher politischer Akteure ist nicht der richtige. Sie kommen nicht aus der Wirtschaft oder aus den Berufen heraus." Dass mehr Gehalt bessere Leute in die Politik locken würde, glaubt Reisch nicht: „Politiker sollten ihre Tätigkeit grundsätzlich nicht als Beruf, sondern als Berufung sehen." Der Politiker habe kein so schlechtes Einkommen, erklärte Reisch im Gespräch mit Oberhauser: „Der Präsident der Vereinigten Staaten verdient im Jahr 400.000 Dollar. Wenn ich das nach österreichischen Verhältnissen durch 14 Bezüge dividiere, dann komme ich doch zu dem Ergebnis, dass die österreichischen Politiker sicher nicht so schlecht verdienen." Österreichs Bundeskanzler, merkte Oberhauser an, würde wohl um die 16.000 Euro monatlich verdienen, wobei noch die Steuer abzuziehen sei. „Verdient er nicht mehr? Das würde mich nicht begeistern", schmunzelte der Kitzbüheler. Am Geld scheitere es dennoch nicht: „Das Malheur ist, dass der Besserbezahlte schon etwas ist und etwas hat."

Links: Klaus Reisch im Zielgelände des Hahnenkammrennens.
Rechts: Reisch mit seinem Sohn Rasmus und seiner Frau Sigrid.

Kriegsschiffe wie die USS Lionfish (Bild) übten seit jeher
eine Faszination auf Reisch aus.

Welle der Begeisterung

Klaus Reisch liebt das Meer. „Es hat eine gewaltige Anziehungskraft auf mich. Die unendliche Weite. Das Gleiten auf hoher See. Das Gleiten ist etwas, das den Menschen überhaupt anspricht." Man müsse es selbst erleben, „es ist mit Worten nicht zu beschreiben." Seine Stimme verändert sich, wenn er von seiner Leidenschaft erzählt. Sie wird weicher, Reisch wirkt weniger kontrolliert. „Sonnenaufgang, Sonnenuntergang, das Spiel der Wolken – faszinierend. Und die Bewegung der Wellen. Man kann Wellen so lang zuschauen wie Flammen. Es wird niemals langweilig." Auch Schiffe haben es dem Kitzbüheler angetan. „Die heutigen nicht mehr. Die scheußlichsten Schiffe sind die Pkw-Transportschiffe, das sind nur mehr Kästen. Und die Kreuzfahrtschiffe sind übertrieben. So komisch es klingt: Die Kriegsschiffe aller Nationen des zweiten Weltkriegs haben eine ausgesprochene Schönheit." Ein Flottenhandbuch war es, das den Kitzbüheler auf die Schiffe aufmerksam machte. „1939 habe ich zu Weihnachten das deutsche Flottenhandbuch erhalten. Da sind Schiffsbilder, Schiffsskizzen und Daten enthalten. Von da an bin ich geradezu in diese Richtung explodiert." Auch heute noch beschäftigt er sich ausgiebig mit dem Thema: „Ich pflege meine Leidenschaft mit dem Bezug vieler maritimer Zeitschriften. Unterstütze diverse Unternehmungen, Verbände von Kriegsveteranen und Interessierten." Kreuzfahrten mache er nicht. „Manchmal habe ich bei der Rückkehr von einem Besuch unseres Sohnes in Amerika das Schiff gewählt, weil ich dann kein Problem mit der Zeitumstellung habe." Nicht zuletzt das Seerecht übt auf Reisch eine besondere Faszination aus: „Das Seerecht ist in Ordnung. Wenn einer um zwölf Uhr laden soll und er ist nicht da, dann hat er Pech gehabt. Es gibt keine Nachfrist. Jedes Recht muss eine gewisse Härte haben. Unsere Gesetze haben keine Härte mehr, sind teilweise aufgeweicht." Für Österreich spiele das Seerecht ohnehin keine Rolle mehr, „weil wir keine Handelsflotte mehr haben", erzählt Reisch. „Das ist leider vor kurzem eingestellt worden. Sie war an sich gar nicht so schlecht. Und ich hatte einige sehr interessante Fälle."

Die drei Gs: Gene, Geografie, Geschichte
Auch wenn seine Familie und er selbst die Gamsstadt entscheidend geprägt haben: Als Kitzbüheler aus Leib und Seele sieht sich Reisch nicht. „Ich bin ein Tiroler. Ganz klar. Auch kein Österreicher oder Europäer. In der Wirtschaft gibt's die G8. Ich habe die *drei* Gs. Sie bestimmen den Menschen: Das sind Gene, Geografie und Geschichte." Die Geografie spiele eine große Rolle. „Der Inntaler ist anders als der hintere Zillertaler." Die Geschichte ebenfalls: „Sie bestimmt, wie man aufwächst. Und die Erbmasse, die Gene sind naturgemäß auch entscheidend." Reisch wurde am 16. Oktober 1928 geboren. War zum Zeitpunkt des Interviews im Casino und der Gespräche in Kitzbühel 84 Jahre alt. Was im Leben schlussendlich zählt? „Es wäre gut, sich wieder etwas mehr mit innerlichen Dingen zu beschäftigen. Nicht mit Computerspielen und dergleichen. Man muss nicht zurückkehren zur klassischen Hausmusik oder dem Stricken der Hausfrauen in Gesellschaft, wie das früher üblich war. Aber die Computerspiele sind schrecklich. Sie machen die Sprache endgültig kaputt und ersetzen das eigenständige Denken. Mehr Ordnung, mehr Verinnerlichung und weniger Veranstaltungen, weniger Ablenkung vom Wesentlichen."

Die Zeit, sagt Reisch, vergehe schnell. Das sei nicht immer so gewesen. „Man muss es aufsplitten. Die vergangenen zehn Jahre sind sehr schnell vergangen, die Jahre davor nicht." Die Einstellung sei damals eine andere gewesen als heute. „Man kann wirklich sagen, dass die Zeit jetzt geradezu rennt. Das liegt aber nicht am Menschen-, sondern am Zeitalter. Die Kinder sagen das Gleiche. Es gibt heute so viele verschiedene Eindrücke, die man verarbeiten muss." Versäumt, verpasst oder bereut habe er rückblickend betrachtet nicht viel. „Im Spaß sage ich immer, drei Dinge bereue ich: Dass ich nicht Klavier spielen, nicht besser Französisch sprechen und nicht tanzen kann." Nichts davon wolle und werde er noch lernen, schmunzelt Reisch. „Nur, dass ich kein Buch geschrieben habe, das tut mir wirklich leid." Aber das könne er immer noch umsetzen: „Es schlummert sicher im Hintergrund." Ein paar Entwürfe gibt es. Immer wieder fing Reisch an zu schreiben. „Das habe ich aber meist wieder weggeworfen." Auf dem Schreibtisch des Kitzbühelers liegt ein Manuskript. „Der alte Mann und das Meer" steht auf dem Deckblatt. Reisch hat niedergeschrieben, was seine Verbindung zum Meer und zur Seefahrt ausmacht. Für seine „maritimen Freunde", wie er sagt. Dort steht, wie alles begann. Kein Buch, aber ein Anfang. „Das Meer und ich" heißt der Text. Er gibt Einblicke in Reischs Leidenschaft für das Meer und das Seerecht. Er schildert seitenlang ausführlich, wie sich seine Verbundenheit mit dem Meer in all den Jahren verfestigt, was er erlebt und genossen hat. In jeder Zeile schwingt die Begeisterung für Schiffe und Worte mit. Der Verfall der Sprache ist Reisch ein Dorn im Auge. Am liebsten wolle er ein Buch „zur Verteidigung der deutschen Sprache" schreiben, wie er sagt. Denn auch hier gehe es, wie könnte es anders sein, um Ästhetik. Das Wort, das in Gesprächen mit Klaus Reisch dominiert. Das sein Tun lenkt. Nicht nur beim Hahnenkammrennen hat er klare Vorstellungen davon, was Ästhetik ausmacht. Und was sie stört. Auch in der Sprache. „Ich bin sehr unglücklich über die Entwicklung unserer Sprache. Die immer mehr verliert. Und dann die ganzen Abkürzungen. Das E-Mail ist eine Katastrophe", kann Reisch der modernen Kommunikation nur wenig abgewinnen. „Wenn unter einem Brief nur mehr MfG (Mit freundlichen Grüßen) steht, das geht doch nicht. Erst vor kurzem musste ich mich erkundigen, was die Abkürzungen VS und VD bedeuten: Volksschule und Volksschuldirektor. Das ist es, was die Sprache kaputt macht. Und es wird immer schlimmer. Das Gefährliche ist, dass ein Kürzel verschiedene Bedeutungen haben kann. Im Schriftverkehr bessere ich Juristen aus, wenn mir derartige Dinge auffallen." „Fokussieren" sei ein klassisches Beispiel. „Das kommt wieder typisch aus dem Amerikanischen und ist ein Monstrum." Das sei eine Fehlentwicklung, „die noch lange nicht am Ende ist", ist sich Reisch sicher.

Johann Wolfgang von Goethe habe sich bereits über den Verlust der Qualität der deutschen Sprache beschwert. „Englisch ist sehr simpel, Französisch liebe ich, weil es so elegant ist. Und Italienisch ist einfach lustig. Diese Länder haben gemeinsam, dass sie alle für ihre eigene Sprache kämpfen." Die deutsche Sprache sei so ausdrucksvoll. „Ich würde mir wünschen, dass man sie mehr verwendet und dass sie nicht zusehends erschlafft." Genau das wolle er in einem Buch festhalten. „Wir haben für das Flugzeug, für den Bahnsteig, für die Eisenbahn deutsche Worte erfunden. Wir bemühen uns heute gar nicht mehr und nehmen gleich das Amerikanische. Die Erfolge der deutschen Wissenschaften im 19. Jahrhundert und auch heute noch gehen auch zurück auf die deutsche Sprache, weil sie unterscheiden kann, so exakt ist. Das ist das Englische nicht."

Der Reisch-Clan

Die Familie Reisch werde in Berichten oder von Beobachtern des Öfteren mit dem Denver-Clan verglichen, erklärte Oberhauser im Casino: „Eigentlich müsste man den ‚Reisch-Clan' verfilmen." Wenn es schon einen Film über die Familie Reisch geben sollte, „dann müsste man eher die Forsyte-Saga oder die Buddenbrooks nehmen", lächelte der Kitzbüheler. „Der Denver-Clan bewegt sich mehr in wirtschaftlichen Fragen, aber die Forsyte-Saga und die Buddenbrooks spielen sich im familiären Bereich ab." Im Mittelpunkt der Forsyte-Saga stehen die Ereignisse einer Familie, die der oberen Mittelschicht Englands Ende des 19. Jahrhunderts und Anfang des 20. Jahrhunderts angehört. Hauptfigur ist Soames Forsyte, der die Familienideale und sein Vermögen zu wahren versucht. „Buddenbrooks. Verfall einer Familie" ist das früheste unter den großen Werken von Thomas Mann und gilt heute als der erste Gesellschaftsroman von Weltgeltung in deutscher Sprache. Er erzählt vom allmählichen, sich über vier Generationen hinziehenden Niedergang einer wohlhabenden Kaufmannsfamilie und illustriert die gesellschaftliche Rolle und Selbstwahrnehmung des hanseatischen Großbürgertums in den Jahren von 1835 bis 1877. Der Roman wurde mehrfach verfilmt. Diese Welten seien ihm bei Weitem sympathischer als jene des Denver-Clan. In der US-amerikanischen Fernsehserie (1981–1989), die in Denver im US-Bundesstaat Colorado spielt, steht der Kampf zweier fiktiver Ölfirmen um die Vorherrschaft auf dem Markt im Mittelpunkt.

Klaus Reisch bezeichnet sich selbst als Familienmensch. „Aber ich bin kein märchenerzählender Großvater. Die Kinder sind alle erwachsen, die Enkelkinder überlasse ich schon den Eltern, da will ich mich gar nicht einmischen. Sie sind alle von mir gleich geliebt." Die Familie, sagt der

Kitzbüheler, „ist der Urbestandteil jeder Gesellschaft". Es heiße zwar, man könne sich seine Freunde aussuchen, aber die Familie nicht – „was auch eine gewisse Wahrheit hat", schmunzelt Reisch. „Aber die Familie ist und bleibt der Grundbaustein."

Ob er ein Patriarch sei, wollte Oberhauser im Casino von Reisch wissen. „Politisch bin ich es nicht. Familiär habe ich durchaus gewisse Ansätze. Das äußert sich dadurch, dass letztlich doch in diplomatischer Verpackung meine Ansichten durchgesetzt werden." Auf Disziplin legt Reisch großen Wert. Nicht nur bei sich selbst: „Auch bei allen, die mit mir etwas zu tun haben." Disziplin bedeute Ordnung, mache Dinge einschätzbar, einordenbar. Seine schulische Laufbahn ließ die viele Jahre so stark verfolgte Disziplin noch vermissen. „Die Volksschule war tadellos. Dann hat's mich aber nicht mehr interessiert. Wir haben Karten gespielt, schnell noch in letzter Minute die Aufgaben erfüllt", erzählt Reisch. Nach der Schule habe er nicht mehr viel lernen müssen: „Ich hatte früher ein hervorragendes Gedächtnis, habe mir alles gemerkt." Seinen fehlenden Fleiß musste er dann aber doch büßen: „Ich habe die Externistenmatura gemacht. Das war bitter, weil da noch viel mehr verlangt wurde." Während des Studiums war Reisch dann aber „mit mir und den Professoren zufrieden". Der starke Fokus auf Disziplin stelle keinen Widerspruch zur früheren Nachlässigkeit dar: „Das ist die Entwicklung, die ich durchgemacht habe. Und die Selbsterkenntnis." Es gebe viele Beispiele von schlechten Schülern, die Großes geschafft hätten. Eine wenig erfolgreiche Schulzeit könne durchaus dazu beitragen, später Erfolg zu haben: „Der Streber wird meistens nicht mehr glänzen. Er wetzt sich ab. Der schlechte Schüler erwirbt mehr Lebenserfahrung und muss sich durchsetzen."

Bei der Frage, ob er echte, tiefe Freundschaften pflege, überlegt Reisch. Lässt seinen Blick schweifen. „Es gab sehr wenige in meinem Leben. Ich hatte schon ein paar gute Freunde. Aber Sie merken, wie lange ich nachdenken muss. In der Familie hatte ich sehr enge Verbindungen, diese Menschen sind aber alle nicht mehr unter uns. Insgesamt ist dieser Bereich bei mir dürftig, schon ein gewisser Mangel. Leid tut mir das eher nicht. Weil ich einfach zu viel von meiner Zeit für meine eigenen Belange brauche."

Klaus Reisch hat sieben Kinder, 13 Enkel und einen Stiefenkelsohn. Ob man sich das heutzutage überhaupt noch leisten könne? „Meine Kinder tun sich mit drei Kindern sicher schwerer als ich mit sieben. Weil alles teurer geworden ist. Außerdem ist der Bildungshunger der Kinder größer geworden. Sie wechseln viel eher die Fakultäten und wollen zusätzliche Qualifikationen." Grundsätzlich solle jedes Kind die Ausbildung bekommen, die seinem Können entspreche. „Die Politik will, dass möglichst viele studieren. Meiner Ansicht nach studieren mittlerweile schon zu viele. Darunter leidet das Handwerk. Es gibt sehr viele wertvolle Berufe, für die es kein Studium braucht."

Edel, hilfreich und gut

Klaus Reisch lebt im Hier und Jetzt. Genießt seine Bibliothek, den Kontakt zu seinen maritimen Freuden. Aber er blickt auch gern zurück. Beschäftigt sich intensiv mit der Geschichte des 19. und 20. Jahrhunderts. „Zum Teil habe ich Dinge selbst miterlebt. Andere Ereignisse weiß ich noch aus den Erzählungen der älteren Generation. Aus diesem Wissen ergab sich zunächst einmal der Wunsch, zu erfahren, wie es wirklich war. Die Darstellungen sind sehr unterschiedlich." Aus der Geschichte könnte man sehr viel lernen: „Aber die Geschichte zeigt gleichzeitig, dass die Menschen aus der Geschichte eben nicht lernen. Würden sie das, hätte vieles verhindert werden können." Es sei die menschliche Schwäche, an der vieles scheitere. „Dass schreckliche Dinge passieren, liegt in vielen Fällen an fehlenden Charaktereigenschaften maßgeblicher Persönlichkeiten", sagt Reisch. Er zitiert Johann Wolfgang von Goethe: „Edel sei der Mensch, hilfreich und gut. Denn das allein unterscheidet ihn von allen Wesen, die wir kennen." Genau das, fügt der Kitzbüheler hinzu, fehle dem Menschen. „Nehmen wir die klassische Literatur. Shakespeare, Goethe, Schiller und dergleichen, auch das alte römische Recht. Das ist alles unglaublich. Würden wir das Überlieferte als Vorlage nehmen, bräuchten wir in Wahrheit überhaupt keine Gesetze. Es würde reichen, sich danach zu richten. Aber das tun wir nicht." Reisch überlegt. „Das ist …, das ist … der Mensch." Was fehle, sei die Gesinnung. „Es wird versucht die Gesinnung durch Gesetze zu ersetzen. Das funktioniert aber nicht." Gesinnung könne nur durch Vorbilder entstehen. „Und die fehlen." Dazu komme, dass die Religionen versagen. Gläubig sei Reisch nicht. „Ich bin ein vollkommen nüchterner Mensch." Egal wie man es auch drehe, das Ergebnis sei immer dasselbe: „Der Mensch ist nicht edel, hilfreich und gut. Er ist es vielfach, aber manchmal eben nicht. Und dann gibt es wie üblich die Mitte, die zur einen oder anderen Seite schwankt, je nachdem, wie gerade die Umstände sind." Im Menschen schlummere im Grunde etwas Böses. Etwas Grausames. „Nicht in jedem, aber in sehr vielen." Dazu komme dann tragischerweise auch noch die Dummheit: „Ein G'scheiter, der ein bissl a Gauner ist, ist kein großes Problem. Aber ein Dummer, der auch noch ein Gauner ist – das ist eine Katastrophe."

„Danke vielmals, ich hab's gut erwischt."

Von Nina Werlberger

„Ich glaube, ein Unternehmer ohne soziale Verantwortung verdient seine Position nicht."

Der Tiroler
Wenn Hans Peter Haselsteiner heute von Wien nach Innsbruck will, nimmt er den Privatjet. Taucht er im Unterländer Erl auf, breitet man ihm den roten Teppich aus. Kein Wunder: Die Familienstiftung Haselsteiners hat mehr als 20 Millionen Euro in das neue Festspielhaus investiert, das Ende 2012 offiziell eröffnet wurde. Tirols Landeshauptmann Günther Platter meinte bei der offiziellen Eröffnungsfeier: „Wir können dir nichts schenken, aber etwas geben", und überraschte Haselsteiner mit der höchsten

Auszeichnung, die Tirol zu vergeben hat: dem Ehrenzeichen des Landes. Wo auch immer Haselsteiner in Tirol auftritt – beim Zeitzeugen-Gespräch von Tiroler Tageszeitung, ORF und Casinos Austria oder bei einer Veranstaltung vor Studenten – die Säle sind voll, die Menschen wollen hören, was einer der erfolgreichsten Tiroler Unternehmer aller Zeiten zu sagen hat.

Von der Hitler-Straße in die Welt

Als Hans Peter Haselsteiner am 1. Februar 1944 in Wörgl geboren wurde, deutete nicht viel darauf hin, dass er fast 70 Jahre später einer der reichsten Österreicher sein würde. Und doch kann man den Unternehmer, Förderer, Politiker, und Menschen Haselsteiner nicht verstehen, wenn man das Umfeld nicht kennt, in dem er aufgewachsen ist. Wenn man nicht weiß, wie ihn die Mutter geprägt hat, die alleinerziehende Lehrerin, die passionierte Volksmusikantin, der starke politische Geist. „Sie hat mir im Wesentlichen das Allermeiste mitgegeben", sagt Haselsteiner. Zum Beispiel folgende Weisheit: „Am Monatsersten muss die Geldtasche so dick sein, dass sie stehen kann. Am Monatsletzten kann sie dünn sein, denn dann kommt ja wieder etwas."[1]

Wenn sich das Einzelkind Hans Peter Haselsteiner im Jahr 2013 an Wörgl erinnert, fällt das Wort Kuhdorf. „Wenn ich das Haus verlassen habe, war ich auf dem Bauernhof. Neben uns war der Unterkrumbacher Bauer in der Adolf-Hitler-Straße 9. So hieß die Bahnhofstraße bis zu meinem ersten Geburtstag, bevor sie wieder Bahnhofstraße geworden ist." Als Wörgl im Jahr 1951 zur Stadt erhoben wurde, stand die Mutter des siebenjährigen Hans Peter im Mittelpunkt des Geschehens. Es gab einen dreitägigen Festakt, bei dem Bundespräsident Theodor Körner am

Bahnhof empfangen wurde. Dazu wurde ein Festgottesdienst mit dem Fürsterzbischof zelebriert und ein Festumzug durch die Stadt abgehalten, an dem sich 112 Gruppen und 30.000 Zuschauerinnen und Zuschauer beteiligten. Mittendrin: Haselsteiners Mutter Herma, die mit ihrem Mädelchor einen großen Festwagen bespielte. Die Sängerin und Chorleiterin war weithin bekannt, trat oft im Rundfunk auf. „Sie hat mir die Liebe zur Musik mitgegeben", erzählt Haselsteiner.

Tatsächlich war es aber viel mehr als das. Einfühlsam und zugleich mit klar vorgegebenen Werten erzog die Lehrerin ihren Sohn, was ihn nachhaltig prägen sollte. „Die Mutter war sehr prinzipientreu. Sie hatte ein Wertegerüst, das für sie selbstverständlich war. Daran gab es nichts zu deuteln." Was man tut und was nicht, stand niemals zur Diskussion. Mit der Kirche habe die Mutter nicht viel am Hut gehabt, obwohl sie bei den Ursulinen-Schwestern sehr katholisch erzogen worden sei. Religiöse Normen bildeten somit nur einen Teil des Wertegerüsts. „Ein anderer waren meine bäuerliche Großmutter und mein Eisenbahner-Großvater. Sie haben einfach gesagt: ‚So ist das.' Da hat's nichts gegeben", sagt Haselsteiner, der bekennende Agnostiker und Freimaurer.[2]

Der Vater, ein Stuttgarter Architekt, spielte in den Kindheits- und Jugendjahren eine untergeordnete Rolle. Als er starb, war Hans Peter Haselsteiner gerade 14 Jahre alt. Anders als die Mutter erlebte er ihn als durchaus streng. „Er hat mich auch selten gehabt, und wenn ich dann bei ihm war, musste er in den wenigen Wochen alle Erziehungsbemühungen nachholen, die er sonst während des Jahres versäumt hat."

Schwoicher Schnitzel

Tirol und Heimat, Heimat und Tirol – beides gehört für den Bauindustriellen bis heute zusammen, auch wenn er zwischenzeitlich in Kärnten, Südtirol und Wien lebt. Seine Kindheit im Unterland ist ihm nach wie vor nahe. Ebbs, wo seine Mutter geboren wurde, und Erl, wo er sich für die Tiroler Festspiele engagiert, sind ihm zentrale Orte geblieben. „Das Unterland ist mir vertraut, wahrscheinlich ist das schon genetisch vorgegeben. Die Sprache klingt mir im Ohr. Ich habe kein Problem, mich hier sofort heimisch zu fühlen. Daher ist Erl für mich ein Wiederfinden meiner Kindheit und meiner sehr frühen Jugend", erzählt Haselsteiner. Dass er öffentlich häufiger als Kärntner oder manchmal auch als Wiener wahrgenommen wird, liegt für ihn in erster Linie daran, dass er seit dem Tod der Mutter 1982 nicht mehr Tirolerisch spricht. Als die Telefonate ausblieben, verschwand auch das Unterlandlerische aus der Sprache. „Wenn ich jetzt Tirolerisch rede, ist das sehr holprig, daher vermeide ich es. Ich verwende eine Mischsprache. Aber wenn ich ein bisschen üben würde, dann ‚kamats scho wieder zrugg'", lacht Haselsteiner. Gelegentlich packt er auch im Gespräch mit Wiener Journalisten die eine oder andere Unterlandler Vokabel aus. Der Dialog liest sich dann beispielsweise so:

Haselsteiner: „Meine Großmutter hat gesagt: ‚Nix haben ist ein rings Leben.'"

Interviewer: „Das versteh ich nicht."

Haselsteiner: „Das ist Tirolerisch. ‚Ring' heißt leicht. Wenn du nichts hast, hast du wenig Sorgen."[3] Verwandte, die ihn zu Besuchen im Unterland veranlassen würden, hat Haselsteiner nicht mehr. Allerdings hält er noch engen Kontakt nach Karres. „Dort wurden wir nach dem Krieg ausgestiftet. Damals hatte man nichts zu essen, daher sind wir nach Karres gegangen, denn dort gab es einen Bauernhof", erzählt Haselseiner. Auch wenn im restlichen Tirol keine Lebensmittel zu bekommen waren, in dem Oberländer Dorf habe es immer irgendetwas zu essen gegeben. An die Sommer am Fuße des Tschirgant hat Haselsteiner ganz spezielle, derbe Erinnerungen. „Wir waren in Wörgl schon etwas fortschrittlicher, aber in Karres hat es nur ein Plumpsklosett gegeben: links ein großes Loch, daneben ein mittleres und rechts ein kleines Loch." Was die Leute dort zurückgelassen haben, erinnert er sich, blieb einfach liegen – womit die Essensgewohnheiten der Wörgler Besucher praktisch auf dem Präsentierteller lagen. „Ich bin immer während der Sommerferien nach Karres gekommen. Mitte Juli hat es dort Moosbeeren gegeben, aus denen ein ‚Schwoicher Schnitzel' wurde. Und was haben die Einheimischen dann über uns gesagt? ‚Schauts, die Wörgler sein da, tian schwarz scheißa.'"

Die Kindheit und Jugend in Tirol haben Haselsteiner auf vielfältige Art und Weise geprägt. Auch das soziale Engagement, beispielsweise für Obdachlose in Wien oder ein Projekt von Pater Georg Sporschill in Moldawien, hat seine Wurzeln in Tirol. „Es war für meine Mutter und meine Großmutter eine Selbstverständlichkeit, dass man jenen helfen muss, denen es schlechter geht als einem selbst." Er sei in bescheidenen Verhältnissen aufgewachsen, sagt Haselsteiner. Arm sei man aber nie gewesen und habe auch niemals Not leiden müssen. „Geholfen haben wir immer, bescheiden und im Kleinen. Die Nöte anderer zu erkennen, ist mir als Selbstverständlichkeit anerzogen worden."

„Für mich ist Tirol frei und ungeteilt"

Ein großes Stück Tirol findet Haselsteiner auch in seiner Wahlheimat Südtirol. In Bozen hat er seit rund 35 Jahren seinen Hauptwohnsitz. Er fährt Ski in Obereggen, er wandert zwischen Jenesien und Hafling. Für den Südtiroler Landeshauptmann Luis Durnwalder habe er sich damit längst zum Südtiroler qualifiziert, erzählt Haselsteiner. Wie man sich ein solches Gespräch vorstellen darf?

Durnwalder: „Du sagst immer, du bist ein Tiroler."
Haselsteiner: „Sel bin i ja a!"
Durnwalder: „Du musst sagen, du bist ein Südtiroler."
Haselsteiner: „Für mich ist Tirol noch immer frei und ungeteilt."

Das Land sei für ihn nach wie vor eine Einheit, betont Haselsteiner. Er habe dabei aber immer bedauernd zur Kenntnis nehmen müssen, dass die Landesteile doch sehr getrennt seien. „Es ist eine sentimentale Sache, wenn man dieses großartige Land sieht, das es einmal war und in seinen Teilen immer noch ist, aber das eben nicht mehr vereint ist. Die gefürstete Grafschaft Tirol, das war schon was!" Seine Wahlheimat Bozen ist für ihn genauso Tirol, wie es Erl oder auch Innsbruck sind, wo er bis heute ein Haus und eine Wohnung hat. „Wenn ich sage, dass ich ein Tiroler bin, dann mache ich für mich diese Grenze nicht. Ich bin in Nordtirol geboren, war in Lienz im Internat, habe in Südtirol meine Ferien verbracht und dort meinen Hauptwohnsitz. Ich mag es nicht, wenn man sagt, dass das drei Teile sind."

Ehrgeiz durch Ehrenrunde

Einen prägenden Moment, der eine starke Wirkung auf seine spätere Karriere haben sollte, erlebte Haselsteiner in Lienz. Dort kam er im Alter von zehn Jahren ins Internat. „Als ich meiner Frau einmal vorgeschlagen habe, dass das auch für unsere Kinder etwas wäre, hat sie mich aufgefordert, ärztliche Hilfe in Anspruch zu nehmen. Sie meinte:

‚Bei dir stimmt's nicht ganz'". Dabei war der Aufenthalt im berüchtigten Bundeskonvikt eine ambivalente und prägende Erfahrung für ihn – mit Heimweh und schierer Verzweiflung, die kam und ging, wie das eben bei Kindern so sei. „Wenn man sich aber einmal in so etwas hineingerauft hat – im wahrsten Sinne des Wortes, denn damals haben wir noch viel gerauft als Buben – dann waren das auch schöne Jahre."

Lernen, das bedeutete für Haselsteiner damals vor allem stetige Veränderung. Er musste oft die Schule wechseln. Nach dem frühen Tod des Vaters kam er für ein Jahr nach Innsbruck ins Akademische Gymnasium in der Angerzellgasse, dann ging es wieder zurück nach Lienz und von dort nach Klagenfurt, wo er schließlich maturierte. Durch die vielen Stationen seien die Schuljahre für ihn keine so nachhaltige Erfahrung gewesen wie für manche seiner damaligen Schulkollegen, die noch viele enge Freundschaften aus dieser Zeit pflegen würden. „Dafür habe ich zu oft die Schule gewechselt."

Das Schlüsselerlebnis seiner Schülerkarriere war eine elementare Niederlage. Im dritten Jahr am Gymnasium in Lienz musste Haselsteiner die Klasse wiederholen. „Ich bin mit einem sehr guten Zeugnis, aber mit einem Ungenügend in Latein geflogen", erzählt er. In der Nachprüfung habe ihn der Lateinlehrer – man habe sich gegenseitig nicht gemocht – durchfallen lassen. „Für mich war das nicht ganz schlecht, denn ich habe dann aufgrund dieses verlorenen Jahres in der zweiten Hälfte der Gymnasialzeit einen großen Ehrgeiz entwickelt – und dann blitzartig studiert", sagt Haselsteiner.

Intensive Entscheidungen

Steuerberater und Wirtschaftsprüfer wollte er damals werden. Das hatte er sich während der Zeit im Bundesheer überlegt – er wollte einen möglichst freien Beruf ausüben. Er studierte Handelswissenschaften in Wien. „In meinem Jahrgang haben dann nur sechs Studenten in der Mindestzeit das Studium abgeschlossen – von 1.800 Studenten." Nach dem Diplom hängte er das Doktorat gleich an. Trotz des hohen Studientempos war für ihn die Studentenzeit eine genussvolle. „Ich liebe Wien. Ich habe in der Zeit vor und nach meinem Diplom das Leben sehr genossen. Die Zeit war kurz und intensiv, aber sehr schön."

Die Schulzeit in der Osttiroler Bezirkshauptstadt ließ auch den Studenten Haselsteiner im 470 Kilometer entfernten Wien nicht los. „Ich dachte: ‚Wenn ich einmal groß bin, dann fahre ich nach Lienz und werde den ganzen Professoren zeigen, was sie für Deppen waren und wie sie mich ganz falsch eingeschätzt haben.'" Haselsteiner absolvierte die Ausbildung zum Steuerberater, der Gedanke an die Lienzer Lehrerschaft blieb. Um für die Prüfungen zugelassen zu werden, absolvierte er drei Jahre bei Steuerberatern in Wien und Innsbruck als Revisionsassistent.

In dieser Zeit machte er eine Begegnung, die sein Leben kurze Zeit später radikal verändern sollte: Er lernte seinen künftigen Schwiegervater kennen. An der Wirtschaftsuniversität hatte er sich in die Tochter eines Kärntner Bauunternehmers verliebt.[4] Ihm gehörte die Isola und Lerchbaumer KG in Spittal an der Drau, Namensgeber der Ilbau, aus der später die Strabag werden sollte. Haselsteiner war gerade in seinem zweiten Jahr als angehender Steuerberater, als ihn der Schwiegervater nach Spittal an der Drau holte, um die Firma in eine Kapitalgesellschaft umzuwandeln. „Daraufhin wurde ich von meinem Schwiegervater in den Aufsichtsrat gewählt und bin dann nach Innsbruck gegangen, um hier das dritte Praxisjahr zu machen", erzählt Haselsteiner. Kaum war das Jahr vorüber, änderte sich sein Leben schlagartig. „Mein Schwiegervater ist im März 1974 überraschend gestorben. Da musste ich eine Entscheidung treffen, und das tat ich, indem ich nach Spittal an der Drau ging und Bauunternehmer wurde." Er war gerade knapp über 30 Jahre alt und von einem Tag auf den anderen Herr über ein Unternehmen mit mehr als 400 Mitarbeitern.

Die Rückkehr nach Lienz

Sein Ansporn, der Ärger über die Lehrer in Lienz, der ihn in seinen Schul- und Studienjahren angetrieben hatte, blieb auch angesichts der neuen Herausforderungen erhalten. Bis es schließlich soweit war: Haselsteiner, gerade 32 Jahre alt und dabei, seine ersten wirtschaftlichen Erfolge zu feiern, bekam die Gelegenheit, auf die er so lange gewartet hatte. In einem geerbten 450er-Mercedes samt Chauffeur fuhr er durch Lienz und entschloss sich, an seiner alten Schule zu halten. „‚Kurti', habe ich zu meinem Chauffeur gesagt, ‚bleib beim Gymnasium stehen. Jetzt werde ich es ihnen sagen.'" Er ging die Stiege hinauf, einige lange Gänge entlang. Dann kam ganz hinten ein kleiner Mann aus der Tür heraus. Es war der Lateinprofessor. „Wir gingen aufeinander zu, und als wir etwa 30 Meter voneinander entfernt waren, sagte er: ‚Ja, der Hasi!' Und ich sagte: ‚Ja, der Bumbsti!' Es war der Professor Baumgartner. Dann sind wir ins Konferenzzimmer gegangen, haben eine Flasche Wein aufgemacht und vom alten Ärger war keine Rede mehr. Es fiel kein Wort über die schlechte Behandlung, sondern es gab nur noch nostalgisches Schwärmen."

Der Unternehmer

74.000 Mitarbeiter, fast 13 Milliarden Euro Umsatz im Jahr 2012, aktiv in mehr als 60 Ländern: Mit der Strabag spielt der Unternehmer Hans Peter Haselsteiner längst in der wirtschaftlichen Champions League, in Portraits über ihn dominiert der Superlativ. Einer der größten Baukonzerne Europas, einer der reichsten Männer Österreichs.

Als Haselsteiner im Jahr 1974 notgedrungen in die Fußstapfen des verstorbenen Schwiegervaters trat, hatte er keine Superlative im Hinterkopf. Im beschaulichen Spittal an der Drau, eingebettet zwischen Goldeck und Millstättersee, deutete nichts auf einen milliardenschweren, multinationalen Baukonzern hin, der bis in die hintersten Winkel Russlands oder im Oman baut. Die Realität im Jahr 1974 hieß Isola & Lerchbaumer, der Namensgeber der späteren Ilbau. 400 Mitarbeiter hatte das Unternehmen damals. „Ich habe mir gesagt, ich muss schauen, dass meine kleine Quetschn gut über die Runden kommt. Ich muss zusehen, dass ich die Löhne und Gehälter zahlen kann, und wenn es geht, dann will ich einen kleinen Gewinn machen", erinnert sich Haselsteiner an seine anfänglichen Ziele. Gerade frisch zum Steuerberater und Wirtschaftsprüfer ausgebildet, sprang der 30-Jährige nach dem überraschenden Tod des Schwiegervaters ins kalte Kärntner Wasser.

Über Erfolgsrezepte zermarterte er sich damals nicht den Kopf – vielmehr stürzte er sich voller Elan in die Arbeit, ohne jegliche Erfahrung im Haifischbecken Bauwirtschaft. Bis heute plädiert er dafür, einen Schritt nach dem anderen zu setzen, statt große visionäre Pläne zu schmieden. Das Credo: „Man wird mit einer Aufgabe betraut und bemüht sich, diese so gut wie möglich zu erfüllen. Dann ergibt sich ein hoffentlich vernünftiger und einigermaßen zielgerichteter Schritt nach dem nächsten.

Und mit diesen Schritten erweitern sich auch die Perspektive und der Horizont."

Er oder ich

Unerfahren, aber nicht minder radikal, ging Haselsteiner seine Baukarriere an: In der Draustadt gab es damals zwei in etwa gleich große Baumeister, Haselsteiners Isola & Lerchbaumer und das Unternehmen Soravia. „Ich habe zu Karl Soravia gesagt, der die Vatergeneration für mich war: ‚Es hat ja keinen Sinn, wenn wir uns die Schädel einschlagen. Lass uns fusionieren und gegen die Wiener antreten.'" Kärnten gegen Wien: Das war damals wie David gegen Goliath: Die Bauunternehmen aus der Hauptstadt waren bis zu vierzig Mal so groß wie die beiden Kärntner Konkurrenten. Haselsteiners Plan scheiterte, der Ältere wollte mit dem Jungspund nicht im Verhältnis 50 zu 50 teilen. „Damit war für mich klar, dass ich ihn ins Eck bringen muss", erzählt Haselsteiner. In den folgenden drei Jahren ging es um das blanke Überleben. „Er oder ich",[5] lautete die Devise, „ich" das Ergebnis. Haselsteiner feierte seinen ersten großen Erfolg. „Mit der Übernahme habe ich den ersten Expansionsschritt gemacht und den Grundstein gelegt, um das Österreich-Programm zu starten."

Europäisierung mit Beschaffungspausen

Die Frage nach dem nächsten Ziel, dem nächsten Schritt, war schnell beantwortet: Wolle man nicht in Kärnten zerquetscht werden, blieb nur die Möglichkeit, im Großraum Wien und in ganz Österreich zu reüssieren. „Wir waren damals in Kärnten, Zirl und in Salzburg. Aber das Geschehen spielte sich an der Donau und an der Drau ab. Dort wurden die großen Kraftwerke gebaut. Dazu kam

Links: Die stolze Mama im Jahre 1952.
Rechts: 1978 als Topmanager.

Ein Prost auf den Anschlag des Arlberg-Tunnels im Jahr 1974 mit
Landeshauptmann Eduard Wallnöfer.

der Großraum Wien. Damit war für mich klar: Ich muss nach Wien. Dann ging es Schritt für Schritt."

Haselsteiners Ilbau verdiente gut. Das Unternehmen baute mit an der Inntalautobahn, an der Europabrücke und am Arlbergtunnel.[6] Bald tauchte die Frage nach Expansion auf. Haselsteiner nahm jene Länder ins Visier, die einst zur Monarchie gehörten – für ihn der logische nächste Schritt. Er ging nach Ungarn und in die damalige Tschechoslowakei. „In Ungarn haben wir eine wirkliche Erfolgsgeschichte geschrieben. Wir waren gleich Marktführer und sind das bis heute geblieben. Wir haben alle Höhen und Tiefen des ungarischen Marktes mitgemacht, aber es war ein ganz wesentlicher Schritt für die Europäisierung."

Als die Mauer fiel, nahm die Expansion gehörig Fahrt auf. Haselsteiner machte sich auf in die fünf neuen deutschen Bundesländer. „Wir haben geglaubt, alles wäre wunderbar dort. Das war es aber nicht." Erwartet hatte er ein einfaches Terrain mit disziplinierten, berechenbaren Arbeitskräften, vorgefunden hat er vom Kommunismus gezeichnete Menschen. „Wir haben vollkommen übersehen, dass ein wirtschaftliches System, das lange genug in einem Land herrscht, die Menschen so verändert und derart anders erzieht, dass sie für unsere marktwirtschaftlichen Anforderungen vollkommen ungeeignet waren."

Besonders in Erinnerung geblieben sind ihm die „Beschaffungspausen", die in Ostdeutschland damals praktiziert wurden. „Eine Baustelle ist im Kommunismus so abgelaufen, dass jede halbe Stunde etwas nicht gekommen ist, was da sein sollte. Ob Ziegel oder Beton – immer hat etwas gefehlt. Das hieß dann ‚Beschaffungspause'. Das war jene Zeit, die man gebraucht hat, um das Fehlende heranzukarren." Schließlich beschloss er, nur noch Unter-40-Jährige einzustellen, da man mit den Älteren nicht zurechtkam – sie hatten auf ihren Beschaffungspausen beharrt.

Tausendfüßler und Begeisterung

Für viele Unternehmen wurde Ostdeutschland zum Desaster, zum wirtschaftlichen GAU. Haselsteiner ist glimpflicher davon gekommen. Was ihm geholfen hat? „Der Plan war, einen Tausendfüßler aufzustellen." Denn einem Tausendfüßler, das wüssten schon die Kinder, dem könne man drei Beine ausreißen, und er renne immer noch weiter – und zwar gleich schnell. Er mache auch keine Kurve, er laufe weiter gerade aus. „Ein Tausendfüßler funktioniert auch dann noch, wenn drei oder fünf Beine nicht mehr laufen."

Diese Strategie erwies sich als ausgesprochen wirkungsvoll. „Wir haben in den fünf neuen Bundesländern schwer geblutet, weil es eine eklatante Fehleinschätzung dessen gab, was wir dort erreichen können. Aber ich hatte Ungarn, und Ungarn hat geboomt. Ich konnte daher die Verluste aus den fünf neuen Bundesländern mit den Gewinnen aus Ungarn wettmachen."

Bald wird Haselsteiner Europa zu klein, der Tausendfüßler macht sich auf in den arabischen Raum, in die Vereinigten Staaten, immer angetrieben von Haselsteiners Begeisterung für neue Märkte, für neue Herausforderungen. „Wenn man mir ein Talent zubilligen kann, dann doch das, dass ich in der Lage bin und war, andere für meine Ziele zu begeistern." Tatsächlich folgten ihm seine Mitarbeiter nach Libyen oder auch in die USA, wo sie in der Stahlmetropole Pittsburgh einen Straßentunnel bauten. „Ich sagte zu meinen Leuten: ‚Trauen wir uns das zu, packen wir's an. Wer geht hin? Wer nimmt die Kinder mit?'" Viele folgten Haselsteiner. Noch Jahre später habe er von Tiroler Mitarbeitern Briefe bekommen, die ihn baten, doch erneut eine Baustelle in Amerika zu eröffnen, weil es ihnen dort so gut gefallen habe. „Schließlich werden alle Kinder, die in den USA zur Welt kommen, automatisch Amerikaner. Ich kann für mich in Anspruch nehmen: Ich habe mehrere Amerikaner auf die Welt gebracht."

Von 400 auf 75.000 Mitarbeiter. Vom Kärntner Mittelständler zum internationalen Großkonzern. Diese Entwicklung ist nicht spurlos an Haselsteiner und seinen Beschäftigten vorübergegangen. „Natürlich habe ich in meinen ersten Kärntner Jahren noch alle Mitarbeiter beim Namen gekannt. Bei 75.000 Mitarbeitern kennen nicht einmal alle mich." So komme es durchaus vor, dass er in einem Gebäude des Unternehmens irgendwo in Europa in einen Lift steige, und den Satz zu hören bekommt: „Wer sind Sie und was machen Sie da?"

Dass er seinen wirtschaftlichen Erfolg vor allem seinen Mitarbeiterinnen und Mitarbeitern verdankt, betont Haselsteiner oft. Er will soziale Verantwortung wie selbstverständlich leben, so wie es ihm auch seine Mutter einst vermittelt hatte. „Ich glaube, ein Unternehmer ohne soziale Verantwortung verdient seine Position nicht." Es gehe darum, fair und objektiv zu sein, keinen Nepotismus und keine Freunderlwirtschaft zu betreiben. Darüber hinaus hat Haselsteiner Sozialprogramme ins Leben gerufen, um jenen zu helfen, die unverschuldet in Not geraten sind. Beispielsweise wurde ein mit 80 Millionen Euro gefüllter Sozialfonds aufgesetzt, dessen Erträge Waisen durchs Studium bringen.

Hochmut kommt vor dem Fall

Hat der Unternehmer Haselsteiner, der Steuerberater, der zum Bau-Tycoon wurde, gelegentlich ans Scheitern gedacht? „Natürlich hab ich oft das Gefühl gehabt, ich könnte scheitern. Ich habe mit 30 Jahren begonnen, mit 40 war ich der größte Bauunternehmer in Österreich. Und wie immer, wenn sich der Erfolg einstellt, kommt auch der Hochmut. Und dann kommt auch der Fall", sagt Haselsteiner. Wenn irgendetwas stimme, dann dieses Sprichwort. „Wenn man denkt: ‚Patsch, mir gehört die Welt', dann neigt man dazu, die Risiken zu unterschätzen und die eigenen Kräfte zu überschätzen."

Mitte der 1980er-Jahre ist es soweit, über Haselsteiners Unternehmen ziehen erstmals Wolken auf. „Bei mir ist es nicht wirklich ins Auge gegangen, aber es war knapp." Beinahe gestolpert wäre er über den Bau der Metro in Washington – ein Projekt, das Haselsteiner später als seinen ersten und größten Flop bezeichnen sollte, der ihn für sein Leben geprägt hat. Ein einzelnes Projekt drohte, das ganze Unternehmen, den ganzen Erfolg zu vernichten.[7]

Heute ist er überzeugt, dass es damals knapp genug war, um wieder einen neuen Anlauf zu nehmen. „Man muss Rückschläge nutzen." Er nahm das wirtschaftliche Tief zum Anlass, um hart durchzugreifen. Er machte Schluss mit Verlusten und Rücksichtnahme auf Sätze wie: „Das haben wir immer schon so gemacht, da können wir nichts tun". Die Methode: Nicht fragen, sondern machen, was nötig ist. „Das ging zack, zack, zack. Ich war damals noch jung genug, um das in einer sehr rigiden Art und Weise umzusetzen. Klar war: Ich muss das überleben. Ich muss schauen, dass die Firma da herauskommt." Ein Freund habe ihm damals gesagt: ‚Wenn du das überlebst, dann wirst du stärker sein als je zuvor.' Gehasst habe er ihn dafür, erinnert sich Haselsteiner. „Aber gestimmt hat's. 1987 sind wir dann das erste Mal an die Börse gegangen. Das war der erste große Erfolg."

Mit neuer Bescheidenheit zum Großkonzern

Demütig hat Haselsteiner diese Erfahrung, der Grenzgang und der drohende Untergang, nicht gemacht – das Wort Demut mag er nicht, es sei so hoch angesiedelt. Besser kann er sich mit dem Begriff der Bescheidenheit anfreunden. Nach dem Flop in Washington legte er den Fokus wieder auf Europa: Er wollte vom Norden des Kontinents, von Stockholm und Kopenhagen, bis ganz im Süden, in Sizilien, bauen. Haselsteiner verfolgte das Ziel konsequent und warf ein Auge auf die österreichische Baugesellschaft Strabag, die ebenfalls stark in Osteuropa engagiert war. Deren Mutter, die deutsche Strabag, war damals ein Sanierungsfall. Die Übernahme der Austro-Tochter klappte zwar nicht, im Jahr 1998 konnte Haselsteiner aber die Mehrheit der Muttergesellschaft kaufen, die etwa doppelt so groß war wie Haselsteiners Bauholding, die aus der Ilbau hervorgegangen war. 1999 nahm Haselsteiner die Bauholding von der Börse und kaufte alle Anteile zurück – eine Entscheidung, die viele Anleger enttäuschte.[8] 2000 benannte Haselsteiner das Unternehmen in Strabag um. Die boomenden Nullerjahre waren der Nährboden, auf dem der Konzern wuchs und wuchs. Spektakuläre Übernahmen unter anderem in Deutschland brachten bekannte Marken wie Dywidag und Züblin mit vielen tausend neuen Mitarbeitern unter das Strabag-Dach.

Nur Menschen bekommen Geld, nicht Ideen

Einen Leitsatz hat Haselsteiner im Wirtschaftsleben stets berücksichtigt: „Ich gebe kein Geld in anonyme Fonds, sondern ich gebe es immer nur einer Person, die dafür geradesteht." Über seine Privatstiftung hält Haselsteiner abseits der Strabag zahlreiche Beteiligungen, darunter unter anderem an der privaten Westbahn oder auch am

Immobilien-Entwickler Signa des Tirolers René Benko. Hinter dem Fokus auf einen zentralen Menschen steht eine Überzeugung Haselsteiners: „Ich halte es für gefährlich, nur in eine Idee zu investieren. Eine Idee kann noch so gut sein, wenn sie nicht entsprechend umgesetzt wird, wird sie scheitern." Das sei in allen Bereichen des Lebens so – ob wirtschaftlich, künstlerisch oder sozial. „Die Person, der ich Geld gebe, muss an beiden Enden dafür brennen."

Der Einstieg des Oligarchen

Aufsehen erregte Haselsteiner im Jahr 2007, es war kurz vor der Finanzkrise, als er den russischen Rohstoff-Milliardär Oleg Deripaska an Bord holte. Deripaska, den Haselsteiner im Gespräch freundschaftlich Oleg nennt, hat eine klassische russische Oligarchenkarriere hingelegt. Nach dem Zusammenbruch der Sowjetunion beginnt er den Handel mit Aluminium. Mit 45 Jahren ist er der vierzehntreichste Mann Russlands. Deripaska ist gut vernetzt: Er gilt als guter Freund von Roman Abramowitsch und Vertrauter von Wladimir Putin. Mit Abramowitsch teilt er die Liebe zum englischen Spitzenfußball. Während Abramowitsch seit Juli 2003 Eigentümer des FC Chelsea ist, versuchte Deripaska ein paar Jahre später, den FC Arsenal zu kaufen – allerdings ohne Erfolg, die Nordlondoner lehnten den Einstieg ab.

„Das erste Treffen war bei mir im Büro, Oleg und ich haben sehr rasch dieselbe Sprache gefunden", erzählt Haselsteiner. Man habe sich auf Anhieb gut verstanden und festgestellt, dass beide dasselbe wollten. „Der nächste Schritt war dann auch einfach." Bedenken, einen Oligarchen am Unternehmen zu beteiligen, hatte Haselsteiner nicht. „Oleg ist Herr seines eigenen Geldes." Dass dennoch skeptische Stimmen laut wurden, lässt Haselsteiner nach außen hin kalt. „Es gibt immer Leute, die sich meinen Kopf zerbrechen. Die sagten: ‚Ja, ich meine es ja nur gut mit dir. Worauf hast du dich denn da eingelassen! Um Gottes willen, das wird doch nicht in die Hose gehen.' Und gemeint ist das Gegenteil."

Stimmt es denn, dass in Russland ohne Schmiergeld gar nichts geht, dass man um Bestechung nicht herumkommt? „Wir müssen daran vorbeikommen, oder wir müssen auf den Markt verzichten", sagt Haselsteiner. Nein sagen oder verzichten, das Haselsteinersche Motto klingt simpel. In der Praxis muss aber auch Haselsteiner immer wieder hinterfragen, wo die Grenzen zu ziehen sind. „In allen arabischen Ländern etwa gibt es den Sponsor. Was der mit dem Geld macht, ist eine andere Frage. Aber das weiß der Bauherr." Die „Sponsor Fee" werde in den Vertrag eingerechnet, die zahle der Bauherr. Der Grat ist schmal, die Grenze zwischen Pragmatismus und Korruption ist eng. „Wenn das Gerät in einem Hafen auf dem Schiff liegt und es kommt und kommt nicht heraus, dann bin auch ich nicht derjenige, der sagt: ‚Ich hacke dir die Hand ab, wenn du ihm 100 Dollar gibst', sonst liegt das Gerät womöglich noch mal drei Wochen am Schiff."

Hohe Inflation statt eins über die Rübe

Als Haselsteiner ein halbes Jahr nach dem Einstieg Deripaskas 2007 knapp vor der Wirtschaftskrise an die Börse ging, lag der Angebotspreis der Strabag-Aktie bei 47 Euro. Dann kam die Pleite der Investmentbank Lehman, und die Wirren der folgenden Krisenmonate stürzten auch über die Strabag herein. Mitte 2013 lag der Kurs für die Strabag SE nur mehr bei 17 Euro.

Hans Peter Haselsteiner hat in seiner 39-jährigen Karriere als Bauunternehmer einige Krisen gesehen. Ölkrisen. Den Zusammenbruch des Ostblocks. Die Dotcom-Blase. Für die Finanz- und Wirtschaftskrise, die 2007 ihren Anfang nahm, findet Haselsteiner klare Worte: „Die Krise wurde ausgelöst durch eine Lächerlichkeit. Lehman war eine Pimperlbank im Verhältnis zu dem, was wir heute bewegen. Es ist um ein paar Milliarden Dollar gegangen – es wäre ein Klacks gewesen, diese Bank nicht pleitegehen zu lassen."

„Wir haben keine Bankenkrise, wir haben eine Verteilungskrise", sagt Haselsteiner im Juni 2013. In dem Monat, in dem er die Führung der Strabag früher als geplant in die Hände des deutschen Managers Thomas Birtel legt, schimmert beim Unternehmer Haselsteiner der leidenschaftliche Politiker durch, der Vorstandsvorsitzende des börsennotierten Baukonzerns spricht Tacheles. Der ehemalige Nationalratsabgeordnete des Liberalen Forums klingt für ein paar Minuten wie ein Sozialdemokrat, der vor seiner Kernwählerschaft auftritt:

Das Geld sei dort, wo es nicht mehr gebraucht werde – in den Händen großer Fonds und Institutionen, die von smarten, jungen Harvard-Boys gemanagt werden. *„Diese Leute sind wie die Heuschrecken."* Ihnen gehe es nicht mehr darum, Geld zu investieren. Es solle sich nur noch vermehren, und das über Spekulation, weil das schneller gehe. Diesen riesigen Agglomerationen stünden die hoch verschuldeten Staaten gegenüber. Das sei ein dramatisches Problem für die künftige Wirtschaftsentwicklung. „Hier haben wir etwas losgetreten, das nicht beherrschbar ist und das die Politik, und nur die Politik, zügeln könnte – und die traut sich nicht."

Haselsteiner provoziert gerne. Die alten Mittel, um derartige Geld-Ansammlungen zu bereinigen, wären Krieg und Revolution gewesen, nach der Methode: „Du gibst ihm einen über die Rübe, nimmst ihm alles weg und fängst neu an." Haselsteiner hat sich außerdem Gedanken über die Inflation gemacht. „Ich sehe die Inflation nicht als ganz großes Schreckgespenst. Wir haben alle damit gelebt. In den 70er- und 80er- Jahren, als Inflationsraten von zehn bis zwölf Prozent selbstverständlich waren, ist es den Menschen nicht schlechter gegangen. Allerdings konnten wir mit dieser Geldpolitik Wirtschaftswachstum erzielen."

Geld ist nicht Reichtum

Persönlich habe er nie nennenswerte materielle Wünsche gehabt, erzählt Haselsteiner. Geld? Reichtum? Privat würde er es sich verbitten, danach gefragt zu werden. Außer Journalisten würde das aber ohnedies keiner tun. Die regelmäßig veröffentlichten Reichenlisten sind ihm unangenehm, auch wenn er nie ein Geheimnis aus seinem Wohlstand gemacht hat. „Man kann nicht verhindern, dass man auf solchen Listen steht. Ich bin immer froh, wenn ich unterschätzt werde. Das ist mir sehr recht." Der *Trend* schätzte Haselsteiners Vermögen im Jahr 2013 auf mehr als 1,1 Milliarden Euro.[9]

Wo für ihn Luxus anfängt? „Natürlich sind ein Flug in der ersten Klasse und ein Fünf-Sterne-Hotel Luxus. Das ist alles ‚nice to have', aber es geht auch ein 3-Sterne-Hotel oder ein Economy-Flug ganz locker", definiert er. Luxus ist für ihn schlicht alles, was einen bequemen Lebensstandard übersteigt. Teure Zigarren gönnt er sich, guten Wein, Maßschuhe und Heli-Skifahren in Kanada. Als fahrbaren Untersatz wählt er hingegen einen Fiat Cinquecento („der braucht wenig Platz, ist schnell und wendig"), wobei die Familiengarage auch einen Bentley beinhaltet. Statussymbole, wiewohl er sie alle besitzt, bringen ihn nicht ins Schwärmen. Der Privatjet? „Er ist eine Geisel meines Daseins", sagt Haselsteiner. Das Flugzeug, das er zunächst wegen seines Wohnsitzes in Bozen anschaffte, beschleunige das Leben allzu sehr. „Was man früher in zwei Tagen gemacht hat – ein Anreisetag, ein Tag Aufenthalt mit Rückreise am Abend – das macht man jetzt an einem Tag. Es erhöht den Stress, es erhöht den Druck."

Reichtum – das bedeute ihm vor allem Zufriedenheit, sagt Haselsteiner. „Ich führe ein privilegiertes Leben, was meinen materiellen Wohlstand betrifft, und habe das Glück, dass ich auch sonst ein sehr zufriedenes und oftmals glückliches Leben führen kann." Wichtig ist ihm hier die Abgrenzung. Denn dass ein Mensch dauerhaft Glück empfinden kann, glaubt er nicht. „Zufriedenheit ja, aber Glück ist das, was oben drauf kommt. Und da muss man auch Glück haben, dass man das erwischt", meint Haselsteiner.

Was ihn besonders reich macht? „Ich habe ein wunderbares privates Umfeld und viele Interessen, die mich erfüllen und die mir viel Ausgleich, viel Kraft geben und Freude machen. Es ist mir nie fad, es ist fast immer spannend." Freilich, hin und wieder sei ihm einiges in seinem Leben schon lästig. „Aber das gehört auch dazu, dass es nicht nur schöne Seiten gibt." Auch damit müsse man zurechtkommen. „Im Großen und Ganzen habe ich immer mir selbst sagen müssen: danke vielmals, ich hab's gut erwischt."

Der Politiker
„Ich bin gescheitert."

Wenn der Unternehmer Haselsteiner im Jahr 2013 über den Politiker Haselsteiner spricht, findet er klare Worte. Er beschönigt nicht, er verklärt nicht. Haselsteiner spricht Klartext, wie er es von seinem politischen Ziehvater gelernt hat, dem legendären Tiroler Langzeitlandeshauptmann Eduard Wallnöfer. Mitte der 1960er-Jahre traf der junge Haselsteiner auf Wallnöfer, der Kontakt wurde über die allgegenwärtige Mutter hergestellt, die Haselsteiner als „weißen Elefanten" in Innsbruck bezeichnet. „Es hat damals keine einzige Frau in der Politik gegeben, eine Frau in der Landesregierung wäre undenkbar gewesen", erzählt Haselsteiner. „Meine Mutter war über ihre künstlerische Tätigkeit akzeptiert oder zumindest akzeptabel. Und sie wurde unter anderem Gesprächspartnerin vom Walli." Die Mutter sei respektiert und wohlgelitten gewesen in den männerdominierten Innsbrucker Politikkreisen, „wegen ihrer direkten Art und ihrer Gescheitheit." Der junge Haselsteiner profitierte von der Popularität der Mutter, bekam Einblicke in die Welt der Lokalmächtigen und der schwarzen Stammtische.

Vorbild Walli

Bald saß er regelmäßig am Mittagstisch im Innsbrucker Hotel Greif, an dem der Walli Hof hielt. „Ich hatte das Privileg, als einziger jugendlicher Mensch daran teilzunehmen und zuzuhören, was die Leute vom Walli wollten – von einer Unterstützung für das neue Haus bis zum Posten für den ‚Bua'." Der Walli hat Haselsteiner nachhaltig beeindruckt. Er sei ein unglaubliches Vorbild als geerdeter Mensch gewesen. „Der Walli hatte ein Wertesystem, das nie in Frage gestellt wurde. Er ist nie abgehoben. Er hat sich nie etwas darauf eingebildet, dass er Landeshauptmann ist." Wenn Haselsteiner über Wallnöfer redet, fallen Worte wie „gewiefter Taktiker", „wahnsinnig g'scheit", „beeindruckende Persönlichkeit", „väterlicher Freund". Sein Vater, wie es im gerüchteverliebten Tirolerland oft heißt, sei der Walli aber nicht gewesen. „Aber ich habe viel von ihm gelernt, ich habe ihm viel,

viel zugehört. Die Erfahrungen möchte ich nicht missen."
Freundschaftlich verbunden ist er noch heute den Nachfahren des Walli: „Herwig van Staa und seine Frau Luise sind Weggefährten aus meiner Jugend, die von großer Bedeutung für mich sind."

Landtagsabgeordneter Haselsteiner. Landesrat Haselsteiner. Der Weg für eine Tiroler Politkarriere war Anfang der 1970er-Jahre vorgezeichnet. Das sei mit dem Walli schon ausgemacht gewesen, sagt Haselsteiner. Bei den Landtagswahlen 1975 hätte er an aussichtsreicher Stelle kandidieren sollen. Dann kam der schicksalhafte März 1974, der das Leben von Hans Peter Haselsteiner von Grund auf ändern sollte. Sein Schwiegervater starb, Haselsteiner wurde Bauunternehmer in Kärnten, die Landtagswahlen gingen ohne ihn über die Bühne. Eduard Wallnöfer und seine Volkspartei fuhren 61,1 Prozent der Stimmen ein, die SPÖ 32,4 Prozent, die FPÖ 5,9 Prozent.[10] Im „Heiligen Land" blieben die politischen Verhältnisse der 1970er-Jahre überschaubar.

Das schwarze Schlüsselerlebnis

Eigentlich war Hans Peter Haselsteiners Weg in der ÖVP vorgezeichnet. Dass er sich in den 1970er-Jahren von der Partei abwandte und nie mehr zurückfand, lag an einem Schlüsselerlebnis, einem Lehrstück „im geistigen Mutterland der großen Koalitionen und der mächtigen Sozialpartnerschaft". Haselsteiner war junger Bauunternehmer in Spittal an der Drau, die Firma machte erste Schritte in Wien. Irgendwann berichteten die Mitarbeiter von einem Problem in der Bundeshauptstadt. Es sei notwendig, beim damaligen Handelskammerpräsidenten Kunde zu werden, um Aufträge zu bekommen. „Ich habe ihnen gesagt: ‚Habt ihr einen Vogel? Das machen wir natürlich nicht.'"

Links: 1957 – man kann nicht immer Erster sein.
Rechts: Mit Zigarre 1992 in San Remo.

Losgelöst von der Schule – als Gipfelstürmer im Jahr 1954.

Haselsteiner entschloss sich, zum damaligen Wiener ÖVP-Chef Erhard Busek zu gehen, um ihm über die Vorgänge zu berichten. „Ich habe ihm gesagt, dass ich ihm eine schreckliche Mitteilung machen muss. Er hat geantwortet: ‚Ich weiß das schon lange, aber was soll ich machen?'" Für Haselsteiner ist diese Geschichte ein Puzzleteil, das ihn zur Erkenntnis brachte: Nein, dieses System will ich eigentlich nicht.

Haselsteiner und die ÖVP: Dieses Verhältnis hat sich in den vergangenen 30 Jahren nicht mehr erholt. Was ihn an der Volkspartei stört? „Die VP tut sich sehr schwer, von ihrem konservativen Grundgerüst zu lassen. Und sie verteidigt manches Mal Dinge gegen den Zeitgeist und gegen besseres Wissen und Gewissen." Gerade in Bezug auf das Schulsystem zeige sich das ganz deutlich. „Meine Mutter hat als Lehrerin unbarmherzig den Finger in die Wunden gelegt, wenn es um Lehrerfragen gegangen ist. Und die Probleme waren damals – obwohl das 50 Jahre her ist – identisch mit heute." Mit Verve spricht Haselsteiner über das einseitige, egoistische Verteidigen von Privilegien, über Diskussionsverweigerung.

Haselsteiner, der Liberale

Anfang der 1990er-Jahre schlug Haselsteiner ein neues politisches Kapitel auf. Eines, das er im Rückblick mit „Ich bin gescheitert" überschreibt. Gescheitert wäre er fast schon bei seinem Einstieg ins Liberale Forum. „Das erste Treffen mit Heide Schmidt hätte beinahe nicht stattgefunden. Als ich mich mit ihr im Parlament treffen wollte, hatte ich keinen Ausweis bei der Hand. Der Parlamentsmitarbeiter wollte mich nicht hineinlassen, ich habe ihm dann gesagt, er soll der Frau Dr. Schmidt einen schönen Gruß ausrichten, und wollte gehen." In dem Augenblick sei ein Bekannter gekommen und hätte das geregelt. „So hat das Treffen dann doch noch stattgefunden."

Die Jahre im Parlament

Die frühen 1990er-Jahre waren bewegte Jahre der österreichischen Innenpolitik. Der Kärntner Landeshauptmann Jörg Haider lobte die Beschäftigungspolitik des Dritten Reiches, das von der FPÖ initiierte Anti-Ausländervolksbegehren „Österreich zuerst" unterschrieben mehr als 400.000 Menschen. Die Folge war die Spaltung der FPÖ: Am 4. Februar 1993 gründeten Heide Schmidt und Co. das Liberale Forum. Zum ersten Mal sollte „im geistigen Mutterland der großen Koalitionen und der mächtigen Sozialpartnerschaft" eine liberale Kraft etabliert werden. 1994 trat das Liberale Forum zum ersten Mal bei Nationalratswahlen an und kam auf sechs Prozent Stimmenanteil und elf Mandate. Ein Jahr später musste wieder gewählt werden: Das Liberale Forum schaffte den Einzug ins Parlament ein zweites Mal und erzielte zehn Mandate. Haselsteiner war in diesen Tagen mittendrin statt nur dabei: Vom 7. November 1994 bis zum 29. Mai 1998 saß der Wörgler Industrielle für das Liberale Forum im Nationalrat. Von 1996 bis 1998 war er Heide Schmidts Stellvertreter im Parlamentsklub Liberales Forum. Er saß unter anderem im Budget-, Industrie- und Finanzausschuss.[11]

Im Plenum war Haselsteiner für klare Worte bekannt. Mit Animo teilte er unter anderem gegen die Grünen aus, nach der ÖVP sein zweitliebster Politikgegner, beispielsweise in einer aktuellen Stunde im Jahr 1998, bei der es um Unregelmäßigkeiten rund um den Flughafen Wien gegangen ist. Zitat Haselsteiner: „Es mag noch angehen, dass man das Ganze wie eine Fortsetzungsserie im Fernsehen aufbaut, um die Spannung zu steigern. Das mag ja noch legitim sein. Aber die Verallgemeinerungen, die Pauschalverurteilungen, die Vorwegverurteilungen, dieses Alles-in-einen-Topf-Werfen nach der Devise, irgendetwas wird schon hängenbleiben, das hat Herr Peter Pilz vom Herrn Haider gelernt. Aber er wird niemals so gut werden wie der Herr Haider."[12]

Eine persönliche Enttäuschung

1999 war vorerst Schluss für die erste liberale Kraft im Lande. Das Liberale Forum schafft nur noch 3,65 Prozent der Stimmen und verpasst den Einzug ins Parlament. Für Haselsteiner ist das Ergebnis eine persönliche Enttäuschung: „Ich habe es mir nicht gedacht. Hinterher haben wir natürlich gesehen, dass wir viele Fehler gemacht haben – Dr. Schmidt, ihr Umfeld, auch ich hätte Dinge durchsetzen können." So habe er zugelassen, dass der grundlegende Liberalismus von Heide Schmidt nicht durch einen greifbaren Liberalismus in der Wirtschaft ergänzt wurde – mit Themen, welche die Menschen berühren. „Wir haben uns prügeln lassen für die Kreuze in den Schulen, für den Lauschangriff. Aber wir haben zu wenig betont, dass wir die Partei gegen den falsch verstandenen Föderalismus sind." Fünfzehn Jahre nach seiner größten politischen Niederlage zählt der Ex-Politiker Haselsteiner die Botschaften auf, die bei den Wählerinnen und Wählern hätten ankommen müssen: „Wir sind die Partei für eine größere Eigenverantwortung des Einzelnen, aber auch für eine Systemumstellung. Der Staat mischt sich nicht in alles ein, was ihn nichts angeht und was er nicht kann." Sein Fazit: Die Politik des Liberalen Forums war nicht konkret genug, nicht greifbar.

2008 gab Heide Schmidt ein Politik-Comeback, Haselsteiner mischte als Wirtschaftssprecher des LIF mit. Der Unternehmer sorgte unter anderem mit einer EU-Klage gegen die Zwangsmitgliedschaft in der Wirtschaftskammer für Schlagzeilen.[13] Er plädierte für die möglichst zügige Privatisierung der AUA.[14] Bei der heimischen Wählerschaft reüssierte Liberalismus à la Austria nicht. Das LIF verpasste den Einzug in den Nationalrat deutlich.

Zurück in die Politik-Zukunft

Den Liberalen sei er freundschaftlich verbunden, mehr nicht, betonte Haselsteiner im Interview für dieses Buch im Juni 2013. Ganz ließ die Politik den politischen Kopf Haselsteiner allerdings nicht los. Er unterstützte das Wahlbündnis Neos/LIF, das bei der Nationalratswahl am 29. September 2013 antrat. Seit April 2013 investierte er rund 446.000 Euro in den Wahlkampf.[15] Eine Rückkehr in die Politik schloss er jedoch kategorisch aus. „Ich will keinen Senf dazugeben. Es ist nicht mehr meine Sache, die neue Generation hat einen anderen Zugang." Selber wollte der Mann, der im Februar 2014 seinen 70er feiert, nicht mehr in den politischen Ring steigen. „Das würde ich meiner Lebensqualität nicht mehr antun."

Drei Monate später vollzog Haselsteiner eine 180-Grad-Wende, stellte seine Lebensqualität einmal mehr hintan. Es war Anfang September, knapp drei Wochen vor der Wahl, als Haselsteiner kurzfristig eine Pressekonferenz ansetzte. Er werde aktiv in den Wahlkampf einsteigen, sagte der Liberale dort. Sollte das Wahlbündnis aus NEOS und Liberalen ins Parlament kommen, dann werde er als Verhandlungsführer für allfällige Koalitionsverhandlungen nominiert. Und auch für ein Ministeramt stehe er zur

Verfügung. Wirtschaftsminister wäre ihm am liebsten, erklärte Haselsteiner bei seiner Vorstellung im Wiener Haas Haus.[16] Das ersehnte Kürzertreten – es ist aus dem Blick Haselsteiners verschwunden. Der ist kämpferisch. Haselsteiner will es noch einmal wissen. Er, den die zu geringen 3,65 Prozent Stimmenanteil für das Liberale Forum im Jahr 1999 noch immer wurmen. „Wenn man die Uhr zurückdrehen könnte, würde ich mir zutrauen, dieses Ergebnis im Wahlkampf zu drehen", erklärte Haselsteiner noch im Sommer 2013. Drei Monate später hat er die Gelegenheit dazu. Auch wenn er offen zugibt, als Politiker gescheitert zu sein: Freude am Scheitern hat der Erfolgsverwöhnte nicht. Der Ausgang der Nationalratswahl 2013 war beim Druck dieses Buches noch nicht bekannt.

Der Förderer

Wenn Hans Peter Haselsteiner nach einem anstrengenden Arbeitstag nach Hause kommt, dann präferiert der kulturaffine Unternehmer mit Tiroler Wurzeln die leichtere Kost. Statt Wagner oder Verdi lässt er sich dann von Diana Krall entspannen, der Jazzpianistin und Sängerin aus British Columbia.[17] „If you are rich, if you are poor, it's all the same, I'm sure, when the curtain comes down", singt Krall in einem ihrer Songs. Es wäre der ideale Soundtrack, würde man einen Film über den Philanthropen Hans Peter Haselsteiner drehen.

Schauplatz Erl. Als das neue Festspielhaus in Erl im Dezember 2012 offiziell eröffnet wurde, hatte Haselsteiner einen großen Auftritt. Die Hälfte der Kosten für das moderne Haus hat die Haselsteiner Familien-Privatstiftung übernommen und mehr als 20 Millionen Euro in das winterfeste Opernhaus mit 860 Sitzplätzen und moderner Infrastruktur investiert. In seiner Eröffnungsrede gab Haselsteiner tiefe Einblicke in seinen Kunstbegriff: „Hausherr Gustav Kuhn wird dafür sorgen, dass das neue Haus eine Heimstätte für alle Künstler und Künstlerinnen wird, die der Beliebigkeit in ihrem Beruf abgeschworen haben. Die glauben, dass Modernität und Werktreue vereinbar sind, dass Regisseure die Partitur kennen sollten und Obszönitäten auf offener Bühne nicht nur eine Beleidigung für die Künstler und Künstlerinnen, sondern auch eine Anödung des Publikums sind."[18] Haselsteiner erhielt langen und lauten Applaus vom Erler Auditorium. Anschließend überreichte ihm Landeshauptmann Günther Platter das Ehrenzeichen des Landes Tirol, die höchste Auszeichnung, die das Bundesland vergeben kann.

Vom Weihrauch zur Familienstiftung

Die Liebe zur Musik wurde Haselsteiner in die Wiege gelegt – von seiner Mutter. Als Volksmusikantin war die gebürtige Ebbserin weit über die Grenzen des Unterlandes hinaus bekannt. Herma Haselsteiner gründete 1946 den Wörgler Mädelchor, die „Haselsteinerdirndln". Die Mädchen sangen in unzähligen Auftritten unter anderem vor dem Schah von Persien und vor der englischen Queen.[19] 1966 war Herma Haselsteiner eine der Gründerinnen des Tiroler Volksmusikvereins. „Sie hat mir seit frühester Kindheit die Liebe zur Musik mitgegeben", sagt Hans Peter Haselsteiner. Seine ersten musikalischen Erfahrungen machte der kleine Hans Peter in Salzburg. „Zu Ostern musste ich immer zu den großen Messen in den Kirchen mitfahren. Drei Stunden nüchtern, dazu Weihrauch. Als Drei- oder Vierjähriger habe ich ganz schön gelitten, aber trotzdem ist etwas hängen geblieben."

Als Haselsteiner viele Jahre später bestimmen musste, welchen Zweck seine Familienstiftung haben sollte, holte er die Familie zusammen, um zu beraten. „Ich habe gemeint, dass sich die Stiftung neben der Familienversorgung noch andere Ziele setzen sollte. Die Kinder haben erfreulicherweise gesagt, dass wir gleich ein Stiftungsstatut machen sollen." Das Ergebnis, das Familie, Festspiele Erl und soziale Organisationen freut: 51 Prozent der Erträge gehen in soziale oder kulturelle Projekte, 49 Prozent sind für die Familie – diese besteht im Kern aus Ehefrau Ulrike und den Söhnen Klemens, Sebastian, Johannes und dem unehelich geborenen Spross Simon.

Schlingensief und Erl

Dass sich Hans Peter Haselsteiner intensiv für die Festspiele Erl mit Maestro Gustav Kuhn an der Spitze engagiert, liegt zu einem Teil am 2010 verstorbenen deutschen Regisseur und Aktionskünstler Christoph Schlingensief. „Ich war beim Parsifal von Schlingensief in Bayreuth und zwei Wochen später beim Kuhn in Erl. Ich habe gesagt: Der Mann kann das, der verdient Unterstützung." Am Anfang stand noch nicht die Idee eines neuen Hauses im Raum. Es ging darum, die bestehende Ausstattung zu erneuern. „,Kuhn', habe ich gesagt, ,Sie haben ein riesiges Talent und ein riesiges Herz, aber null Gefühl für irgendeine Ziffer oder für Geld.' Aber die Kunst braucht wie der Sozialbereich Geld und dass es einen gibt, der darauf schaut. Das war meine erste Rolle bei Gustav Kuhn."

Sein ambivalentes Verhältnis zum Erler Passionsspielhaus verhehlt Haselsteiner nicht. „So schön das Haus auch ist, es hat null Infrastruktur." Allein die Toiletten des alten Hauses waren für den Strabag-Macher eine regelrechte No-Go-Zone. Als Gustav Kuhn dann auf Haselsteiner zukam und ihm vorschlug, das Orchester nicht nur im Sommer, sondern auch im Winter nach Erl zu holen, reifte die Idee eines neuen Festspielhauses. Im Oktober 2010 erfolgte der offizielle Baubeginn für das Haus, das von den Wiener Architekten Delugan Meissl geplant und von Haselsteiners Strabag gebaut wurde.

Gute Musik ist immer schön

Die Chance, dass Haselsteiner auf der Bühne des Festspielhauses einen musikalischen Auftritt hinlegt, ist laut eigenen Angaben gering: „Ich kann nicht singen, ich spiele kein Instrument." Haselsteiner ist Musikkonsument und hört jede gute Musik gerne: „Gute Musik ist immer schön. Sie muss in irgendeiner Form emotionalisieren – in welcher Art auch immer, ob Kaiserjägermarsch oder Bundeshymne."

Emotionen stehen für Haselsteiner auch in Erl im Fokus. „Ich fühle mich hier sofort heimisch. Erl ist für mich ein Wiederfinden meiner Kindheit und meiner sehr frühen Jugend." In Maestro Kuhn habe er einen guten Freund gewonnen. Und er traf auf einen Künstler, der seinen Kunstbegriff teilt. Einen Dirigenten, der Werktreue und Modernität vereint und weiß, was das Erler Publikum verträgt und was nicht.

Rührend und glücksspendend

Schauplatz Moldawien. *If you are rich, if you are poor, it's all the same, I'm sure, when the curtain comes down.* In kaum einem anderen europäischen Land ist der Unterschied zwischen einem reichen österreichischen Bauunternehmer und der Bevölkerung so groß wie in Moldawien oder Rumänien. So liegt der Mindestlohn in Moldawien bei 80 Euro, wer einen guten Job hat, verdient zwischen

200 und 300 Euro. Die Republik Moldau ist das Armenhaus Europas.[20]

Seit vielen Jahren finanziert Haselsteiner den von Pater Georg Sporschill gegründeten Verein Concordia, der Obdachlose und Kinder in diesen Regionen betreut. „Das Wichtigste ist, dass man ein solches Sozialprojekt auch als Arbeit versteht. Es reicht nicht zu sagen: ‚Da hast du 1.000 Euro und jetzt ist Ruhe.'" Ein solches Projekt müsse ähnlich einem Wirtschaftsbetrieb organisiert sein. „Die Concordia, bei der ich seit der Pensionierung von Pater Georg Vorstandsvorsitzender bin, hat 541 Vollarbeitsplätze und betreut bis zu 4.000 Menschen. Das muss organisiert sein." Der Lohn der Sozialarbeit? „Ich wäre ein Narr, wenn ich das nicht mache. Wenn ich nach Moldawien oder nach Rumänien fahre und dorthin komme, ist das rührend und glücksspendend."

Haselsteiners Empfehlung: Jeder solle sich nach seinen Möglichkeiten ein Projekt aussuchen, beispielsweise ein Patenkind unterstützen und dieses auch wirklich betreuen. Haselsteiner hilft nicht nur dem Verein Concordia, sondern auch anderen Organisationen. Er unterstützt das Obdachlosenhaus VinziRast-CortiHaus in Wien und rettete das Flüchtlingsprojekt von Ute Bock vor dem Konkurs.

Die Mutter als immerwährende Referenz

Das Haselsteinersche Credo: „Egal, warum jemand arm ist: Es ist die Aufgabe der Gesellschaft, ihm ein menschenwürdiges Leben zu ermöglichen." Wenn Haselsteiner diesen Satz sagt, klingt wieder die Kindheit, die Jugend in Wörgl durch, wieder ist die Mutter die Referenz: „Meine Mutter hat mich nicht nur in der Musik, sondern auch im sozialen Bereich geprägt. Für sie und meine Großmutter war es selbstverständlich, dass man Menschen hilft, denen es schlechter als uns gegangen ist. In irgendeiner Form, bescheiden und klein."

Macht Geld glücklich? Haselsteiner sagt Nein. „Wenn alle gleich arm wären, wären sie auch alle gleich glücklich. Davon bin ich überzeugt. Mit dem Lebensstandard der Menschen steigt nicht automatisch das Glücksgefühl." Multimillionär Haselsteiner will sich auch in Zukunft für soziale Projekte engagieren. „Ich könnte natürlich das Zehnfache der aktuellen Summen aufwenden. Trotzdem wäre es immer noch ein Tropfen auf dem heißen Stein."

Anmerkungen

1 Sibylle Hamann: „Irgendetwas stimmt auf dieser Welt nicht", in: Der Falter, Ausgabe 45/12, Wien.
2 Renate Graber: „Russen sind gemütliche Menschen", in: Der Standard, 18. Mai 2007, Wien.
3 Sibylle Hamann: „Irgendetwas stimmt auf dieser Welt nicht", in: Der Falter, Ausgabe 45/12, Wien.
4 Vgl. Georg Etscheit: Vollprofi mit Herz fürs Soziale, in: Die Zeit, 21. Februar 2008, Hamburg.
5 Ebenda.
6 Vgl. ebenda.
7 Claudia Haase: „Karriere frisst einen mit Haut und Haaren", in: Kleine Zeitung, 29. Mai 2013, Graz.
8 Miriam Koch: „Hans Peter Haselsteiner geht in Pension – Der Abgang eines Tycoons", in: Format, 20. Juni 2013, Wien.
9 URL: www. trendtop500.at (20. August 2013)
10 URL: de.wikipedia.org/wiki/Landtagswahl_in_Tirol_1975 (20. August 2013)
11 Vgl. URL: www.parlament.gv.at/WWER/PAD_02859/
12 Stenografisches Protokoll der Nationalrat XX.GP 118. Sitzung/49, 12. Mai 1998, URL: www.parlament.gv.at/PAKT/VHG/XX/NRSITZ/NRSITZ_00118/SEITE_0049.html (20. August 2013)
13 Andreas Schnauder: Angriff auf die Zwangsmitgliedschaft, in: Der Standard, 4. September 2008, Wien.
14 Liberales Forum via APA OTS: LIF-Haselsteiner: AUA-Deal ist Augenauswischerei/LIF für rasche und ehrliche Vollprivatisierung, 12. August 2008, Wien.
15 Vgl. URL: http://www.rechnungshof.gv.at/beratung/parteispenden.html (18. September 2013)
16 o.V: Neos: Haselsteiner will Minister werden, in: Die Presse, 6. September 2013, Wien.
17 Vgl. Michaela Knapp: Hans Peter Haselsteiner über sein Millioneninvestment in das neue Opernhaus in Erl, in: Format, 22. April 2011, Wien.
18 o.V.: Festspielhaus Erl feierlich eröffnet, in: ORF Tirol online, URL: tirol.orf.at/news/stories/2564694/ (20. August 2013)
19 Vgl. URL: http://www.vivomondo.com/de/vivowiki/inhaltsverzeichnis/ereignisse/herma_haselsteiner_gruendet_maedchenchor (20. August 2013)
20 Ulrike Greiner: Leben im Armenhaus Europas, in: Kleine Zeitung, 1. Juli 2013, Klagenfurt.

Bildnachweis

Casinos Austria: S. 7.
Thomas Böhm: S. 15 (u), S. 19, S. 57, S. 85, S. 119, S. 145, S. 185, S. 219.
Tiroler Tageszeitung: S. 9, S. 15 (o).
ORF: S. 11.
Archiv Theo Kelz: S. 105 (u).

Alle weiteren Fotos stammen aus den Privatarchiven der porträtierten Zeitzeuginnen und Zeitzeugen.